本书编委会

主　编　吴海波　郑先平
副主编　刘海兰　宋占军
编　委　（按姓氏笔画排列）

丁俊凌（河南中医药大学）
丛　亮（锦州医科大学）
许丹妮（昆明医科大学）
刘海兰（广东医科大学）
刘琰秋（西南医科大学）
宋占军（北京工商大学）
吴海波（江西中医药大学）
郑先平（江西中医药大学）
郑丽莎（江西财经大学现代经济管理学院）
原　彰（广州中医药大学）
袁小丽（成都中医药大学）
谢明明（郑州大学）
温琳琳（锦州医科大学）

Insurance

保险学

吴海波 郑先平 主编

北京大学出版社
PEKING UNIVERSITY PRESS

图书在版编目(CIP)数据

保险学/吴海波,郑先平主编. —北京:北京大学出版社,2023.12
ISBN 978-7-301-34679-2

Ⅰ. ①保… Ⅱ. ①吴… ②郑… Ⅲ. ①保险学—高等学校—教材 Ⅳ. ①F840

中国国家版本馆CIP数据核字(2023)第231590号

书　　　名	保险学 BAOXIANXUE
著作责任者	吴海波　郑先平　主编
责 任 编 辑	张宇溪
标 准 书 号	ISBN 978-7-301-34679-2
出 版 发 行	北京大学出版社
地　　　址	北京市海淀区成府路205号　100871
网　　　址	http://www.pup.cn　新浪微博:@北京大学出版社
电 子 邮 箱	zpup@pup.cn
电　　　话	邮购部 010-62752015　发行部 010-62750672　编辑部 021-62071998
印 刷 者	三河市博文印刷有限公司
经 销 者	新华书店
	787毫米×1092毫米　16开本　14.5印张　335千字 2023年12月第1版　2023年12月第1次印刷
定　　　价	59.00元

未经许可,不得以任何方式复制或抄袭本书之部分或全部内容。
版权所有,侵权必究
举报电话:010-62752024　电子邮箱:fd@pup.cn
图书如有印装质量问题,请与出版部联系,电话:010-62756370

前　言

我国保险业自1980年复业以来,在社会各界的共同努力下,取得了突破性进展。无论是保险主体、保险产品、保费收入,还是保险制度、保险法规、保险监管,抑或是保险的发展前景和保险的经营环境等,均发生了翻天覆地的变化。随着保险业的快速发展,我国保险教育也驶入了新的发展阶段。保险业复业初期,我国仅有中央财经大学、辽宁大学、武汉大学、南开大学等少数几所高等院校开设了保险学专业,培养的相关人才也十分有限,远远无法满足保险市场需要。近年来,随着保险业的快速发展,我国保险教育也迈入了快车道。据不完全统计,截至2021年底,全国大约有120所综合类、财经类、工程类或是医学类高等院校开设了保险学专业,据初步估算,每年培养的本科层次人才超6000人,如果加上专科层次的人才则更多。

随着保险教育的日益发展,作为保险学及金融学专业的基础课程,《保险学》(或称《保险学原理》《保险学概论》)教材的需求量也越来越大。目前市场上有10种以上的《保险学》教材版本,上述《保险学》教材有一个共同的特点,即教材的知识结构大同小异,基本上都由保险基础、保险实务、保险经营(或称保险市场)、保险监管、社会保障等内容构成。其知识结构覆盖面广,内容也相当丰富翔实,可谓面面俱到。面面俱到的结构体系原本是上述教材的一大优点,尤其是对于金融学专业的学生而言,只要学好其中的一本《保险学》,就足以了解并掌握保险学的全貌。但对于保险学专业的学生而言,过度丰富翔实的内容反而让学生难以适从。因为《保险学》中的很多内容,比如人身保险、财产保险、保险精算、保险营销、保险法、核保理赔、社会保障等方面的知识点,其后续都开设了专门的课程,比如"人身保险""财产保险""保险法"等。如果在"保险学"这门课程中过度强调上述知识点,那必然会影响到后续相关课程的讲解,会让学生感觉"今天老师讲的人身保险相关内容好像在过去'保险学'中也讲过"。而且,如果任课教师完全按照上述教材的体系结构来讲,很容易发现时间是一个无法克服的问题,因为几乎没有哪个学校会安排两个学期的时间来讲授该课程。在此背景下,我们认为,在确保保险知识结构系统性、全面性的前提下,精简相关内容是关键。与此同时,与时俱进、改革创新,将近年来保险领域的一些创新实践引入教材更是一个无法回避的问题。正是基于上述考虑,我们认为在充分参考、借鉴前人成果的基础上,重新编撰一部更贴合实际需求的《保险学》教材可谓迫在眉睫。

本教材强调的是保险的基础知识,我们希望学生在学习本教材后,能充分了解并掌握保险学的基本原理、基本理论、基本概念以及保险生产、经营与监管等方面的知识。

因此，本教材最大的特点是内容上既全面系统，但又并非面面俱到，充分考虑到了后续相关专业课程的教学需求，为后续课程留足了授课空间；同时，考虑到课时的限制，又大大压缩或者舍弃了部分内容，如核保理赔、保险精算、保险法、保险营销等相关知识点将不在本教材重点介绍之列。伴随教材内容的缩减，本教材在体量上基本实现了预期的"瘦身计划"。

与现有相关教材相比，本教材最大的特色在于打破了现有教材千篇一律的架构体系，没有按照保险理论、保险实务、保险监管这样的传统架构来安排内容，而是从理论的深度与广度出发，创新性地设定了知识结构，尤其在内容方面不仅简单精练，而且还进行了大胆创新，增设了"保险创新"与"保险科技"两个板块内容。

本教材是由江西中医药大学、广东医科大学、北京工商大学、郑州大学、广州中医药大学、成都中医药大学、河南中医药大学、昆明医科大学、锦州医科大学、西南医科大学、南昌医学院、江西财经大学现代经济管理学院、太平人寿江西分公司等高等院校和保险机构的多位同仁共同努力的结果。具体写作分工如下：第一章由丛亮、温琳琳负责撰写；第二章由刘琰秋、郑丽莎负责撰写；第三章由许丹妮、原彰负责撰写；第四章由刘海兰、谢明明负责撰写；第五章由宋占军、袁小丽负责撰写；第六章由郑先平、丁俊凌负责撰写；第七章由吴海波负责撰写；第八章由肖迎春负责撰写。

本教材在编写过程中参考了国内外大量的相关论著和教材，同时还吸收了一些专家学者的科研成果和论点，在此谨表诚挚感谢！同时，本教材的编写还得到了北京大学出版社的领导和编辑们的大力支持和帮助，得到了全体编撰作者所在单位领导和同事们的关心和协助。江西中医药大学经济与管理学院研究生张珺茹、沈玉玲、张浩、张彪、陈拾菊、陈双慧、肖馨怡等同学为本教材的编辑、校对做了大量有益的工作，在此一并感谢。

由于时间仓促，再加上作者水平有限，书中错误、不当及欠妥之处在所难免，希望同行专家与广大读者多加批评指正。

编 者

2023.04

目录

第一章 风险与保险 / 1
    内容提要 / 1
    第一节　风险概述 / 1
    第二节　风险管理与保险 / 8
    第三节　保险基础 / 14
    复习思考题 / 24

第二章 保险合同 / 25
    内容提要 / 25
    第一节　保险合同概述 / 25
    第二节　保险合同的订立、生效与履行 / 33
    第三节　保险合同的变更 / 36
    第四节　保险合同的解释原则与争议处理 / 40
    复习思考题 / 43

第三章 保险原则 / 44
    内容提要 / 44
    第一节　最大诚信原则 / 44
    第二节　保险利益原则 / 50
    第三节　近因原则 / 54
    第四节　损失补偿原则 / 56
    复习思考题 / 66

第四章 保险类别 / 67
    内容提要 / 67
    第一节　商业保险与社会保险 / 67
    第二节　财产保险与人身保险 / 77

第三节　个人保险与团体保险 / 87
第四节　原保险与再保险 / 90
第五节　复合、重复与共同保险 / 95
复习思考题 / 98

第五章　保险经营 / 99
内容提要 / 99
第一节　经营主体 / 99
第二节　保险产品 / 114
第三节　保险服务 / 121
第四节　保险投资 / 131
复习思考题 / 144

第六章　保险创新 / 145
内容提要 / 145
第一节　保险创新概述 / 145
第二节　渠道创新 / 152
第三节　产品创新 / 158
第四节　模式创新 / 169
复习思考题 / 175

第七章　保险科技 / 176
内容提要 / 176
第一节　大数据与保险 / 176
第二节　云计算与保险 / 182
第三节　人工智能与保险 / 186
第四节　物联网与保险 / 192
第五节　区块链与保险 / 197
复习思考题 / 203

第八章　保险监管 / 204
内容提要 / 204
第一节　保险监管体系 / 204
第二节　保险监管制度 / 209
第三节　保险监管内容 / 213
第四节　保险监管方法 / 219
复习思考题 / 223

参考文献 / 224

第一章

风险与保险

内容提要

风险的客观存在是保险制度产生和发展的前提，如何有效地识别和管理风险一直是保险学研究的重要问题。本章首先介绍了风险的内涵、本质以及风险的主要特征，然后简要介绍风险管理的基础理论，并归纳了可保风险应具备的条件。最后从保险的概念和性质出发，介绍了保险的职能及作用并简要回顾了保险制度的产生发展过程。

第一节 风险概述

一、风险及其特征

（一）风险的定义

"风险"是人类创造出的具有"学术"味道的词汇，主要用来描述各种灾害所导致的不利结果。但是风险的真正含义到底是什么？在此，有必要对风险加以定义。

在英文中，"风险"（risk）一词最早见于17世纪的《牛津英语辞典》，而这个词汇来自阿拉伯语，意思是"追求繁华"（to seek prosperity）。实际上在这本辞典1621年的版本中，风险一词的英文还是拼写成出自阿拉伯语的"risqué"，直到1655年才正式改为"risk"。社会学家和历史学家普遍认为，"风险"一词的流行与欧洲社会从中世纪发展为现代工业社会的过程是分不开的，因为正是这种发展才使得风险成为现代社会的基本特征之一。

在《现代汉语词典（第7版）》中，"风险"被解释为"可能发生的危险"，指"有遭到损害、伤害、不利或毁灭的可能性"。而在古汉语中，危险常简写为"危"，如"居安思危，思则有备，有备则无患"。这里，古人认为只要采取适当的措施，就可以避免损失或伤害等不利结果，那么，此时的危险中就隐藏了机遇，如果处理得当，甚至不仅规避了风险，还可能会带来收益，这也是汉语中有"危机"这样的词汇的原因。

人文社会科学领域对于风险理解的侧重点不同，关于风险的定义就不尽相同，存在着风险主观说和风险客观说等不同观点。

1. 风险的一般定义

(1) 风险是对客观存在的损失的不确定性的认识。在此定义中，并不否认风险是客观存在的，并且客观存在的风险需要人们在主观上去评价和感受。在生活中，我们常见到这种情况，面对客观存在的同样的风险，不同的人会有不同的感受和不同的评价。比如疾病风险、投资风险等。

此种定义是风险主观说的核心观点。20世纪80年代，心理学、社会学、文化人类学与哲学领域的学者对经济学家们提出的风险客观性观点提出了异议。风险主观说并不否认风险的不确定性，但认为个人对于未来不确定性的认识和估计与个人的知识、经验及心理状态有关，因此，风险的不确定性来自于主观的感受和评价。

心理学家从实证角度提出运用个人主观信念强度来测度风险的大小，而社会学家、文化人类学者以及哲学家则采用相对论的思维，认为风险不是测度的问题，人们在进行风险评估时受到自身价值观与偏好的显著影响，例如，对于同一数额的财富损失，对于拥有财富多寡悬殊的人来说感受截然不同。因此，在风险评估这一阶段就不存在绝对的客观，风险关注的应是形成过程的问题。

(2) 风险是实际结果与预期结果的差异。与风险主观说相对的是长期以来在风险研究中占据主流地位的风险客观说，持风险客观说的学者集中在经济学、统计学及风险管理学说等领域，认为风险是客观存在的损失的不确定性。因为风险是客观存在的，所以可以通过统计学和数学方法，以客观概率对不确定性加以定义并测度其大小。保险精算、流行病学以及安全工程领域的风险概念都属于这一学派。由于应用领域的不同，测度风险的指标有所差异，"损失差异性"是其中的代表观点之一。

这种观点强调不确定性事件所造成的结果之间的差异，差异越大，风险越大。如果结果只有一种可能，不存在差异，则这一事件就是确定的，也就不存在风险；如果可能产生的结果越多，变动越大，则风险就越大。在小阿瑟·威廉姆斯（C. Arthur Williams, Jr.）和理查德·M. 海因斯（Richard M. Heins）所著《风险管理与保险》（*Risk Management and Insurance*）中，风险被定义为"在给定情况下和特定时间内，那些可能发生的结果之间的差异"。

在此定义中，"预期结果"是指科学意义上的预期结果，可以用最有可能发生的结果和平均意义上发生的结果两种形式来表达。用统计的语言来说，最有可能发生的结果是概率最大的事件所对应的结果。虽然最有可能发生的结果在许多情况下是很重要的，但是在更多的情况下，平均意义上发生的结果更能反映事情的本质。统计学中的期望值和均值就是这种平均结果最常用的表达形式。

定义中的"差异"也就是实际结果和预期结果的偏离，"偏离"存在方向性，偏离方向可以分为有利的和不利的偏离方向，以统计上的期望值作为期望结果的表达时，有利的偏离和不利的偏离是同时存在的，因为期望值总是位于最有利的结果和最不利的结果之间。

2. 本书对风险的定义

风险是指客观存在的、在特定条件下某一事件导致损失的不确定性。

首先，该定义采纳风险客观说的观点，认为风险是客观存在的。风险的客观性不以人的意志为转移，也不因人们是否能够准确估计和测算而影响其客观存在性。例如，食盐摄入过量会增加高血压的可能性，这种风险是客观存在的，但并不是每个人都了解盐摄入量与增加高血压风险的联系，该风险也不会因为人们不了解这一点而降低。风险的客观性反映在风险的大小在特定的时空范围内的唯一性上，虽然每个人认识风险的能力和手段不唯一，但风险的客观存在是唯一的。

其次，风险与损失是相关的。并不是任何未来的不确定都是风险，只有当未来可能发生损失时，才可以称为风险。如果未来的所有结果中都不包括损失，我们讨论风险就没有任何意义了。例如，暴雨会导致某地区积水过量，但如果该地区没有人员和财产分布，就不会造成人员和财产的损失，在这一方面也就无所谓风险。

最后，风险造成的损失是不确定的。这里的不确定包括发生时间的不确定；发生空间的不确定以及发生与否的不确定。对于某一时间或某一状态的未来结果，如果能够万无一失地预测到损失是否发生及程度，那么这种结果是确定的，人们可以采取准确和有针对性的方法来应对，也就不能称其为风险。反过来说，如果损失肯定不发生，这时的结果也是确定的，也不存在风险。只有当损失发生与否、发生时间和地点都无法预料的时候，或者说损失具有不确定性的时候，才有风险存在。

此定义是适合作为保险学研究和学习的风险定义。

(二) 风险的本质

风险的本质是指影响风险产生、存在和发展的因素，我们可以将其归结为风险因素、风险事故和损失。要真正领会风险的本质，就必须深入分析这三个概念及其相互联系。

1. 风险因素

风险因素 (hazard) 是指任何增加损失发生频率或严重程度的事件。它是事故发生的潜在原因，是造成损失的内在或间接原因。例如，加油站胡乱丢弃的烟蒂、陈旧的灭火设施、不合理的房屋结构等，都是能够增加火灾损失发生频率和损失程度的条件，它们都属于火灾的风险因素。构成风险因素的条件越多，发生损失的可能性就越大，损失就会越严重。影响损失产生的可能性和程度的风险因素有两类：有形风险因素和无形风险因素。

(1) 有形风险因素。有形风险因素是指导致损失发生的物质方面的因素，又称实质风险因素 (physical hazard)。例如，对于房屋而言，建筑物的结构、所在地区的房屋密度、气候等自然条件、消防制度和消防设施的状况等，对于火灾的发生来说就属于有形风险因素；在汽车驾驶过程中，天气状况、路况、车况等可能导致交通事故发生的因素也属于有形风险因素；对于人的生命和身体健康而言，居住地的卫生环境、医疗设施和制度的完善程度、家庭的经济条件等导致疾病或死亡的因素，都属于有形风险因素。此外，地壳运动、洋流变化、温室效应、植被减少、海平面上升等一切可能导致地震、洪水、海啸等会造成人员伤亡和财产损失的自然灾害发生的因素，都属于有形风险因素。

(2) 无形风险因素。文化、习俗和生活态度等一类非物质形态的因素也会影响损失发生的可能性和受损的程度，它包括道德风险因素（moral hazard）和心理风险因素（morale hazard）两种：① 道德风险因素。道德风险因素是指人们以谎言、欺诈、不良企图等行为故意促使风险事故发生，或扩大已发生的风险事故造成的损失。它是可能引发灾害事故发生或导致损失增加的恶性主观因素。例如仇恨心理、报复心理、欺骗心理等恶性心理因素都属此类。这些恶性心理因素的积累和发展，可能会导致行为人故意伤害自己或他人、实施诈骗行为、蓄意纵火、人为制造保险事故等可能导致他人或自身伤亡或财产损失的故意行为。② 心理风险因素。心理风险因素是指由于人们粗心大意和漠不关心，引发风险事故并扩大损失程度，属于可能引发风险事故或导致损失增加的非恶性主观因素。例如，驾驶人员驾驶时由于疲劳驾驶而注意力不集中，或者因疏忽大意或侥幸心理导致可能造成驾驶车祸等事故发生。这些非恶性心理因素都属于心理风险因素。

道德风险因素和心理风险因素均与人的行为有关，所以也常将二者合称为人为风险因素。由于无形风险因素看不见、摸不着，具有很大的隐蔽性，在许多情况下等到人们发觉时，已经造成了巨大的损失。针对诸多金融机构的破产调查发现，主要责任人的心理风险因素是造成破产的一个很重要的原因，因此，在对风险进行管理时，不仅要注意那些有形的危险，更要严密防范这些无形的隐患。

2. 风险事故

风险事故是造成生命财产损失的偶发事件，又称风险事件或风险事故，是造成损失直接的或外在的原因。风险事故是风险造成损失的可能性转化为现实的媒介，是风险因素到风险损失的中间环节，只有风险事故发生才会导致损失。例如汽车刹车失灵造成车祸与人员伤亡，其中刹车失灵是风险因素，车祸是风险事故，如果仅刹车失灵而未发生车祸，就不会导致人员伤亡。有时，风险因素与风险事故很难区分，某一事件在一定条件下是风险因素，在另一条件下则是风险事故，如下冰雹时因路滑而发生车祸，造成人员伤亡，这时下冰雹是风险因素，车祸是风险事故；若冰雹直接击伤行人，它就是风险事故，因此，应以导致损失的直接性与间接性来区分，导致损失的直接原因是风险事故，间接原因则为风险因素。

3. 损失

损失（loss）是指非故意的、非预期的和非计划的经济价值的减少。首先，损失必须是能以价格来衡量的经济损失，尽管有许多损失是无法用价格衡量的。例如我们无法计算出面对家人去世时精神上遭受的打击和痛苦。但尽管如此，在衡量人身伤亡的损失时，仍需从经济角度来衡量损失。其次，损失的出现是非故意、非预期和非计划的。以固定资产的折旧为例，虽然也表现为经济价值的减少，但它却属于固定资产自然且有计划的经济价值的减少，不在风险损失概念范畴。

损失可以分为直接损失和间接损失。直接损失指直接的和实质的损失，强调风险事故对于标的本身所造成的破坏,是风险事故导致的初次效应。间接损失强调由于直接损失所引起的破坏,也就是风险事故的后续效应,包括额外费用损失和收入损失等。

风险本质上就是由风险因素、风险事故和损失三者构成的统一体,这三者之间存在着一种因果关系:风险因素增加或引发风险事故,风险事故导致损失。其中,风险事故是损失发生的直接与外在原因,风险因素为损失发生的间接与内在原因,三者串联构成了风险形成的全过程。

(三)风险的特征

1. 风险的客观性

客观性是风险最基本的特征。风险是独立于人们的主观意识之外的,不以人们的意志为转移的客观存在。例如,地震、洪水等自然灾害可能会导致人员伤亡以及社会成员或社会组织的重大财产损失。虽然没有人希望它们发生,但任何人都不能阻止其发生。疾病会给人们带来巨大的痛苦、严重的经济损失和沉重的经济负担,尽管人们都不希望生病,但疾病风险仍是客观存在的。在商品买卖关系中,卖方按照买卖合同的规定把商品交给买方,如果买方收到商品而不支付价款,必然导致卖方遭受损失,虽然买方不支付价款的行为主要是由于买方主观上不讲信用,但对卖方来说,这些因素却是客观存在的,不以卖方的意志为转移。可见,对于当事人而言,只要某种风险来自他人或他处,自己无法控制,那么这种风险就具有客观性。

2. 风险的普遍性

风险的普遍性是指风险无处不在、无时无刻不在。严重的自然灾害虽很少发生,但一旦发生,一般离不开特定的区域。在我国,洪涝灾害主要集中在长江、珠江、淮河、黄河、海河、辽河和松花江这七大江河的中下游地区;强烈的地震多发生在贺兰山—川滇带以东、秦岭—昆仑山以北的区域;风暴潮灾害只发生在沿海地区,而泥石流则多发在山区。总体而言,在我国广袤的土地上,几乎没有一个地方不会发生自然灾害。至于意外事故,更是哪里都可能发生,从时间上看,交通事故、疾病等随时都可能发生,且在一个较大的区域内,几乎每时每刻都可能发生。

3. 风险的多样性

在当代社会中,社会成员或社会组织所面临的风险表现形式日趋多样。这些风险既包括来自自然界的风险,也包括来自人类社会的风险。随着科学技术的发展以及应用场域的扩大,科技在迅速推动社会经济的增长和增加人类福利的同时,也给社会成员和社会组织带来了越来越多的新风险,如空气污染、水污染、温室效应、核泄漏、核辐射等,可以说,当今时代风险的多样性已经达到了防不胜防的程度。

4. 风险的偶然性

风险的不确定或偶然性是保险存在的前提。风险的偶然性或不确定性表现在事故发生与否不确定;风险事故发生的时间不确定;发生的地点不确定;灾害事故造成的损失结果不确定。虽然在较长的时期和较大的区域内,某种自然灾害是必然会发生的,但是在有限的区域和时间内,人们难以确定这种自然灾害是否会发生。例如交通事故经常发生,但人们事先无法确定某时间某路段是否发生,同样无法确定损失的严重程度。

5. 风险的可变性

风险的可变性是保险具有防灾防损功能的内在根据。风险的种类会随着人类社会的发展和科学技术的进步而增加,原来不存在的风险在当代社会已经出现,现在不存在的风险将来可能会出现。另外,风险发生的可能性是变化的,与人的行为密切相关,人的行为可能会导致风险发生可能性的增加,如酒后驾车会增加发生交通事故的可能性,人的行为也可能导致风险发生的可能性的降低,如完善交通信号系统,加强交通疏导等,就可以大大降低交通事故发生的可能性。再比如抓好公共卫生工作的关键环节,可以大大降低流行病发生的可能性。

6. 风险的可测性

风险的可测性是科学厘定保险费率、合理收取保险费的客观依据。就某一灾害或事故而言,虽然具体到某一标的上,它是否发生或造成该标的的损失,人们事先不能确定。但是,人们可以利用以往的经验,尤其是某一类标的损失的数据,计算将来一定时期内该类标的因该种灾害事故发生损失的概率和损失率。例如,通过对某地区各年龄段人口死亡率的长期观察统计,可以测算出以后该地区各年龄段人口的死亡率。

二、风险的分类

在理论上,对风险进行分类可便于研究;在实务上,对风险进行分类可便于根据不同类别的风险,采取不同的风险管理措施加以处置风险。由于分类标准不同,风险有多种不同的分类。

(一)按照风险的起源以及影响范围划分

按照风险的起源以及影响范围不同,风险可以分为基本风险与特定风险。

1. 基本风险

基本风险是由非个人的,或至少是个人往往不能阻止的因素所引起的、损失通常波及很大范围的风险。这种风险一旦发生,任何特定的社会个体都很难在较短的时间内阻止其影响扩大。例如与社会、政治有关的战争、失业、罢工等带来的风险,以及地震、洪水等自然灾害带来的风险都属于基本风险。基本风险不仅仅影响一个群体或一个团体,而且影响到很大的一组人群,甚至整个人类社会。

由于基本风险不受个人的控制,且由于在大多数情况下它们并不是由某个特定个人的过错所造成,个人也无法有效分散这些风险,因此,应当由社会而不是个人来应对它们,这就产生了社会保险。社会保险所覆盖的风险也包括那些私营保险市场不能提供充分保障的风险,它被视作是对市场失灵的一种补救,同时也表现出社会对于促进公平以及保护弱势人群利益的愿望。

2. 特定风险

特定风险是指由特定的社会个体所引起的,通常是由某些个人或者某些家庭来承担损失的风险。例如,由于火灾、爆炸、盗窃等引起的财产损失的风险,对他人财产损失和身体伤害所承担法律责任的风险等，都属于特定风险。特定风险通常被认为是由个人引起的，在个人的责任范围内，因此，它们的管理也主要由个人来完成，如通过保险、损失防范和其他工具来应对这一类风险。

基本风险和特定风险的界定也不是一成不变的，它们随着时代和观念的不同而发生变化。如失业在过去被认为是特定风险，是由于个人懒惰或无能的缘故造成的，而现在则认为失业主要是整个经济结构方面的问题造成的，属于基本风险。

（二）按照风险成因划分

按照风险成因可以将风险划分为静态风险和动态风险。

1. 静态风险

静态风险是指由于自然因素，或由于人的疏忽或过失等心理因素造成的风险。静态风险一般与社会的政治、经济因素的变动无关。例如，地震、洪水、泥石流、台风、风暴潮等自然现象的发生可能会导致生命损失或财产损失。这些现象的发生与社会政治、经济因素的变动无关，属于静态风险。人的疏忽或过失等心理因素可能会导致交通事故的发生，可能会使有缺陷的产品流入市场，导致消费者或使用者的人身伤亡或财产损失。有缺陷的产品流入市场，与社会的政治、经济等因素没有直接的联系，也属于静态风险。

2. 动态风险

动态风险是指由于社会的政治、经济等因素造成的风险。例如，在进出口贸易中，出口商已经按合同的规定把货物发给进口商，但由于进口国有关部门可能在货物发出后颁布法律、明令禁止货物进口，或禁止以某种货币支付货物价款，出口商因此会遭受损失。这样的风险就属于典型的动态风险。再如，证券市场交易规则或交易税率的变化，能会使一些投机者获利，并使一些投机者受损。

静态风险一般为纯粹风险，而有的动态风险则包含投机性风险。静态风险通常有一定的规律性，而动态风险则可能无规律可循。因此，多数静态风险可以成为保险人的承保对象，而多数动态风险则不能被保险人所承保。

（三）按照风险导致的后果划分

按照风险导致的后果可以将风险划分为纯粹风险和投机风险。

1. 纯粹风险

纯粹风险是指只有损失机会而无获利机会的风险，纯粹风险导致的后果只有两种：有损失或者无损失，没有获利的可能性。火灾、疾病、死亡等都是纯粹风险。比如，一个人买了一辆汽车后立即就会面临某些风险，如汽车碰撞或丢失等，对这个车主来说，结果只可能有两种，或者发生损失，或者没有损失。因此，他面临的这些风险都属于纯粹风险。保险所承保的风险主要是纯粹风险。

2. 投机风险

投机风险是指那些既存在损失可能性，也存在获利可能性的风险，它带来的结果有三种可能：损失、无损失也无获利、获利。股票是说明投机风险的一个很好的例子。人们购买股票以后，必然面临三种可能的结果：股票的价格下跌，持股人遭受损失；股票价格不变，持股人无损失但也不获利；股票价格上涨，持股人获利。例如，生产商所面临的生产所用原材料的价格风险，当原材料市场价格上涨时，生产商的生产成本增大，这是一种损失；而当原材料市场价格下跌时，生产商的生产成本减小，其盈利就会增大；而当原材料市场价格不变时，生产商无损失也无获利。

（四）按照风险损害对象划分

按照风险导致的后果可以将风险划分为人身风险、财产风险、责任风险及信用风险。

1. 人身风险

人身风险是指可能导致人的伤残、死亡、劳动能力丧失或为使身体康复而必须承受经济损失的风险。例如，地震、洪水等自然灾害，车祸等意外事故，中风、癌症等疾病等。所有这些危及生命健康，可能使人发生伤残、死亡，或为使身体康复而必须支付医疗费用从而承受经济损失的风险，都属于人身风险。

2. 财产风险

财产风险是指可能导致财产损毁、灭失和贬值的风险。例如，地震可能使建筑物倒塌，洪水可能使建筑物被冲毁或因被浸泡而坍塌。所有这些危及财产、可能使财产发生损失的风险都属于财产风险。需要注意的是，这里所说的财产应当理解为广义的财产，即它既包括房屋、车辆、衣物等有形财产，也包括与有形财产相关的无形利益财产。

3. 责任风险

责任风险是指个人或团体可能由于疏忽或过失造成他人的财产损失或人身伤亡，按照法律的规定必须对受害方给予经济赔偿的风险。例如，生产商或销售商生产或销售的产品因存在某种缺陷，引发消费者、使用者在消费或使用的过程中的人身伤亡、疾病或财产损失，按照法律的规定，生产商或销售商必须承担赔偿责任。生产商或销售商生产或销售的产品因存在某种缺陷而可能发生的经济赔偿责任的风险，就是责任风险。

4. 信用风险

信用风险是指经济活动中的权利人可能因义务人拒绝履行义务、无力履行义务或无法履行义务而遭受经济损失的风险。例如，在进出口贸易中，出口商已经按照合同的约定把货物发给进口商，但进口商却没有按照合同的规定在收货后支付货物的价款，使出口商遭受损失。出口商所面临的货物发出后进口商可能拒绝付款、无力付款或无法付款而遭受损失的可能性，即属于信用风险。

第二节 风险管理与保险

一、风险管理概述

因为在人类从惧怕到抗争，再到主动利用风险的漫长过程中需要交流和利用风险的工具，同时也需要探索科学有效的风险应对方式，所以风险管理应运而生。保险是风险管理的一种有效方式。因此，在讨论保险以前，有必要了解风险管理的定义、手段及风险管理的程序。

（一）风险管理的定义

风险管理是指风险承担主体通过一定的方式或途径规避或减少可能由自己承担的损失的过程，这个过程包括风险识别、风险估测、风险评价、风险控制等环节。风险管理是个人、家庭、企业或其他组织在处理他们所面临的风险时采用的一种科学方法。

风险管理起源于美国。1929年以前，虽然有一些公司在购买保险以规避风险方面已经取得了非常大的进展，积累了丰富的经验，但人们并不重视企业对纯粹风险的管理问题。直到1929—1933年经济危机以后，人们才开始逐渐认识到风险管理的重要性。从那以后，风险管理迅速成为企业现代化经营管理中的一个重要组成部分。20世纪60年代以后，科学技术的进步不仅带来了生产的飞速发展和生活质量的提高，也带来了许多新的风险因素，使得风险高度集中，潜在风险增加。而有些风险又属于保险条款中的除外责任，导致被保险人不能从保险人那里得到全面的保障。在这种情况下，企业不得不加强探索风险管理的手段，以期在保险的基础上，进一步寻求其他经济保障的办法。即从单纯转嫁风险的保险管理转向以经营管理为中心的全面风险管理。

（二）风险管理的手段

1. 风险回避

风险回避是指设法避开风险，使导致损失的风险事故不发生，或者说使其发生的概率等于零。

风险具有普遍性的特征，任何主体要想完全避开风险都是不现实的。但是，这并不意味着任何风险都不可避免。有些风险是可以避免的。例如，生产药品的企业要想完全避开产品责任风险，最有效的办法是停止药品生产；航空公司要想完全避开飞机失事风险和旅客人身伤亡责任风险，最有效的办法是停止航空运输；一个人要想完全避开溺水风险，最有效的办法是远离河流、湖泊、海洋甚至水库和池塘，或不乘坐水上交通工具、不进行水上运动等。

风险回避是一种很有效的风险管理方式，但是有可能带来利益损失。例如，生产药品的企业停止药品的生产会中断利润来源，航空公司停止航空运输也是如此。一个人远离河流、湖泊、海洋甚至水库和池塘，或不乘坐水上交通工具、不进行水上运动，则会失去很多必须与水接触（间接或直接）才能获得的机会或乐趣。

并且，风险回避在避开了一种风险的同时却增加了面临另一类风险的可能。例如，要从一地到达较远的、必须利用现代交通工具才能到达的另一地，不乘坐轮船就必须改乘火车、汽车、飞机等交通工具。这样，虽可以避开因水上交通可能存在的溺水风险，但取代它的却是另一类风险。

2. 损失控制

损失控制也称为风险控制，是指通过降低损失频率和降低损失程度来减少期望损失成本。

降低损失频率的途径是防止导致损失的灾害事故的发生。例如，定期对飞机、船舶、机动车辆和机器设备等进行保养和检修，能够有效防止意外事故的发生，从而降低损失的频率。

降低损失程度的途径是在灾害事故发生后防止损失的扩大。例如，在建筑物内的合适位置放置足够的消防设备以便在发生火灾时可以更及时地灭火，从而有效地防止火灾造成损失的扩大。

降低损失频率的途径和降低损失程度的途径往往无法严格区分开来。例如，在建筑物内的合适位置放置足够的消防设备，既可以在尚未形成火灾时及时将其扑灭，从而降低损失的频率；也可以在火灾已经发生时有效地防止火灾继续蔓延，从而降低损失的程度。再如，在地震多发地区，在建筑物的建造过程中就采用抗震性能强的材料和结构，既可以有效地避免地震造成的损害，降低损失的频率；也可以减少地震带来的损失，降低损失程度。

3. 损失融资

损失融资也称风险融资，是指企业等风险承担主体利用自有资金或外部资金补偿风险事故造成的损失。损失融资通常有风险自留、风险转移等方式。

(1) 风险自留。风险自留是指企业等风险承担主体自负全部或部分可能发生的损失。风险事故一旦发生，由此造成的标的全部损失或部分损失只能自己承担。

企业或其他风险承担主体用来抵补此种损失的资金来自其内部。就企业而言，风险自留所需资金的主要来源有以下五个方面：① 生产经营活动中的净现金流：流入现金超过流出现金的差额。包括企业的库存现金、银行存款、其他货币资金以及能随时变现为确定金额用于支付的其他流动资产。企业用净现金流抵补损失的程度，取决于企业可能出现的损失的程度和净现金流的稳定程度。② 净运营资本：企业流动资产与流动负债之间的差额。企业能够用净运营资本抵补损失的程度，取决于企业可能出现的损失的程度和净运营资本的稳定程度。利用生产经营活动中的净运营资本抵补因自留风险所致损失，也会相应减少企业的收益。③ 专项基金：企业为了抵补可能出现的损失而专门设立的基金。专项基金在未使用时通常用来购买可用来交易的市场化证券，即以证券化资产的形式存在，并随着证券的增值而累积增大。当损失发生时，企业可以卖出其所持有的证券化资产，再用所取得的货币资金来抵补已经发生的损失。④ 信用额度：即企业按照与银行的期权合约可以从银行取得的约定数额的贷款。企业要用银行信用额度抵补可能发生的损失，需要提前做出安排，并与银行就贷款数额、利率等进行商洽。⑤ 事后融资：即在损失发生后融入资金，用以抵补已经发生的损失。事后融资包括从银行取得贷款和发行新证券来募集外部资金。在损失已经发生的情况下，融入或募集资金的方式很可能要以较高的利率和募集成本为代价。

(2) 风险转移。风险转移即通过一定的方式，将风险从一个主体转移到另一个主体。

风险转移的方式常见的有以下几种：① 合同安排：例如，建设单位在与建筑商签订的建筑合同中可以就建筑施工过程中可能出现的人身伤亡赔偿风险设置由后者负责的条款。这样，在建筑施工过程中一旦出现人身伤亡，则按照事先约定，相应的赔偿责任就由建筑商承担。再如，房屋出租人在与承租人签订的租赁合同中设置关于房屋发生火灾由后者负责的条款。这样，一旦在租赁合同有效期内房屋发生火灾，承租人应对房屋因火灾而导致的损失承担赔偿责任。向其他主体转移风险，通常会增加风险承担主体的支出或减少其收益。② 委托保管：将个人财产交由他人进行保护、服务和处理等。受托人对因自己的过失而造成的财产损失向委托人负赔偿责任。③ 套期保值：通过降低风险增加收益的可能性。套期保值将价格变动导致的损失风险转移给交易对方。例如，农民为减少收获时农作物价格降低的风险，在收获前以固定价格出售未来收获的农作物，就是通过套期保值的方式转移了降价风险。④ 购买保险。企业等风险承担主体按照与保险人签订的保险合同的规定，向保险人交付保险费，在保险标的发生保险责任范围内的损失后，通过向保险人索赔而获得损失赔偿。也就是说，企业等风险承担主体以向保险人交付保险费为代价，把保险标的存在的风险转移给保险人，即换取保险人对可能发生损失的保险保障。保险人则通过与拥有大量具有同质风险的标的的企业等风险承担主体签订保险合同，积累起足够用于保险标的损失赔偿的保险基金，实现承保风险在众多被保险人之间的分散。

（三）风险管理的程序

1. 建立风险管理目标

风险管理的第一步就是确定风险管理的目标。风险管理的目标对风险管理的效果是十分重要的。这些目标必须是清晰的，否则在实施过程中会产生很大的意见分歧。风险管理最主要的目标就是减缓风险以及风险管理成本的最小化。

损失目标可以分成损失前的管理目标和损失后的管理目标。损失前的管理目标主要是选择最经济有效的方法来减少或避免损失的发生，从而提高工作的效率和经济效益。损失后的管理目标是在损失发生后尽可能减少直接损失和间接损失，使其尽快恢复到损失发生前的状态。

尽管风险承担主体的组织形式、生产规模、市场定位等方面差异明显，但通常风险管理目标都应包括节约经营成本、减少员工的忧虑情绪、保证公司经营的有效运行、降低成本、保持稳定收入、承担社会责任等内容。

2. 识别风险

风险识别是风险管理人员对风险承担主体面临的现实或潜在的风险进行观察、判断、归类和定性的过程。其中，现实风险可能为人们所忽视，潜在风险人们可能意识不到，因此，无论是现实风险还是潜在风险，都需要人们去识别和判断。只有能够正确识别和判断风险的类别、性质、变化趋势等内容，才能有针对性地选择合适的策略和措施去防范风险、化解风险，避免或减少由风险事故所造成的损失。

风险识别需要使用系统和科学的方法，主要包括现场调查、损失统计、环境分析、调查询问、保单汇编分析、风险清单分析、流程分析及财务报表分析等。各种风险识别的方法有自己的特点，风险管理人员可以根据企业的性质、规模技术条件以及自身的特长选择一种或几种方法的组合进行风险识别。

3. 衡量风险

衡量风险即风险评估的过程，是在风险识别和分析的基础上，利用数理统计方法对所收集的数据资料进行量化的分析研究，从而对可能发生损失的可能性的大小（损失频率）和可能发生损失的规模或损失的严重程度（损失程度）进行评价和估算，确定风险等级的过程。

通过风险衡量，根据风险损失频率和损失程度的估计，可以把风险分为重大风险、重要风险和一般风险等风险等级，并对所考察的风险进行等级认定。风险衡量的结果为风险管理人员进行风险决策、选择风险管理工具和手段提供了重要的依据。因此，风险衡量是风险管理的关键环节。

4. 选择风险管理的手段

在对风险进行识别和衡量后，风险管理人员应选择应对风险的最优手段。这些方法主要分为控制法和财务法两类。控制法即为在前一部分讨论的风险回避和损失控制；财务法主要是指风险融资手段，主要包括风险自留和风险转移。

5. 实施风险管理计划

选择了合适的风险管理手段后，就要按照计划实施风险管理方案。例如，如果企业选择通过购买保险来转移风险，更需要考虑的问题是购买哪一种保险或哪一个险种比较合适。选择的标准主要是该险种的责任范围能够涵盖企业需要转移的风险类别，且保险费率较低，有利于降低风险成本。另外还需要考虑与哪家保险公司进行合作，选择的标准是该公司具有充足的偿付能力和良好的信用。充足的偿付能力是履行赔偿责任的客观基础，良好的信用则是履行赔偿责任的主观保证。

6. 检查和评估

检查和评估是风险管理程序的最后环节，但依旧是非常重要的一步。首先，风险的可变性是由风险因素的多样性决定的，某些风险因素会因为客观环境或主观因素的作用而消失，但新的风险因素也会因条件的变化而产生，动态的风险管理过程将不能避免风险的变化，因此应对风险的手段的有效性也会受到影响。其次，风险管理人员的主观因素极大影响了风险管理的效果，通过检查和评估，能够使风险管理人员及时发现错误并进行纠正，减少成本，进而调整工作方法，改进风险管理程序。

二、可保风险

保险所涉及的风险主要是纯粹风险，但不是所有的纯粹风险都可以通过保险手段来进行风险转移。能够通过保险手段转移的风险被称为可保风险，指通常能够由承保主体所承保的风险。一种风险是否具有可保性，需要具备以下五个条件。

（一）导致损失的风险事故的发生是偶然的

如果导致损失的风险事故的发生是必然的，那么承保主体的赔偿责任也一定会发生，这时任何承保主体都不愿承保。导致损失的风险事故的发生必须是偶然的，主要是指风险事故的发生是随机事件，是被保险人一方无法控制的，即非被保险人一方故意造成的。如果导致损失的事故是由当事人的故意行为造成的，在不考虑其应负的法律责任的前提下，损失也理应由其自己承担。如果由保险人负责赔偿，不仅不公正、不合理，而且还会极大地助长人们的不道德行为，甚至会助长人们的犯罪心理并导致犯罪。另外，要求风险事故发生具有偶然性也是保险运作数理基础的要求，保险运作的基础是大数法则，而大数法则的应用是以随机（偶然）事件为前提的。

（二）损失是可以确定和测量的

损失的可确定和可测量主要是指风险事故发生后导致的损失必须在时间和地点上可以被确定，在数量上可以被测量。例如，要使一份火灾保险合同有效，就必须规定损失在什么期限内、在什么地点发生，损失的赔偿范围也是通过保险金额来确定的。如果这些问题不能被确定，就不能确定损失是否在保险人的赔偿范围之内。

虽然就具体的保险标的而言，其是否发生保险事故以及造成的损失大小不能预料，但就某一类保险标的而言，特定风险事故发生的概率和特定风险事故造成的损失程度是可以根据以往的数据资料测定的，这是合理厘定保险费率的重要前提，因此，只有具备可测量性的风险才能成为可保风险。

（三）可供承保的同质风险是大量的

就某一风险对不同标的的影响而言，不同的标的发生同一类风险事故的概率基本相同。风险事故发生时，损失率基本相同的标的所面临的风险为同质风险，当有大量同质风险的标的时，才属于可保风险的范畴。

保险人收取的保险费中用于赔付的部分是根据期望损失确定下来的。如果不考虑其他因素，二者在理论上应当相等。保险标的的数量越少，实际发生的损失背离期望损失的可能性和幅度越大，保险人所承担的赔付金额超过保险费中用于赔付的部分的风险也越大；反之，保险标的的数量越大，实际发生的损失背离期望损失的可能性或幅度越小，保险人所承担的赔付金额超过保险费中用于赔付的部分的风险也越小。

（四）可保风险是非投机性风险

一般来说，投机性风险不能为承保主体所承保，不属于可保风险。这不仅是因为投机性风险往往超出承保主体所能承受的限度，还因为投机性风险受投机主体主观意志、个人偏好的影响过大，风险具有过大的不确定性，承保主体无法预测投机风险的大小。更为重要的是，如果投机性风险可以通过投机主体投保商业保险的途径转移给承保主体，则会极大地助长投机主体的投机心理，不仅会无限制地增大承保主体的承保风险，而且在一些重要领域里，过度投机行为会扰乱社会的经济秩序，甚至会造成国民经济的动荡。

（五）风险事故导致标的损失的相关性较小

标的损失的相关性较小，指风险事故所导致的标的损失具有显著的独立性，即不会出现众多标的因同一次风险事故而同时发生损失。如果同一次风险事故发生后所导致众多标的损失（灾难性损失），那么就极有可能威胁保险人的偿付能力，导致其赔付困难，甚至因无力赔付而破产倒闭。因此，在保险实践中，地震、洪水等严重自然灾害风险和战争等人为的灾难通常或作为除外责任，或作为附加险的承保对象，或由政府提供保险保障或非保险保障。无论是把地震、洪水等严重自然灾害风险和战争等人为的灾难作为主险的承保对象，还是作为附加险的承保对象，只要是商业保险，就要求其发生的概率必须很小，而且保险金额要限制在保险人可以承受的范围内。

第三节　保险基础

一、保险的概念与性质

（一）保险的概念

保险的定义众说纷纭，目前尚未有一个统一的界定。为了更好地理解保险，可以从不同的角度对其进行分析。

1. 经济角度

从经济制度的角度而言，保险是为了确保经济社会的安定，对特定风险事故或事件的发生造成的损失，运用多数单位的集体力量，根据合理的运算，共同建立保险基金，对损失进行补偿或给付保险金的经济制度。

2. 法律角度

从法律角度看，保险是一种合同行为，它是根据法律规定或双方当事人的约定，由一方当事人履行交纳保费的义务，以此换取另一方当事人在合同约定的风险事故发生时为其提供经济保障权利的协议。

《中华人民共和国保险法》（以下简称《保险法》）第 2 条规定："本法所称保险，是指投保人根据合同约定，向保险人支付保险费，保险人对于合同约定的可能发生的事故因其发生所造成的财产损失承担赔偿保险金责任，或者当被保险人死亡、伤残、疾病或者达到合同约定的年龄、期限等条件时承担给付保险金责任的商业保险行为。"该定义主要针对商业保险行为，如无特殊说明，本书所讨论的保险均指商业保险。

（二）保险的性质

1. 互助性

保险是一种社会互助行为，保险具有"一人为众，众为一人"的互助性。保险在一定条件下，可以分散许多企业和个人难以承受的风险。无论是何种性质的保险，都是多个风险单位承担主体间的互助。

2. 专业性

无论是保险活动自身还是保险经营都具有很强的专业性。第一，保险是一种重要的风险管理手段，主要以概率论和大数法则等数理理论为基础，并以此为依据开展保险产品的定价、保险准备金的提取、费用的核算等活动。第二，保险的经营要具有相应的专业资格。世界各国对于保险的市场准入有严格的要求，对于保险公司的资本金、人力资源、财务管理等方面均有严格的规定。同时在保险经营中，保险公司的定价、承保、损失评估、财务核算等业务已形成专门的理论体系，具有非常强的专业性。

3. 补偿性

保险的职能主要是进行损失补偿,并不是消除风险,也不是用来恢复或赔偿已经灭失、损坏的标的物。因此保险要求必须在经济上能计算风险事故所导致的损失的价值,否则无法为其提供保障。在财产保险中,对于风险事故所造成的损失,可以通过估计等方法确定其损失金额。在人身保险中,主要以人的生命或身体作为保险标的,由于其价值无法用价格衡量,所以通常采取定额保险法,即在订立保险合同时将有可能发生的损失确定下来,当发生保险合同所约定的事故时,保险公司按照事先约定好的金额给付保险金。

4. 经济性

从经济学角度看,保险是分摊损失的一种财务安排,投保人先要向保险公司交纳保费,在发生保险事故后,保险公司才会对被保险人进行经济损失补偿。因此在市场经济条件下,保险作为一种商品,具有交易的价值。保险公司以商品经营者的身份,按照消费者需求开发各种保险产品,并通过满足保险客户未来经济稳定性的需求来获取经济利益。或者通过对保险资金的投资,进一步扩大社会融资的渠道,增加社会的财富。因此保险经营是一种经济活动,保险公司作为市场经济活动中的独立主体,其经营以营利为目的,这也是保险区别于自保、互助保险等行为的本质特征。

二、保险的职能与作用

(一)保险的职能

保险的职能指的是保险内在的、固有的一种功能,这是由保险的本质以及其内容所决定的。保险的职能分为基本职能和派生职能。

1. 基本职能

(1)分摊损失。对于个别投保单位和投保个人而言,灾害事故的发生是偶然的、不确定的,但是总体而言,即对于所有投保单位和投保个人,灾害事故是必然发生的。为了确保经济生活的安定,分散风险,保险把集中在某一个单位或者个人身上的,因为偶然发生的灾害事故或人身事件所导致的经济损失,通过收取保险费的方式平均分摊给所有被保险人。即保险公司通过向众多的投保人收取保险费这种方式来分摊部分可能遭受风险事故的投保人的损失。保险分摊损失职能的关键就是要预计损失,这需要根据大数法则预测某种事故发生的概率,使保险分摊损失成为一种可能。

(2)补偿损失。保险补偿损失这一职能,主要是通过保险公司对被保险人的经济补偿和保险金给付来实现的。经济补偿是指在财产保险中,当发生保险责任范围内的保险事故并对保险标的造成损失时,保险人根据保险合同,按照在保险金额范围内保险标的的实际损失金额进行赔偿。保险金给付是指在人身保险中,保险标的是人的生命或者身体,由于人的生命或者身体的价值是无法用货币衡量的,因此人身保险的保险金额是根据投保人的需要以及其缴费的能力,由保险双方当事人协商确定的,因此在人身保险中,保险补偿职能表现为给付保险金,这种给付是对事先约定好的保险金额的补偿，并非是对人的价值的补偿。

2. 派生职能

（1）资金融通职能。保险的资金融通职能是指保险资金的积累、运用以及分配的职能。保险的资金融通职能具体体现在以下两方面：一方面，保险公司通过开展承保业务，将社会中各经济主体以及个人的一部分可支配收入以交纳保费的形式汇集起来，形成数额较大的保险基金，体现出保险具有筹资的职能；另一方面，保险公司拿出积累的部分保险资金进行投资，以此满足保险资金的保值、增值，以应对未来发生损失时支付保险金的需要。保险基金的资金来源比较稳定、期限较长、规模庞大，保险公司可以通过买卖有价证券、不动产等，体现其投资的职能。在许多市场经济发达的国家，保险公司已成为资本市场上重要的机构投资者，也是一国基础设施建设、国家重大战略投资的重要资金来源。

（2）社会管理职能。保险的社会管理职能区别于国家对社会的直接管理，它是通过发挥保险内在的特性，促进经济社会各领域的协调发展，保障社会的稳定以及交易的顺利完成。保险的社会管理职能具体体现在四个方面：一是社会风险管理职能。保险公司在经营过程中，产品的开发和费率的制定、承保、理赔等各个环节都与风险有关，专业的识别、衡量和分析风险的人才，以及大量与风险损失有关的材料的积累，都为保险公司进行社会风险管理提供了有力的技术、数据支持。此外，保险公司还能够发挥其专业优势，主动参与并配合其他防灾防损主管部门开展防灾防损工作。二是社会保障管理职能。商业保险是社会保障体系的重要构成，在完善社会保障体系方面发挥了积极的作用。商业保险具有产品多样化、选择范围广泛等特点，可以满足各类人群的多样化需求，为社会提供了多层次的保障服务，提高了社会的保障水平，也进一步减轻了政府在社会保障方面的压力。三是社会关系管理职能。保险通过对灾害损失进行合理补偿，可以提高处理事故的效率，减少当事人可能出现的各种纠纷。由于保险参与了风险事故损失处理的全过程，参与到社会关系管理的过程中，故而有利于维护政府、企业、个人间正常有序的社会关系，改变社会主体的行为模式，减少社会的摩擦。四是社会信用管理职能。保险经营中需要遵循的最基本的原则是最大诚信原则，保险公司经营的产品实际上是以信用为基础，以法律为保障的承诺，在培养和增强社会诚信意识方面发挥了重要作用。如果保险当事人存在骗保等行为，将会被录入诚信系统，这会对其日后的信用记录产生影响，进而逐步完善社会的信用系统；在日常的生产、生活中，市场主体可以通过购买保险的形式增加其信誉，如企业投保产品责任险、食品安全险等。

（二）保险的作用

保险的作用是保险职能在实践应用中的具体体现，其作用主要表现为宏观作用和微观作用。

1. 宏观作用

（1）有利于国民经济持续、稳定发展。保险本身具有分摊损失、补偿损失的基本职能。只要企业能够按时缴纳保费，一旦发生保险合同中所约定的保险事故时，保险公司就会对其所遭受的经济损失进行经济上的补偿。因此，保险可以使企业的生产经营迅速得以恢复，能够最大限度地减轻自然灾害、意外事故造成的经济损失所引起的企业生产经营中断的可能性，从而保证企业生产经营的顺利进行，最终保障国民经济持续稳定发展。

（2）有利于社会的安定。从总体上说，灾害事故的发生是必然的，这势必会造成财产的损失和人员的伤亡。保险人作为专业的风险管理部门，当被保险人由于风险事故遭受人身伤亡和财产损失时，会为被保险的企业、家庭和个人提供经济上的补偿和支持，因此保险被誉为社会的"稳定器"。这正是因为保险人履行了这种经济补偿的职能，解决了个人、家庭和企业等主体在经济上的后顾之忧，保障了人们正常的经济生活，所以起到了稳定社会的作用。

（3）有利于科技的推广与应用。在社会生产中采用新技术能够提高劳动生产率，促进经济的发展。但是在科学技术向现实生产力转换的过程中，新技术和新工艺的使用也伴随着新的风险。损失一旦发生，其损失程度巨大，这种损失的结果往往是开发者难以承受的。如果有了保险作为保障，就可在科学技术在推广应用中发生风险事故时提供有力的经济支持，这将极大促进先进技术的推广运用。

（4）有利于促进国际经济交往和对外贸易。在当今世界，保险是国际经济交往以及对外贸易中不可或缺的重要环节。现代社会的国际经济交往主要表现在商品的买卖以及资金的借贷上，这均需交易主体具有良好的信用，保险在一定程度上可以消除经济主体对于信用的顾虑。保险不仅可以促进对外经济贸易、增加资本输出或引进外资，使国家间的经济交往得到保障，还可以带来巨额的无形贸易净收入，增加国家的外汇收入，这在增强国家的国际支付能力方面发挥了重要的作用。

2．微观作用

（1）有利于企业及时恢复生产。企业在经营的过程中都有遭受自然灾害和意外事故的损害的可能性，如造成巨额经济损失还会影响到企业正常的生产经营活动。为了规避此类风险，企业可以通过购买保险的方式来转移风险。投保企业一旦遭受保险责任范围内的损失，可以按照保险合同的约定及时从保险公司获得赔偿，并用保险金重新购置生产资料，恢复生产经营。同时，由于受灾企业能够及时恢复生产，还可以减少企业的利润和费用等间接损失。

（2）有利于企业加强经营核算。保险是企业进行风险管理的一种重要的财务手段。企业可以通过购买保险的形式，将企业难以预测的巨额灾害损失转化为固定的、少量的保险费支出，并列入企业的生产成本或流通费用，这是符合企业经济核算制度的。通过这种方式企业可以平均分摊损失成本，加强经济核算，从而确保企业财务成果的稳定。

（3）有利于企业加强风险管理。虽然保险补偿可以在短期内消除或减轻灾害事故对于企业所造成的影响，但是防患于未然是企业和保险公司利益一致的行为。保险公司作为风险管理机构，聚集了保险领域的专业人才。同时由于保险公司要经常性地参与、处理各类灾害事故，因此其积累了丰富的风险管理经验，可以为企业提供相关的风险管理咨询和技术服务。保险公司在承保时可以对投保企业进行风险调查与分析，在承保期间对企业进行危险检查与监督，这些行为在一定程度上能够消除潜在的风险因素，达到防灾防损的目的。此外，保险公司还可以通过保险合同明确双方当事人对于防灾、防损应承担的责任，还可以通过保险费率杠杆调动企业防灾、防损的积极性，减少风险事故发生的可能性。

（4）有利于保障人民生活的安定。家庭生活安定是人们从事生产劳动，参与各类社会活动的基本前提。但是自然灾害和意外事故对于家庭而言同样是不可避免的，保险可以作为家庭风险管理的有效手段。保险公司可以提供与人们生活密切关联的各类险种，以此来保障人民生活的安定。家庭财产保险可用于保障人们家庭财产的安全，使受灾家庭能够恢复原有的物质生活条件；人身保险可以在一定程度上解决家庭成员遭受生、老、病、死、残等人身风险时的经济困难。因此，保险公司在被保险人遭受财产风险或人身风险时提供损失赔偿或给付保险金，对于安定人民生活起到了重要的保障作用。

（5）提高企业和个人的信用。在市场经济条件下，企业和个人都有可能遭受信用风险、责任风险。责任保险有利于保障被侵权人的经济利益，有利于解决民事纠纷。保险可以为义务人的信用风险提供经济保障。因此，企业和个人通过购买保险的方式提高了自身的信用水平，提高了偿债的能力。

三、保险的产生与发展

（一）保险的产生

1. 商业保险的产生

（1）海上保险的产生。海上保险是最古老的一种保险，近代保险是从海上保险发展而来的。海上保险起源于航海中的海损分摊原则和船舶或货物抵押借款。12世纪末，十字军东征后，意大利的商人逐渐控制了东西方的中介贸易。随着海上贸易的不断扩大，伦巴第商人把海上保险带到了英国的伦敦和荷兰的布鲁日。最初的海上保险采取的是口头缔约的形式，经发展开始采取书面合同的形式。目前世界上最古老的船舶保险单是1347年10月23日由一个名叫乔治·勒克维伦的热那亚商人出立的，承保的是从热那亚到马乔卡的船舶保险单，这张保险单至今仍保存在热那亚国立博物馆中。

在美洲新大陆发现之后，英国的对外贸易迅猛发展，保险业中心也逐渐转移到英国。1568年12月22日，经伦敦市市长批准，英国开设了第一家皇家交易所，这为海上保险提供了交易的场所。1554年，英国商人在国王处获得特许，组织贸易公司垄断经营海外业务，自此，对外贸易及海上保险都由英国商人经营，海上保险的一些法令和制度也相继制定、建立。1720年"皇家交易"和"伦敦"这两家保险公司经英国政府批准，享有经营海上保险的独占权，其他的公司或者合伙组织都不能再经营海上保险的业务。

在海上保险中占有特殊地位的劳合社（Lloyd's）始创于1683年，由爱德华·劳埃德（Edward Lloyd）所开设的同名咖啡馆演变发展而来。咖啡馆地处伦敦市中心，吸引了很多船主、银行老板、海陆贸易商人等光顾，这里逐渐成为交换海运消息、接洽海上保险业务的场所。爱德华·劳埃德以此为契机，努力为买卖保险的双方提供便利条件，而咖啡馆也逐渐演变成为保险交易的场所。1691年，劳埃德咖啡馆从伦敦塔街迁至伦巴第街经营保险业务，并于1696年创办了专门报道海事航运消息的《劳埃德新闻》，这里逐渐发展成为船舶、货物、海上保险交易的中心，并成立了当代世界保险市场的最大保险垄断组织——"劳合社"。

(2) 火灾保险的产生。火灾保险起源于1118年冰岛设立的黑瑞甫 (Hrepps)，该社对火灾及家畜死亡损失承担赔偿责任。1591年，德国酿造业发生了一起大火，灾后德国汉堡市的造酒业者成立了火灾保险合作社。17世纪初，德国盛行互助性质的火灾救灾协会制度，1676年，第一家公营保险公司——汉堡火灾保险局宣告成立，它由46个相互保险组织合并而成。

但是真正意义上的现代火灾保险制度则起源于英国，是在英国伦敦大火以后发展起来的。1666年9月2日，英国伦敦发生大火，这场大火持续了5天，造成1200多万英镑的财产损失，导致20多万人无家可归。这场大火后的次年，英国第一家火灾保险商行设立。1667年，牙科医生尼古拉斯·巴邦 (Nicholas Barbon) 独资设立了专门承保火灾保险的营业处，办理住宅火险，这也开创了私人火灾保险的先例。他于1680年创立了拥有4万英镑的火灾保险公司。在收费标准上，保险费是根据房屋的租金和结构进行计算的，这是现代火灾保险差别费率的起源，因此巴蓬也被誉为"现代火灾保险之父"。

最早的股份公司形式的保险组织是在1710年由英国的查尔斯·波维 (Charles Povey) 创办的"太阳保险"公司，它扩大了承保范围，承保业务由不动产扩大到了动产，营业范围遍及全国，它是英国迄今为止仍存在的最古老的保险公司之一。美国第一家火灾保险社是在1752年由本杰明·富兰克林 (Benjamin Franklin) 在费城创办的。进入19世纪后，在欧洲和美洲出现了大量的火灾保险公司，承保能力大大提高。随着人们的需要，火灾保险承保的风险种类也日益扩展，承保责任由单一的火灾，逐步扩展到承保地震、洪水、风暴等非火灾风险，保险标的也从房屋扩展到各种固定资产以及流动资产。

(3) 人身保险的产生。人身保险的产生源于海上保险。15世纪末，奴隶贩子将海上贩运的奴隶作为货物投保海上保险，这是以人的生命和身体为保险标的商业化保险的源头。后来船上的船员也可以投保，如果遭遇意外伤害，保险人给予经济上的补偿，这就是人身保险的早期形式。17世纪中叶，意大利银行家洛伦佐·佟蒂 (Lorenzo Tonti) 提出了一项联合养老办法，该办法后来被称为"佟蒂法"。1689年，法国国王路易十四将"佟蒂法"用于筹集战争经费，要求每位国民缴纳300法郎，共筹集到140万法郎资金，保险期满后每年支付利息，按照年龄把认购人分为了14个群体，支付给年龄高的群体更多利息。"佟蒂法"的主要特点就是将利息支付给群体中的生存者，如果该群体全体成员死亡，则停止给付利息。由于这种办法不偿还本金，并会引起群体成员间相互残杀，故后被禁止。但是"佟蒂法"引起了人们对于生命统计研究的重视，因此人身保险的创始人应首推洛伦佐·佟蒂。

1693年，英国著名的天文学家埃德蒙·哈雷（Edmund Halley）计算出布雷斯劳城不同年龄段居民的死亡率，编制了世界上第一张生命表，首次探讨了死亡率和年龄的关系。哈雷生命表为人寿保险费率的计算提供了数理依据，这也为现代人寿保险的发展奠定了坚实的数理基础。18世纪中叶，辛普森根据哈雷的生命表制成了依死亡率增加而递增的费率表。此后多德森又按照年龄差计算保费，并提出了"均衡保险费"理论，进一步推动了人身保险的发展。1762年，世界上第一家人寿保险公司——伦敦公平保险公司在英国成立，它是以保险技术为基础而设立的保险组织，它的成立标志着现代人寿保险的开始。

（4）责任保险的产生。1804年，法国《拿破仑法典》中出现了关于民事损害赔偿责任的规定，这为责任保险的产生奠定了法律基础。在19世纪中期，现代意义上的责任保险最早出现于英国。1855年，英国的铁路乘客保险公司首次开办了铁路承运人责任保险，自此，责任保险逐渐引起了人们的重视。1870年，保险商承保了机器锅炉险，并承保因爆炸造成的第三者的财产损失。1875年，英国出现了马车第三者责任保险。1880年，雇主责任险出现。1896年，英国北方意外保险公司对为药剂师开错处方的过失提供了职业损害保险，开创了职业责任保险的先河。1900年，责任险扩大到产品责任，承保的是酒商因啤酒合作而引起的民事赔偿责任。随后，契约责任保险、航空责任保险、会计师责任保险、农户及店主责任保险等相继推出。

19世纪末汽车发明后，汽车责任保险也应运而生。1895年，英国的保险公司推出了汽车第三者责任保险。随后，美国也开办了汽车第三者责任保险，并全面推广这项业务。20世纪后，汽车第三者责任保险在世界范围内迅速发展，迄今为止，它已经成为了世界上业务量最大的责任保险。

20世纪70年代以后，责任保险在工业化国家迅速兴起和发展。在这一阶段，各种运输工具的责任保险得到了快速的发展，雇主责任保险普及化，职业责任险、产品责任险、公众责任险也不断完善，逐步建立了自愿保险和强制保险相互依存，雇主责任保险、职业责任保险、产品责任保险、公众责任保险与第三者责任保险相结合的责任保险体系。责任保险目前已经成为保险市场体系的又一新型业务支柱。

（5）信用保证保险的产生。信用保险和保证保险是伴随着资本主义金融经济的发展以及商业信用交易的扩张而发展起来的。信用保险开始于19世纪中叶的欧美国家，当时被称为商业信用保险。当时，这一业务主要是由一些私营保险来承保的，业务范围也仅限于国内贸易。第一次世界大战后，信用保险得到了进一步的发展。1919年，英国首先成立了出口信用担保局，建立了一整套完善的信用保险制度，各国开始纷纷效仿，在这一时期政府开始介入出口信用保险。1934年，英国、法国、意大利、西班牙的信用保险机构建立了"国际信用与投资保险人协会"，简称"伯尔尼协会"，这一组织的成立进一步加强了各信用保险机构间的交流与合作，这也标志着出口信用保险业务的发展进入了一个新的阶段。此后，各国的信用保险业务虽经历了多次的动荡冲击，但都逐渐趋于稳定，并不断得以完善。

保证保险是伴随着商业信用的发展而产生的，它是由保险公司承保各类信用风险的一种新型的保险业务。忠诚保证保险是最早产生的保证保险，最初只是由一些个人、商行或者银行办理。随后出现的是合同担保，由个人、贸易商或银行提供，主要担保的是从事建筑和公共事业的订约人履行其规定的业务，当订约人破产或者无力履行合同时，代为偿还债务。1901年，美国马里兰州的诚实存款公司在英国首次提供了合同担保。

（6）再保险的产生。现代保险制度开始于海上保险，伴随着海上保险的发展，产生了对再保险的需求。最早的海上再保险可以追溯到1370年7月12日所签发的一张保单。这张保单的签发人是一家名为格斯特·克鲁丽杰的保险人，承保的是从意大利热那亚至荷兰斯卢丝之间的航程，并将其中经凯的斯至斯卢丝这段风险较大的航程责任转给其他保险人承保，这是再保险的开始。

17世纪初，英国皇家保险交易所、劳合社开始开展再保险的业务。1681年，法国国王颁布法令，规定"保险人可以将自己承保的保险业务向他人进行再保险"。这一法令不但在法国有效，同时，在德国和西班牙的港口也被允许可进行再保险。1731年德国的汉堡法令、1737年西班牙《贝尔堡法》以及1750年瑞典的保险法律均规定再保险的经营是合法的。

再保险发展的过程中，再保险的合同方式发生了改变。早期的再保险合同采用的是临时再保险合同，先由一个保险人承保全部的业务，再将超出自身责任能力范围以外的部分分保给别的保险人，分出人和分入人之间并没有稳固的业务关系，只需要在分保的时候，临时确定分出和分入的条件以及费用。随着国际贸易的发展，由于临时再保险合同手续比较烦琐，分出人和分入人间联系较松散，费时费力，因此更加适应固定分保关系的合同再保险应运而生，并逐渐发展为再保险当中的主要形式。

再保险发展过程中承保方式也发生了改变。传统的再保险采取比例再保险的方式，即分保双方主要以保险金额作为分配责任的计算基础。但随着工业的发展以及科技的进步，巨大灾难风险不断增加，这也为再保险带来了新的挑战。为了解决这一问题，劳合社承保人卡斯伯特·希斯提出并设计了超额赔款分保。由于这种赔款分保方式对巨大灾难风险以及巨额损失具有较好的保障作用，在业务开展的过程中不断发展，目前这种业务方式发挥了越来越重要的作用。

早期的再保险业务都是在经营直接保险业务的保险公司之间开展的，随着再保险业务不断发展，保险形式逐渐多样化，保险公司间竞争加剧，这些都需要再保险公司经营的专业化。世界上第一家独立的专业再保险公司是德国科隆再保险公司，随后其他国家也纷纷成立了专业的再保险公司，成立专业的再保险公司对促进再保险业务的发展起到了巨大的推动作用。

2. 社会保险的产生

社会保险产生于19世纪80年代的德国。社会保险属于社会保障的一部分，它是一项社会政策，是强制性保险的一种形式。

社会保险始创于19世纪80年代德国俾斯麦政府时期。1870年德国在普法战争中获胜，实现了德意志的统一，推动了德国经济的发展，但是随之也出现了一些矛盾。当时德国国内人民生活困苦，阶级斗争尖锐，工人运动频发。俾斯麦政府在镇压工人运动失败后，为了缓解阶级矛盾，根据当时的矿工基金制度，将工人为解决疾病、养老、失业等问题所设立的互助补助金改为由国家设立，通过这种方式建立了最早的社会保险制度。1883 年，德国颁布了《疾病保险法》，建立了劳工疾病保险，这部法案是世界上第一部社会保险法。这标志着以社会保险为核心的现代社会保障制度由此建立。1884 年，职业灾害保险建立。1889 年，老年残废保险建立，随后，保障范围不断扩大，社会保险基本体系逐步确立。因为德国开展的社会保险在解决劳动者的生活需要、缓和阶级矛盾、稳定社会方面发挥了巨大的作用，所以其他国家也开始纷纷效仿德国建立社会保险制度。在这个时期，丹麦、奥地利、英国等 16 个国家开始实行养老保险；比利时、瑞士、英国等 9 个国家实行疾病、生育保险；英国、法国等 9 个国家实行失业保险；美国、波兰等 37 个国家实行工伤保险。

20 世纪 20 年代到第二次世界大战期间，社会保险得到了进一步发展。其间，资本主义国家发生了经济危机，工商企业相继破产倒闭，社会经济萧条，社会上出现了大量的失业人口，劳动人民的生活极其贫困。为了缓解阶级矛盾，进一步稳定社会，各国政府纷纷采取各种政策措施，进一步加强了社会保险制度。1935 年，在美国总统罗斯福的领导下，美国颁布了第一部社会保障法典《社会保障法》，规定政府对于劳动者在死亡、年老、失业、疾病等情况下，要提供能满足劳动者生活需要的最低限度的保障；同时规定，联邦、州和地方政府要分级举办社会保险。《社会保障法》的颁布与实施，对其他国家社会保险的发展起到了积极的促进作用。

1952 年，国际劳工组织大会通过了《社会保障（最低标准）公约》，对各项社会保险的基本准则、最低标准都进行了明确的规定，成为世界各国制定社会保险制度的依据，极大地推动了世界社会保险制度的进一步发展、完善。

（二）保险的发展

1. 保险险种随保险业务范围扩大而增加

18 世纪 60 年代由英国开始的工业革命，一方面极大地促进了社会生产力的发展，另一方面使社会的风险结构发生了改变，由原来的以自然风险为主，转变为多风险并存的风险结构，即既有自然风险，又有人为风险，既有基本风险，又有特定风险，既有纯粹风险，又有投机风险，既有实际财产损失风险，又有预期利益损失风险。为了更有效地控制风险，管理风险，近代保险业进入繁荣发展时期，保险险种也随之不断增加。例如，德国人本茨发明了世界上第一辆三轮汽车后，世界第一张汽车保单签发；美国莱特兄弟发明了第一架飞机后，随之出现了航空保险；人类发明卫星以后，出现了卫星保险；信用交易产生后，出现了信用保险、保证保险；在民事赔偿法律建立后，出现了责任保险；伴随着网络购物的出现，相关的退货运费损失险也应运而生。伴随着互联网时代的快速发展，大数据、云计算、人工智能等为代表的数字科技广泛应用于各个保险领域，随着科技的发展，保险的业务范围将不断扩大，保险新险种也将不断增加。

2. 保险金额巨大，保险索赔额日益增长

随着社会财富的积累，保险保障的财产价值越来越大，为获得足额的经济保障，保险金额不断提高。一旦保险标的发生损毁，索赔金额巨大，这给保险业的经营带来了严峻的考验。

3. 再保险业务发展迅速，保险业国际化进程加快

随着高新技术的高速发展以及生产规模的不断扩大，价值巨大的保险标的的数量不断增多。这种巨额的保险责任对于单一的保险公司而言难以承受，因此再保险业务应运而生并快速发展。很多再保险的业务跨越了国界，加强了国内外保险公司之间的联系，风险分散的范围进一步扩大，保险业国际化的进程也在不断加快。

4. 保险行业金融中介的功能日益增强

随着资本市场的发展，保险行业在发挥其经济保障功能的基础上，逐步衍生出金融中介的功能，在金融体系中保险业的融资功能得到了极大的发展。在很多市场发达的国家，保险公司是重要的资本市场当中的机构投资者，同时保险公司还为国家重点基础设施、重大工程的建设提供资金。保险公司的资产管理规模约占全球资产管理总规模的20%，在全球资产管理行业中占据重要位置。保险融资功能的形成和完善，扩大了市场资金的来源，促进了资源的优化配置，提高了经济效率。

2022年东航空难

2022年3月21日下午4点，中国民航局发布消息，东航一架波音737客机在执行昆明—广州航班任务时，于广西梧州市上空失联，后确认坠毁。机上人员共132人，其中旅客123人、机组9人。

据了解，该失事飞机由中国人保首席承保，平安产险和太保产险等公司参与共保。根据官方消息，人保财险已成立专项领导小组以及业务、理赔、支持等工作组，与中国民航局、东航对接，并紧急赶赴现场指导开展后续工作。同时，中国平安官方消息称，截至21日18点30分，该公司共接到4起客户报案。中国平安表示，经初步排查，平安产险广东分公司共保了东航MU5735机身一切险及责任险。据了解，飞机机身一切险是承保飞机（包括机身、推进器、机器及设备）不论任何原因造成的意外碰撞、爆炸等损失或损坏的保险。中国太保方面，旗下产险、寿险公司也会同云南机构第一时间内部启动机身、团意险、航意险等相关险种核查，太保产险已核查确认跟单承保中国民航联合保险机队航空保险。

此外，包括中国人寿、中国太平洋、新华保险、长城人寿、国联人寿等数十家保险公司也迅速响应，启动应急预案，开始进行客户排查工作、主动理赔，并通过简化

理赔手续、协助提供救援服务等方式参与到救援中。多家保险公司表示,后续将实时跟进事故处理进展。

(案例来源:自编案例)

问题

1. 请列举可能导致飞机坠毁的风险因素。

2. 在东航 MU5735 飞机失事后,保险公司第一时间启动了理赔工作,其中体现出保险的哪些职能?

复习思考题

1. 风险的定义和本质是什么?
2. 风险具有哪些特征?
3. 可保风险需要具备哪些条件?
4. 现代社会保险具有哪些职能?

第二章

保 险 合 同

内容提要

保险合同是保险双方当事人建立保险关系的依据。保险合同既有一般合同的法律共性，又有其法律特性。保险合同包含主体、客体、内容三个要素。保险合同主体涵盖当事人与关系人。当事人包括保险人与投保人，关系人包括被保险人、受益人与保单持有人。保险合同从订立、生效、履行到变更的整个过程要求双方当事人以诚信的原则恪守合同，在合同的履行过程中，如遇到争议和纠纷，可依据保险合同的解释原则，采取协商、调解、仲裁和诉讼的方式解决。

第一节 保险合同概述

一、保险合同及其特征

（一）保险合同的概念

保险合同是投保人与保险人约定保险权利义务关系的协议，亦称保险契约。

保险合同中的投保人是指与保险人订立保险合同，按照合同约定负有支付保险费义务并享有退保权利的法人与满足一定条件的自然人。保险人是指与投保人订立保险合同，按照合同约定负有承担赔偿或者给付保险金责任并享有收取保险费权利的保险公司。

保险合同通常由保险单或其他保险凭证及所附条款、投保单以及与保险合同有关的投保文件、合法有效的声明、批注、批单、其他书面协议构成。

（二）保险合同的法律共性

1. 保险合同当事人必须具有行为能力

合同当事人为法人时，自然具有行为能力；当其为自然人时，必须达到一定的年龄与智力正常标准。

2. 保险合同是当事人意思表示一致的法律行为

保险合同的订立必须建立在诚实信用的基础上，双方当事人均不能采取隐瞒、欺诈等非法手段，不能将自己的行为强加给另一方。

3. 保险合同是双方当事人合法的法律行为

保险合同履约过程中,要求保险双方当事人均按照保险法律及其相关规定执行。当事人一方出现违法行为,另一方可以向国家规定的合同管理机构、仲裁机构申请调解、仲裁或向人民法院起诉。

4. 保险合同是双方当事人权利义务对等的合同

保险合同履约过程中,保险人收取保险费的权利恰恰是投保人的义务;当保险合同约定的损失发生时,保险人承担损失补偿的义务恰好是被保险人的权利。

(三)保险合同的法律特性

1. 保险合同是附合合同

附合合同是与商议合同相对应的概念。附合合同由一方当事人提出合同的主要内容,另一方只能作"取与舍"的决定。针对附合合同的特性,保险法律确立了三种规制方法:① 立法规制。即保险人在订立合同时必须履行保险条款说明义务,尤其是对免责条款的说明义务。② 司法规制。即有利于非起草人的解释原则。当保险人与投保人就条款发生争议致使法院或仲裁机关难以作出判断时,应作有利于被保险人的解释。③ 行政规制。即商业保险主要险种的基本条款和保险费率,报监管部门备案。

2. 保险合同是射幸合同

射幸合同是一方当事人向另一方提供某种对价,以换取有条件允诺的协议。有条件允诺是指如果约定的不确定事件发生,保险人就必须履行允诺;如果约定的不确定事件没有发生,保险人就不必履行允诺。在射幸合同中,不论不确定事件是否发生,双方当事人的实际所得和支出都很少出现相等的情况。如果保险标的发生损失,则被保险人从保险人那里获取的赔偿金额可能远远超出所缴纳的保险费;如果没有损失发生,虽缴纳了保险费,但被保险人不会得到任何经济补偿。保险人的情况恰好相反,当保险事故发生时,它所赔付的金额可能大于所收取的保费;如果保险事故没有发生,则它只有收取保费的权利,而无赔偿责任。

3. 保险合同是保障合同

保险合同的保障性主要表现在:保险合同双方当事人,一经达成协议,保险合同从约定生效时起到终止时的整个时段,投保人的经济利益受到保险人的保障。这种保障包括有形和无形两种形式。有形保障体现在物质方面,即保险标的一旦发生保险事故,保险人就按照保险合同规定的责任范围给予一定金额的经济赔偿或给付;无形保障则体现在精神方面,即保险人为所有被保险人提供心理上的安全感,使他们能够解除后顾之忧。

4. 保险合同是要式合同

要式合同是指法律、行政法规规定或者当事人约定,应当采用书面合同形式。即保险合同的订立、变更、解除、终止,都需要以书面文件为准。

5. 保险合同是诺成合同或实践合同

诺成合同是指双方当事人意思表示一致,合同即告成立且发生效力,双方当事人即受合同的约束。财产保险合同属于诺成合同。实践合同是指除双方当事人意思表示一致外,还须实际交付标的物才能生效的合同。人身保险合同属于实践合同。

(四)保险合同的分类

1. 按照保险金支付基准分为补偿性合同与给付性合同

补偿性保险合同是指当保险合同中约定的风险事故发生时,由保险人评定被保险人的实际损失程度,从而按照实际损失金额支付保险金的保险合同。给付性保险合同是指保险合同约定的特定事件出现或者保险期届满,保险人按照保险双方事先约定的保险金额支付保险金的合同。大多数人身保险合同属于给付性保险合同。因为作为人身保险合同标的的人的生命和健康难以用价格衡量,也是无法赔偿的。因此,人身保险合同通常根据投保人的实际需要和交付保险费的能力确定一个保险金额,当保险事故发生时,由保险人按照事先确定的保险金额承担给付责任。

2. 按照保险价值确定方式分为定值保险合同与不定值保险合同

定值保险合同是指保险合同当事人双方事先确定保险标的的价值,在合同中载明,并以此确定保险金额的保险合同。当保险合同中约定的风险事故发生时,保险人按照保险标的约定价值进行补偿。不定值保险合同是指双方当事人在订立合同时,并不预先确定保险标的的保险价值,只列明保险金额作为赔偿的最高限额,待约定保险事故发生后,再进行保险估值而确定其实际损失金额的保险合同。

3. 按照标的价值与保险金额关系分为足额保险合同、非足额保险合同

足额保险合同是保险金额等于保险事故发生时的保险价值的保险合同。不足额保险合同是保险金额小于保险事故发生时的保险价值的保险合同。超额保险合同是保险金额大于保险事故发生时的保险价值的保险合同。

4. 按照合同承保风险多寡分为单一风险合同、综合风险合同与一切险合同

单一风险合同是保险人只承保一种风险责任的保险合同。综合风险合同是保险人承保两种以上的多种特定风险责任的保险合同。一切险合同是保险人承保的风险是合同中列明的除外不保风险之外的一切风险的保险合同。它表述如下:"所谓一切险合同并非意味着保险人承保一切风险,即保险人承保的风险仍然是有限制的,只不过这种限制采用的是列明除外不保风险的方式。在一切险合同中,保险人并不列举规定承保的具体风险,而是以责任免除条款确定其不承保的风险。"也就是说,凡未列入责任免除条款中的风险均属于保险人承保的范围。

5. 按照保险期限不同分为定期保险合同与不定期保险合同

定期保险合同是指载明保险责任有效期限的合同。不定期保险合同是指不明确规定保险责任有效期限的合同。

6. 按照保险合同当事人不同分为原保险合同与再保险合同

原保险合同是保险人与投保人直接订立的保险合同,合同保障的对象是被保险人。再保险合同是保险人为了将其承担的保险责任转移给其他保险人而订立的保险合同,合同直接保障的对象是原保险合同的保险人。

(五)保险合同单证形式

1. 投保单

投保单又称要保书,是投保人向保险人递交的书面要约。不论是投保人主动还是由保险代理人或保险经纪人邀请投保,投保人处于要约人地位均不改变。投保单经保险人承诺,即成为保险合同的组成部分之一。投保单一般由保险人事先按统一的格式印制而成。财产投保单内容包括:投保人姓名(或单位名称)及地址;投保的保险标的名称和存在地点,投保险别;保险价值或确定方法及保险金额;保险期限;投保日期和签名等。人身投保单通常包括:投保人姓名、有效证件、性别、婚姻状况、与被保险人的关系、职业、工作单位、地址、健康状况、经济状况、投保险别、保险金额;保险期限;投保日期和签名等。投保人应按投保单的各项要求如实填写,如有不实填写,事后在保险单上又未申请批单或批注,则保险人可以投保人不诚信为由解除保险合同。

2. 暂保单

暂保单是保险人在签发正式保险单之前的一种临时保险凭证。暂保单上载明了保险合同的主要内容,如被保险人姓名、保险标的、保险责任范围、保险金额、保险费率、保险责任起讫时间等。在正式保险单作成交付之前,暂保单与保险单具有同等效力,但效力时间只有30天;正式保险单签发后,暂保单失去效力。使用暂保单的情况大致有四种:一是保险代理人发出的暂保单。保险代理人在争取到保险业务而尚未向保险人办妥保险单之前,可以签发暂保单作为保险合同的凭证,这种暂保单对保险人具有约束力。二是保险经纪人发出的暂保单。保险经纪人与保险人就保险合同的主要内容经协商达成协议后,也可向投保人签发暂保单,但这种暂保单对保险人不发生拘束力,如果因保险经纪人的过错导致被保险人遭受损害,则被保险人有权向该保险经纪人请求赔偿。三是保险公司的分支机构对某些需要总公司批准的业务先行承保,在总公司批准前签发的暂保单。四是保险合同双方当事人在订立保险合同时,就合同的主要条款达成协议,但有些条件尚需进一步协商;或保险人对承保风险需要进一步权衡;或正式保险单需由微机统一处理,而投保人又急需保险凭证情况下,保险人先签发的暂保单。

3. 保险单

保险单是保险合同成立后由保险人向投保人签发的保险合同的正式书面凭证,它是保险合同的重要构件。各类保险合同因保险标的及风险事故类型不同而不同,故保险单在具体内容上以及长短繁简程度上亦有所不同,但在明确当事人权利义务方面是一致的。保险单并不等于保险合同,仅为合同当事人经口头或书面协商一致而订立的保险合同的正式凭证。只要保险合同双方当事人意思表示一致,保险合同即告成立,即使保险事故发生于保险单签发之前,保险人亦应承担保险给付的义务。如果保险双方当事人未形成合意,即使保险单已签发,保险合同也不能成立。

但在保险实践中,保险单与保险合同相互通用。保险单的签发是完成保险合同的最后手续,保险人一旦签发保险单,则先前当事人议定的事项及暂保单的内容尽归并其中，除非有欺诈或其他违法事实存在，否则保险合同的内容以保险单所载为准，投保人接受保险单后，表示其完全同意保险单所载内容。

保险单除作为保险合同的证明文件外，在财产保险中，于特定形式及条件下，具有类似"证券"的效用，可为指示式或无记名式，随同保险标的转让。在人身保险中，投保人还可凭保险单抵借款项。

4. 保险凭证

保险凭证是保险合同的一种证明，实际上是简化了的保险单，所以又称为小保单。保险凭证与保险单具有同等的法律效力。凡保险凭证中没有列明的事项，则以同种类的正式保险单所载内容为准，如果正式保险单与保险凭证的内容抵触或保险凭证另有特殊条款，则以保险凭证为准。中国在国内货物运输保险中普遍使用保险凭证，此外，汽车保险也可以使用保险凭证。

5. 批单

批单又叫背书，是保险双方当事人协商修改和变更保险单内容的一种单证，也是保险合同变更时最常用的书面单证。批单实际上是对已签订的保险合同进行修改、补充或增减内容的批注，一般由保险人出具。

二、保险合同的要素

（一）保险合同的主体

主体是指拥有权利与承担义务的人。保险合同的主体是指与保险合同发生直接、间接关系的人，包括当事人、关系人和辅助人。

1. 保险合同的当事人

（1）保险人。保险人又称承保人，是指按照保险合同的约定向投保人收取保险费，并于保险事故发生时或约定期限届满时，承担赔偿或者给付保险金责任的组织或个人。各国的保险法律要求保险人具有法人资格。只有依据法定程序申请批准，取得经营资格的法人才能经营保险业务；此外，保险业务必须在规定的经营范围内进行。如果保险人不具备法人资格，其所订保险合同无效。如超越经营范围，合同效力则根据具体情况而定。保险公司的分支机构不能独立承担民事责任，超出其财产的债务最终由上级具有独立诉讼主体资格的公司承担。

（2）投保人。投保人是对保险标的具有保险利益，向保险人申请订立保险合同并负有支付保险费义务的人。投保人通常要满足以下条件：① 投保人必须具有法律规定的行为能力和权利能力。无行为能力或限制行为能力的自然人不能独立签订保险合同而成为保险合同的当事人。② 投保人必须在签订保险合同时对保险标的具有保险利益。我国《保险法》规定：人身保险的投保人在保险合同订立时，对被保险人应当具有保险利益；财产保险的被保险人在保险事故发生时，对保险标的应当具有保险利益。③ 投保人负有缴纳保险费的义务。保险合同是一种有偿合同，投保人取得经济保障的代价就是支付保险费。投保人在购买商业保险时除了要考虑被保险人的风险保障需求外，还要考虑自身的缴费能力，做到量力而行。

2. 保险合同的关系人

(1) 被保险人。被保险人是指其财产或有关经济利益，或身体、生命、健康需要保险合同保障并享有保险金请求权的人。财产保险合同的被保险人既可以是自然人，也可以是法人。在财产保险中，保险人对被保险人的财产在遭受保险责任范围内的损失进行赔偿，或对被保险人造成他人的财产损毁或造成他人人身伤亡负有法律赔偿责任时进行补偿。人身保险合同的被保险人必须是自然人，不能是法人。在人身保险中，保险人对被保险人的生命、身体和健康遭受保险责任范围内的损害进行保障。

(2) 保单所有人。保单所有人又称保单持有人，是指拥有保单各种权利的人。保单所有人是在投保人与保险人订立保险合同时产生的或发生保险合同转让时产生的，保单所有人可以与投保人、被保险人、受益人是同一人，也可以是其他拥有保单权利的法人。但一般来说，投保人与保单所有人为同一人的情况较为普遍。保单所有人与保险现金价值关联，所以保单所有人是人寿保单特有的概念。在人寿保险合同中，保单所有人拥有以下权利：变更受益人；领取退保金或保单红利；以保单作为抵押品向金融机构借款；以保单为质押品向寿险公司借款；放弃或出售保单的一项或多项权利；指定新的保单所有人。

(3) 受益人。受益人是指人身保险中，接受保险合同利益的人。《保险法》规定：人身保险的受益人由被保险人或者投保人指定。投保人指定受益人时须经被保险人同意。投保人为与其有劳动关系的劳动者投保人身保险，不得指定被保险人及其近亲属以外的人为受益人。被保险人为无民事行为能力人或者限制民事行为能力人的，可以由其监护人指定受益人。受益人为数人的，被保险人或者投保人可以确定受益顺序和受益份额；未确定受益份额的，受益人按照相等份额享有受益权。被保险人或者投保人可以变更受益人并书面通知保险人，但投保人变更受益人时须经被保险人同意。保险人收到变更受益人的书面通知后，应当在保险单或者其他保险凭证上批注或者附贴批单。被保险人死亡后，没有指定受益人，或者受益人指定不明无法确定的；受益人先于被保险人死亡，没有其他受益人的；受益人依法丧失受益权或者放弃受益权，没有其他受益人的，保险金按照被保险人的遗产处理。受益人与被保险人在同一事件中死亡，且不能确定死亡先后顺序的，推定受益人死亡在先。

3. 保险合同的辅助人

保险合同的辅助人又称保险中介人，它不是保险合同主体，也不直接参加保险合同的订立，但正是由于其存在，活跃了整个保险市场，因此保险合同的辅助人也是保险经济活动的重要一员。保险合同的辅助人包括保险代理人、保险经纪人、保险公估人。

(1) 保险代理人。保险代理人是基于保险人利益，根据保险人的委托授权，代理其经营保险业务，并收取代理费用的人。保险代理人在保险人授权的范围内以保险人的名义进行业务活动，包括宣传推销业务、接受投保、出立暂保单、代收保险费等。代理费用通常根据业务量比例支付。根据业务范围不同，保险代理人可分为总代理人、地方代理人与兼业代理人等。保险代理人只能为一家保险公司代理业务。

(2)保险经纪人。保险经纪人是基于投保人的利益,为投保人与保险人订立保险合同提供中介服务,并依法收取佣金的机构。保险经纪人必须具备一定的保险专业知识和技能,通晓保险市场规则、构成和行情,为投保人设计保险方案,代表投保人与保险公司商议达成保险协议。

(3)保险公估人。保险公估人是指依照法律规定设立,受保险公司、投保人或被保险人委托办理保险标的查勘、鉴定、估损以及赔款的理算,并向委托人收取酬金的公司。公估人的主要职能是按照委托人的委托要求,对保险标的进行检验、鉴定和理算,并出具保险公估报告。保险公估人不代表任何一方的利益,使保险赔付趋于公平、合理,有利于调停保险当事人之间在保险理赔方面的矛盾。

(二)保险合同的客体

保险合同的客体是保险利益。保险利益是指投保人或被保险人对保险标的所具有的法律上承认的利益。财产保险标的表现为财产及其有关经济利益;人身保险标的表现为人的生命和身体。保险利益以保险标的的存在为前提条件;保险标的是具体的、确定的,具有唯一性,保险标的可以通过买卖租赁发生转让;保险利益具有多维性,谁拥有保险标的,谁就拥有保险利益,保险利益的变动较为复杂。财产保险利益的确认时间定在被保险人提出索赔申请之时;人身保险利益的确认时间定在投保人申请购买保险之时。保险合同形式上保障的是保险标的,但本质上保障的是被保险人的保险利益。当保险利益发生变动,被保险人没有及时通知保险人并办理批单或批注手续,保险人不承担赔偿责任。

(三)保险合同的内容

1. 保险条款概念

保险条款是保险合同的重要必备文件;是规定保险双方当事人权利和义务的条文;是保险人对其所承保的保险标的履行保险责任的依据。一般由三部分组成:

(1)基本条款。基本条款是保险人事先准备且在保险单上订立的基本事项,包括法定条款和任选条款两部分。法定条款是法律规定必须列入的条款,任选条款则是保险人根据其业务本身的需要由保险人自己规定的条款。

(2)附加条款。附加条款是保险人为适应各类投保人的特殊需要,在保险单上已有基本条款的基础上另行增加的一些条款,以此扩大原保险单的责任范围,或变更原保险单的内容,或对原保险单规定的事项加以变更。

(3)保证条款(亦称特约条款)。保证条款是保险人要求被保险人保证做某事或保证不做某事,或者保证某种事态存在或不存在的条款。被保险人违反保证条款,保险人有权解除合同。

2. 保险法定条款内容

保险合同的法定条款,通常包括以下事项:

(1)保险合同主体的姓名或名称、住所。保险合同的主体,包括投保人、保险人、被保险人和受益人等。他们是合同所约定的权利和义务的享有者和承担者。明确当事人的姓名和住所,是履行保险合同的前提。因为合同订立后,有关保险费的请求支付、危险程度增加的通知、危险发生原因的调查、保险金的给付等事项，无不与当事人及其住所有关。此外，如果因为合同的履行引发保险合同纠纷，那么合同主体的姓名和住所对诉讼管辖、法律适用及文书送达等也具有重要的法律意义。保险合同中还应载明被保险人或受益人的姓名或者名称、居住地址。在人身保险中，对被保险人除姓名和居住地址外，还须载明其性别、年龄、职业等。

（2）保险标的。保险标的是指财产及其有关利益或者人的生命和身体。在财产保险中，是各种财产本身或其有关的利益和责任；在人身保险中，则是人的生命和身体。不同的保险标的所面临危险的种类、性质和程度是不同的，所适用的保险费率也有差别，许多险种就是按照保险标的的不同划分而设计的。明确记载保险标的，其目的在于判断投保人对保险标的有无保险利益，保险利益存在与否，直接影响保险合同的效力；同时，可以确定保险人应承担的保险责任的范围。保险标的也是确定保险金额和保险价值的基础。如果没有保险标的，不仅保险保障失去了指向，保险合同也不可能成立。

（3）保险责任和责任免除。保险责任是指在保险合同中载明的对于保险标的在约定的保险事故发生时，保险人应承担的经济赔偿或给付保险金的责任，一般都在保险条款中予以列举。保险责任明确规定哪些风险的实际发生造成了被保险人的经济损失或人身伤亡，保险人应承担赔偿或给付责任，通常包括基本责任和特约责任。责任免除是对风险责任的限制，它约定了保险人在何种情况下不承担赔偿或给付责任的范围。责任免除一般分为三种情况：第一，不承保的风险，即损失原因免除；第二，不承担赔偿责任的损失，即损失免除；第三，不承保的标的。

（4）保险期限和保险责任开始时间。保险期限是指保险合同的有效期间，即保险人为被保险人提供保险保障的起讫时间，亦是保险合同依法存在的效力期限。一般可以按自然日期计算，也可按一个运行期、一个工程期或一个生长期计算。保险期间发生保险责任范围内的损失，保险人必须履行保险补偿责任。保险责任开始时间是保险合同约定保险人开始承担保险责任的时间。《保险法》第14条明确规定："保险合同成立后，投保人按照约定交付保险费，保险人按照约定的时间开始承担保险责任。"由此可见，保险合同的成立、生效与保险责任的开始时间不是一个概念，三者既有密切联系，又有严格区别。

（5）保险金额。保险金额是指保险人承担赔偿或者给付保险金责任的最高限额。在不同的保险合同中，保险金额的确定方法有所不同。在财产保险中，保险金额要根据保险价值来确定；在责任保险和信用保证保险中，一般由保险双方当事人在签订保险合同时依据保险标的的具体情况商定一个最高赔偿限额，还有些责任保险在投保时并不确定保险金额；在人身保险中，由于人的生命价值难以用货币来衡量，因此不能依据人的生命价值确定保险金额，而是根据被保险人的经济保障需要与支付保险费的能力，由保险双方当事人协商确定保险金额。需要注意的是，保险金额只是保险人负责赔偿的最高限额，实际赔偿金额在保险金额内视情形而定。

（6）保险费以及支付办法。保险费，简称保费，是投保人为换取保险人承担危险赔偿责任的对价。投保人只有在同意支付或已经支付保险费的前提下，才能换得保险人的承诺，取得保险赔偿或给付的权利。保险合同如无保险费的约定则无效。保险费的多少，主要取决于保险金额和保险费率这两个因素。保险金额大，保险费率高，投保人应缴的保险费就多；反之，就少。保险合同中还应约定保险费的具体缴付方式和时间，比如，是现金支付还是转账支付，是人民币付款还是外汇付款。

（7）保险金赔偿或者给付办法。由于保险人对不同险种的承保方式各异，保险金的给付办法也不尽相同，并且保险金的给付关系着当事人义务的履行和权利的实现。因此，保险金赔偿或者给付办法应该在保险合同中明确规定，以增强其严肃性。

（8）违约责任和争议处理。违约责任是指合同当事人因其过错导致合同不能履行或不能完全履行时，基于法律规定或合同约定所必须承担的法律后果。我国《保险法》对于保险合同的违约责任有明确的规定。当事人在签订保险合同时，应该根据这些规定，在合同中载明违约责任条款，以保证合同的顺利履行。争议处理是保险合同发生纠纷后的解决方式，主要有协议、仲裁和诉讼三种。保险合同的当事人对保险合同的效力状态，保险合同的变更、解除或终止，保险合同的履行等发生争议时，可以通过以上三种方式加以解决。保险合同明确争议的解决方式，有助于及时维护当事人的合法权益。

（9）订立合同的年、月、日。

第二节　保险合同的订立、生效与履行

一、保险合同的订立

保险合同的订立是指投保人与保险人之间基于意思表示一致而进行的法律行为。

《保险法》第 13 条规定："投保人提出保险要求，经保险人同意承保，保险合同成立。"因此，保险合同的订立须经过投保人提出保险要求和保险人同意承保两个阶段，也就是保险合同过程中的要约和承诺两个阶段。

（一）要约

要约是一方当事人向另外一方当事人作出希望订立合同的意思表示。一个有效的要约应具备四个条件：一是由具有订约能力的当事人作出意思表示；二是要约明确表示订立合同的愿望；三是要约涵盖合同的主要内容；四是要约在其有效期内对要约人具有约束力。

在订立保险合同的过程中，一般先由投保人向保险人提出要约，即投保申请。如果保险人向投保人提出附加条件，此时保险人成为新的要约人。

（二）承诺

承诺是受要约人在收到要约后，在要约有效期限内，对要约的全部内容表示同意并作出愿意订立合同的意思表示。受要约人作出承诺后，合同即告成立。

保险合同中的要约通常采用投保单的形式，因此当保险人对投保单进行核对、查

勘及信用调查，确认一切符合承保条件时，签章承保，出具保险凭证，保险合同即告成立，所以保险合同订立过程中的承诺也叫承保。

二、保险合同的生效

保险合同的生效是指合同条款对双方当事人已发生法律上的效力，要求双方当事人恪守合同，全面履行合同规定的义务。

保险合同的成立不一定标志着保险合同的生效，保险合同成立是指合同当事人就保险合同的主要条款达成一致协议，由于保险合同的特殊性，即往往是在合同成立后的某一时间才会对当事人双方产生法律约束。如健康保险中，为避免道德风险的发生，合同中会约定一定时间的等待期，在等待期结束后，保险合同生效，保险合同生效前发生的保险事故，保险人不承担赔偿或者给付保险金的责任。我国保险合同生效条件通常有两种：一种为约定事件生效，如缴费生效；另一种为约定时间生效，如投保人缴纳保费的次日零点。

在实践中，预收保费是保险行业惯例，此时保险人仍处于核保阶段，并未作出承诺，在这期间发生保险事故，引起当事人之间的纠纷已经屡见不鲜。《最高人民法院关于适用〈中华人民共和国保险法〉若干问题的解释（二）》第4条规定："保险人接受了投保人提交的投保单并收取了保险费，尚未作出是否承保的意思表示，发生保险事故，被保险人或者受益人请求保险人按照保险合同承担赔偿或者给付保险金责任，符合承保条件的，人民法院应予支持；不符合承保条件的，保险人不承担保险责任，但应当退还已经收取的保险费。保险人主张不符合承保条件的，应承担举证责任。"当然，投保人和保险人也可以在保险合同中约定，合同一经成立即发生法律效力。此时，保险合同成立即生效。

三、保险合同的履行

保险合同的履行是指保险合同的当事人各自按照合同的约定承担自己义务的行为。

（一）投保人义务

1. 缴纳保费义务

缴纳保费义务是指投保人根据保险合同的规定向保险人缴纳保险费，它是被保险人转嫁风险、获得保险保障所必须支付的代价。根据险种的不同，投保人可以选择不同的保费缴纳方式。一般而言，财产保险合同采取一次性缴纳保费的方式；人身保险合同可以采取趸交、分期缴纳等方式。

若投保人不履行缴纳保费的义务，会产生一定的法律后果：（1）保险合同约定缴纳保费为合同生效的要件时，保险合同不生效；（2）在财产保险中，保险人可以要求投保人缴纳保费以及迟延利息，也可以终止合同；（3）在人身保险合同中，合同约定分期缴纳保费的，投保人缴纳首期保费后，除合同另有约定外，投保人超过规定的期限（包括宽限期在内）未缴纳当期保费的，合同效力中止，效力中止后投保人仍然未按时缴纳保费和迟延利息的,超过规定期限,合同自动终止。合同另有约定的,保险人按照合同约定的条件减少保险金额或者缩短保险期限。

2. 通知义务

(1) 危险增加通知义务。在保险合同中,标的的危险程度是保险人确定保险费率的重要因素之一,《保险法》第52条规定:"在合同有效期内,保险标的的危险程度显著增加的,被保险人应当按照合同约定及时通知保险人,保险人可以按照合同约定增加保险费或者解除合同。""被保险人未履行前款规定的通知义务的,因保险标的的危险程度显著增加而发生的保险事故,保险人不承担赔偿保险金的责任。"如财产保险中,保险标的所处环境发生变化,人身保险中被保险人的职业发生变化,变化引起的风险足以引起保险人对保险费率进行调整的,应及时告知保险人。

保险人在接到通知后,通常会采取提高保险费率或解除保险合同两种做法。保险人接到"危险增加"通知或者未接到通知但已经知晓的情况下,应在一定期限内作出相应的意思表示,如果没有表示,则视为默认,以后不得再主张提高费率或解除合同。

(2) 保险事故发生及时通知义务。保险事故发生后,投保人、被保险人或受益人须及时通知保险人,这是保险人履行赔偿责任的一项先决条件。一方面可以使保险人能迅速展开对损失的调查,不因调查的迟延而丧失证据,影响责任的确定;另一方面可以使保险人在出险时能够采取适当的方法,抢救被保险财产以防止损失的扩大。《保险法》第21条规定:"投保人、被保险人或者受益人知道保险事故发生后,应当及时通知保险人。故意或者因重大过失未及时通知,致使保险事故的性质、原因、损失程度等难以确定的,保险人对无法确定的部分,不承担赔偿或者给付保险金的责任,但保险人通过其他途径已经及时知道或者应当及时知道保险事故发生的除外。"

3. 避免损失扩大义务

保险事故发生时,投保人、被保险人、受益人不仅应及时通知保险人,还有责任尽力采取必要的合理的措施,进行施救,防止或减少损失。保险人可以承担其为防止或减少损失而支付的必要、合理的费用。投保人、被保险人未履行施救义务导致损失扩大的,则需承担相应责任。

4. 防灾防损义务

在财产保险合同中,投保人、被保险人应当遵守国家有关安全生产、劳动保护等方面的规定,做好保险标的的安全防护措施,保险人有权对保险标的的安全工作进行检查,投保人、被保险人未按约定维护保险标的安全的,保险人有权要求增加保险费或解除保险合同。

(二) 保险人义务

1. 履行赔偿给付义务

在保险事故发生后,保险人根据被保险人或者受益人提出的索赔请求,依照保险合同的约定,对保险标的遭受损失或者损害的情况进行调查核实,赔偿保险事故造成的损失或给付保险金,这是保险人应承担的最基本的义务。

一般来说，保险人按照以下顺序履行保险金的赔偿或给付：

（1）判断保险事故发生的近因是否属于保险合同的责任范围。

（2）根据保险的责任确定赔偿或者给付的保险金数额。保险金的内容包括以下两个方面：一是赔偿给付金额。在财产保险中根据标的实际损失确定保险金数额，最高不得超过被保险人与标的的可保利益或合同约定的保险金额；在人身保险中，按照合同订立时约定的金额给付。二是其他费用。因保险事故发生而引起的各种必要费用，如财产保险中被保险人为防止保险标的的损失进一步扩大而发生的合理费用，被保险人为了确定损失程度所支付的查勘、检验、鉴定等其他费用等；责任保险中被保险人支付的仲裁或者诉讼费用以及其他合理费用。

（3）确定赔偿或给付保险金的期限。对属于保险责任的，在与被保险人或者受益人达成赔偿或者给付保险金的协议后十日内，保险人履行赔偿或者给付保险金义务。保险人未及时履行规定义务的，除支付保险金外，应当赔偿被保险人或者受益人因此受到的损失。对于暂时不能确定赔偿或给付数额的，应当根据已有证明和资料可以确定的数额先予支付，保险人最终确定赔偿或者给付保险金的数额后，应当支付相应的差额。

（4）确定保险金的支付方式。原则上，保险人采取现金的形式支付保险金，不负责实物补偿或恢复原状，但保险合同另有约定的除外。

2. 保密义务

在订立和履行保险合同的过程中，保险人通过询问、现场查勘、审核证明资料等，可以知悉大量的有关投保人、被保险人和受益人的各种基本情况，这些情况都属于商业秘密及隐私权的范畴，关系到投保人、被保险人和受益人的切身利益。因此，为了保护其合法权益，规范保险经营行为，促进保险业形成良好的职业道德，保险人对在办理保险业务中知道的投保人、被保险人和受益人的各种情况有保密义务。

第三节　保险合同的变更

保险合同的变更是指在保险合同的存续期间，其主体、内容及效力有所改变。在现实中，因订立合同所依据的主客观情况发生变化，如保险标的的危险程度、保险金额、保险期限、被保险人信息、受益人信息等，当事人可依照法律规定的条件和程序，对原保险合同中的某些条款进行修改或补充。

一、保险合同主体的变更

保险合同主体的变更指的是保险当事人和关系人的变更，涉及可保利益的变化。它主要指投保人、被保险人和受益人的变更，保险人一般不会变更。

（一）财产保险主体的变更

在财产保险中，因保险标的所有权发生转移（包括买卖、让与和继承）而需要进行保险合同的转让。保险合同的转让，通常有两种做法：一种是转让必须得到保险人的同意。如投保人出售车辆，若转让保险合同，必须征得保险人的同意，如果被保险人、受让人未告知保险人，因转让导致保险标的的危险程度显著增加而发生的保险事故，保险人不承担赔偿保险金的责任。另一种是允许保单随着标的的转让而自动转移，无须征得保险人的同意。如货物运输保险，保险合同随同货物所有权的转移而转让，不需要征得保险人的同意。究其原因，一方面是承运方在货物运输过程中，始终对货物的情况进行掌控，风险变化较小，从而不会引起保险人责任的变化。另一方面是货物运输过程中经常会出现由于贸易经营的需要，通过转让提单进行买卖的情况，如果每次保险合同的转让均需得到保险人的同意，势必会妨碍货物的流转，不利于贸易往来。因而，各国保险立法一般都规定，允许货物运输保险合同随着货物的转移而转让，只要被保险人背书后就可与货物所有权提单同时转让给受让人，而无须征得保险人的同意。

（二）人身保险主体的变更

1. 投保人的变更

在人身保险中，若投保人和被保险人不是同一人，变更投保人应征得被保险人的同意并通知保险人。被保险人为无民事行为能力人或限制民事行为能力人时，投保人的变更更要符合法律法规的相关规定。

2. 被保险人的变更

在人身保险合同中，被保险人一般是不能变更的，因为保险标的即被保险人的生命或身体，这是保险关系确立的基础，只有在团体人身保险中，被保险人处于流动状态，当其脱离该团体时，投保人可以根据合同约定，向保险人提出变更被保险人的申请。

3. 受益人的变更

受益人的变更需征得被保险人同意，并书面通知保险人。

二、保险合同内容的变更

保险合同内容的变更指在主体不变的情况下，保险合同中规定的各事项的变更，包括被保险人各类信息的变更；保险标的的存放地点的变更；保险责任范围的变更；保费的变更；保险期限的变更等。这些变化都会引起保险人所承担的风险大小的变化。

保险合同双方当事人变更合同的内容，应当由保险人在保险单或者其他保险凭证上进行批注，或者由投保人和保险人订立书面变更协议，并按规定增加或减少保险费后，变更方才有效。

三、保险合同效力的变更

（一）保险合同的无效

保险合同的无效是指合同虽然已经成立，但因其严重欠缺有效要件，在法律上不按当事人之间的合约赋予其法律效力。按照不同的因素来划分，保险合同的无效有以下几种形式：

1. 全部无效与部分无效

根据无效的范围来划分，无效有全部无效与部分无效两种。全部无效是指保险合同全部不发生效力，如违反国家利益或社会公共利益、保险标的不合法的保险合同。部分无效是指保险合同中仅有一部分无效，其余部分仍然有效，如免除保险人本应依法承担的义务、加重投保人或被保险人责任的条款无效，其他条款有效。

2. 约定无效与法定无效

根据不同的原因来划分，无效有约定无效与法定无效两种。约定无效即由合同的当事人任意约定，只要约定的理由出现，则合同无效。法定无效即由法律明文规定的无效原因出现，则合同无效，如投保人为无民事行为能力人，保险合同无效。

3. 自始无效与失效

根据时间来划分，无效有自始无效和失效两种。自始无效是指合同自成立起就不具备生效的条件，即合同从一开始就不生效，如以死亡为给付保险金条件的，未经被保险人同意并认可保险金额的，合同无效。失效是指合同成立后，因某种原因导致合同无效，如被保险人因对保险标的失去保险利益，保险合同即失去效力。失效不需要当事人的意思表示，只要失效的原因出现，合同即失去效力。

对于无效的保险合同，通常有以下三种处理方式：

（1）退还保费。若保险合同自始无效，则保险人应将收取的保险费退还投保人。

（2）赔偿损失。无效合同给当事人造成损失的，有过错方应赔偿另一方损失。

（3）追缴财产。对于违反国家利益和社会公共利益的保险合同，应当追缴财产，收归国库。

（二）保险合同的复效

保险合同的复效是指保险合同的效力在中止以后又重新开始。在部分人身保险中，合同约定分期支付保险费，投保人支付首期保险费后，除合同另有约定外，投保人自保险人催告之日起超过三十日未支付当期保险费，或者超过约定的期限六十日未支付当期保险费，合同效力中止，之后经保险人与投保人协商并达成协议，在投保人补交保险费和利息后，合同效力恢复。

（三）保险合同的终止

保险合同的终止是指合同约定的权利义务关系消灭。导致保险合同终止的原因很多，主要有以下几种：

1. 合同因期限届满而终止

保险合同终止的最常见、最普遍的原因，就是保险合同期限届满。保险关系是一种债的关系。任何债权债务都是有时间性的。保险合同订立后，即使未发生保险事故，但如果合同的有效期届满，则保险人的保险责任自然终止。

2. 合同因解除而终止

保险合同的解除是指保险合同的双方当事人经商定，同意消灭既存的保险合同效力的法律行为，或保险合同当事人一方根据法律或合同的约定行使解除权而采取的单独行为。合同的解除与合同的无效是不同的。前者是行使解除权而效力溯及既往，后者则是根本不发生效力。解除权有时效规定，可因时效而丧失解除权，而无效合同则并不会因时效而成为有效合同。

在实践中，保险合同的解除分为以下几种：

(1) 协商解除。协商解除指在保险合同的履行过程中，合同双方当事人由于未曾预料的情形，导致无法履行各自责任，或是合同履行的意义已丧失，通过友好协商，解除保险合同。

(2) 约定解除。约定解除指一旦出现所约定的条件，一方或双方即有权利解除保险合同。例如，我国船舶战争险条款规定：对于船舶定期保险，保险人有权在任何时候向被保险人发出注销战争责任的通知。

(3) 法定解除。法定解除是指法律规定的原因出现时，保险合同当事人一方依法行使解除权，消灭已经生效的保险合同关系。法定解除是一种单方面的法律行为。从程序上来说，依法有解除权的当事人向对方作出解除合同的意思表示，即可发生解除合同的效力，而无须征得对方的同意。

(4) 任意解除。任意解除是双方当事人都可以根据自己的意愿解除保险合同。但在合同的任意解除上，除法律另有规定或者保险合同另有约定外，保险合同成立后，投保人有任意解除合同的权利。但一些特殊保险例外，如货物运输保险合同、运输工具航程保险合同等，保险责任开始后，投保人不得解除合同。为了维护消费者的利益，一般情况下，保险人不享受保险合同的自由解除权，只有在以下情形发生时，保险人有权解除保险合同：① 投保人或被保险人违反如实告知义务，如标的危险程度增加、年龄不真实、故意制造保险事故等；② 投保人或被保险人未按照约定履行其对保险标的安全应尽的责任；③ 投保人或被保险人未按时缴纳保险费；④ 保险标的发生部分损失的，除合同另有约定外，保险人也可以解除合同，但应当提前十五日通知投保人。

3. 合同因违约失效而终止

因投保人、被保险人或受益人违反保险合同的基本条件，保险人有权使合同无效。如重大疾病保险，如果投保人不能按时缴纳保险费，按照合同规定，保险人可以在宽限期结束后，终止保险合同的效力。需要指出的是，合同自始无效与违约失效是不同的，前者从签订之时起就没有约束力。所以，合同自始无效，也就不存在效力终止的问题。

4. 合同因履行而终止

保险合同因履行而终止是指保险合同有效期间，发生保险事故后，合同因保险人按约定履行了全部保险金赔偿或给付义务而消灭。此时，无论保险合同约定的期限是否届满，保险合同都终止。

第四节 保险合同的解释原则与争议处理

一、保险合同的解释原则

在保险合同成立后,合同双方易在保险合同内容、合同履行时的执行约定等方面产生不一致甚至相反的理解,从而导致产生意见分歧或纠纷。因此,在保险合同履约过程中,为及时合理地处理合同的争议,需要明确合同内容,消除歧义。

保险合同的解释是指在保险合同的内容发生争议时,当事人对保险合同使用的语言文字有不同认识的,依照法律规定或者常用的方式,对保险合同的内容予以确定或者说明。保险合同的解释原则通常有以下五种。

(一)文义解释原则

文义解释即按照保险合同条款通常的文字含义并结合上下文解释的原则,是解释保险合同条款的最主要的方法。

文义解释要求被解释的合同字句本身具有单一且明确的含义。文义解释一是联系上下文,按照通常习惯代表的意思去理解;二是依据有关专业术语,按照其所属行业的通常含义进行解释,如按照气象行业的专业定义去理解"暴雨"。

(二)意图解释原则

意图解释即按保险合同当事人订立保险合同的真实意图对合同条款所作的解释。这种意图要根据合同的文字、订约时的背景等,实际客观地分析和推定当事人的真实意思。意图解释只适用于文义不清、用词混乱和含糊的情况。如果文字表述清楚明白,就必须按照字面解释,不得任意推测。

(三)有利于被保险人的解释原则

有利于被保险人的解释原则指当保险合同中双方当事人就保险格式条款发生争议时,应当作出不利于保险人而有利于保险相对人的解释。《保险法》第30条规定:"采用保险人提供的格式条款订立的保险合同,保险人与投保人、被保险人或者受益人对合同条款有争议的,应当按照通常理解予以解释。对合同条款有两种以上解释的,人民法院或者仲裁机构应当作出有利于被保险人和受益人的解释。"这样做的原因在于保险合同已经基本上实现了格式化,投保人在订立保险合同时一般只能表示接受或不接受,投保人选择对象、订约内容的自由完全被剥夺。另外,保险合同有很强的专业性,所用术语非普通人所能理解,客观上有利于保险人。因此为了保护被保险人或者受益人的利益,各国均采用有利于被保险人的解释原则。

但需注意的是,这一原则不是在任何情形下都适用,而只是在当事人对保险合同条款有争议,并且用其他解释原则不能明确解释的情况下才能适用。

(四)批注优于正文、后加批注优于先加批注的解释原则

保险合同是标准化文本,条款统一,但在具体实践中,合同双方当事人往往会就

各种条件变化进一步磋商,对此大多采用批注、附加条款、加贴批单等形式对原合同条款进行修正。无论以什么方式更改条款,如果前后条款内容有矛盾或互相抵触,后加的批注、条款都应当优于原有的条款。保险合同更改后,应写明批改日期。如果由于未写明日期而使条款发生矛盾,手写的批注应当优于打印的批注,加贴的批注应当优于正文的批注。

(五)补充解释原则

补充解释原则指当保险合同条款约定内容有遗漏或不完整时,借助商业习惯、国际惯例、公平原则等对保险合同的内容进行务实、合理的补充解释,以便合同的继续执行。

二、保险合同的争议处理

按照我国法律的有关规定,保险合同争议的解决方式主要有以下四种:

(一)协商

协商是指合同双方当事人在互让互谅的基础上,按照国家有关法律、政策和合同的约定,通过沟通谈判,达成一致意见,自行解决合同纠纷的一种方式。在保险合同中往往约定发生争议时,首先采取协商的方式解决问题。通过协商的方式处理保险争议,程序简便、及时迅速,不但气氛友好,也可以节省仲裁或诉讼的时间和费用。

(二)调解

调解是指在第三方的参与下,通过说服、疏导等方法,促使当事人在平等协商基础上自愿达成调解协议,解决纠纷的活动。根据主持调解的第三方身份不同,可以分为诉讼调解、仲裁调解和民间调解。诉讼调解、仲裁调解是在诉讼和仲裁过程中进行的调解,是法院和仲裁机构结案的一种手段,调解书送达后,具有强制执行的效力。民间调解又称非诉讼调解,没有法律约束力。

(三)仲裁

仲裁指争议各方根据合同中的仲裁条款或者纠纷发生以后达成的仲裁协议,自愿将彼此之间的争议交给双方共同信任、法律认可的仲裁机构依据仲裁规则进行居中调解,依法作出裁定的方式。当事人不愿和解、调解或者和解、调解不成的,可以根据仲裁协议向仲裁机构申请仲裁。申请仲裁必须以双方在自愿基础上达成的仲裁协议为前提,没有达成仲裁协议或单方申请仲裁的,仲裁委员会将不予受理。

我国实行"一裁终局"制,作出的裁决具有法律效力,当事人必须执行。一方不履行仲裁裁决的,另一方当事人可以根据《中华人民共和国民事诉讼法》(以下简称《民事诉讼法》)的有关规定向人民法院请求执行仲裁裁决。当事人就同一纠纷不得向同一仲裁委员会或其他仲裁委员会再次申请仲裁,不得向人民法院提起诉讼,仲裁委员会和人民法院也将不予受理。在仲裁裁决生效后六个月内,如当事人提出符合法定撤销裁决书的条件的证据,可以向仲裁委员会所在地的中级人民法院申请撤销

裁决。

保险合同中具有涉外因素的争议，如涉及对外贸易、涉外运输、海事纠纷等，应向中国国际商会组织设立的中国对外经济贸易仲裁委员会或海事仲裁委员会申请仲裁。

（四）诉讼

诉讼是指合同双方将争议诉至人民法院，由人民法院依法定程序解决争议、进行裁决的方式。保险合同纠纷案属民事诉讼法范畴，法院在受理案件时，实行级别管辖和地域管辖、专属管辖和选择管辖相结合的方式。《民事诉讼法》第25条对保险合同纠纷的管辖法院有明确的规定："因保险合同纠纷提起的诉讼，由被告住所地或者保险标的物所在地人民法院管辖。"《最高人民法院关于适用〈中华人民共和国民事诉讼法〉若干问题的意见》规定："因保险合同纠纷提起的诉讼，如果保险标的物是运输工具或者运输中的货物，由被告住所地或者运输工具登记注册地、运输目的地、保险事故发生地的人民法院管辖。"

案例分析 顺风车保险责任的认定问题

2017年10月16日，吴某就被保险车辆在滴滴出行平台进行了车主身份实名认证。同年11月29日，吴某驾驶机动车辆在从深圳到茂名的路程中，三次搭载乘客并发生交通事故，造成树木、公用设施和车辆损害，茂名市公安局交通警察支队二大队出具《道路交通事故认定书》，认定吴某全责。随后，吴某向某保险公司广东分公司索赔保险金，保险公司通过对事故的调查及吴某的笔录、手机截图得知，吴某在保险期内注册网约车，并通过网约车平台营利，在事故发生时三次使用滴滴顺风车载客，因此保险公司认定吴某该行为改变了车辆的使用性质导致保险标的危险程度显著增加，加大了保险标的车辆的承保风险，并未履行通知义务，于是保险公司于2018年4月19日向吴某发出《机动车辆保险不受理通知书》。

被保险人吴某就本次事故的损失向广州市越秀区人民法院起诉，要求保险公司履行赔偿义务。法院审理后认为，吴某为其所有的机动车辆向保险公司投保了机动车交通事故责任强制保险（简称交强险）与机动车辆商业保险，保险公司向吴某签发了保险单，双方之间的保险合同关系成立且合法有效，对合同双方均有约束力。保险公司并未对交强险提出免赔依据，其应在交强险财产损失赔偿限额内赔偿吴某车辆损失2000元。案件受理费2384.80元，由被告保险公司负担。

（案例来源：中国保险行业协会官网，2022年3月20日访问）

问题

1. 顺风车是否改变了保险标的的使用性质？

提示：顺风车行为是否改变了车辆的使用性质应根据车辆的实际使用情况来进行动态判断。

复习思考题

1. 保险合同与一般合同相比有什么特性？如何理解保险合同具有射幸性的特征？
2. 如何理解保单所有人与受益人的区别与联系？
3. 如何理解《保险法》中规定的投保人为其具有劳动关系的劳动者投保人身保险，不得指定被保险人及其近亲属以外的人为受益人？
4. 保险合同订立过程中要约方和承诺方如何确定？
5. 保险合同的解释为什么不能滥用有利于被保险人原则？

第三章

保险原则

内容提要

保险基本原则是保险合同双方当事人、关系人在签订和履行保险合同过程中必须遵守的原则。为了维护保险合同双方的合法权益，保证保险合同的顺利履行，确实发挥保险的功能，在保险实践的过程中形成并逐渐规范这些基本原则。保险基本原则有最大诚信原则、保险利益原则、近因原则、损失补偿原则，以及损失补偿原则的派生原则——代位追偿原则和重复保险分摊原则。本章着重介绍各项原则的基本内容、重要意义、相关的法律规定及其在保险经济活动中的应用。

第一节 最大诚信原则

一、最大诚信原则的含义

(一) 最大诚信原则的概念

诚信就是诚实守信。诚实是指一方当事人不得对另一方当事人有隐瞒、欺骗的行为；守信是指任何一方当事人都必须善意地、全面地履行自己的义务。任何一项民事活动，各方当事人都应当遵循诚信原则。然而，在保险活动中，对当事人双方诚信的要求比一般民事活动更为严格，要求当事人遵循"最大诚信"。

最大诚信原则是指保险合同双方当事人在签订和履行合同时，应向对方提供足以影响对方作出订约与履约决定的全部实质性重要事实，互不欺骗和隐瞒，并且绝对恪守合同的认定与承诺。否则，保险合同无效。我国《保险法》第5条规定："保险活动当事人行使权利、履行义务应当遵循诚实信用原则。"

(二) 规定最大诚信原则的原因

1. 信息不对称

保险经营中，在保险合同订立和履行时，保险人和投保人对有关保险重要信息的掌握程度是不对称的。信息的不对称容易诱发逆向选择和道德风险，因此，为了避免逆向选择和道德风险的发生，要求投保人和保险人在订约和履约时遵循最大诚信原则。对保险人而言，承保风险的性质和大小直接决定了其能否承保及承保费率的高低。而投保人对保险标的的风险及有关真实情况是最清楚的。因此,保险人只能根据投保人对保险标的风险情况的告知与陈述来决定是否承保以及确定具体承保费率。因为投保人的告知与陈述是否属实会直接影响保险人的决定,所以要求投保人遵循最大诚信原则,履行告知义务,尽可能对有关保险标的的重要信息进行披露。对于投保人而言,保险合同条款具有专业性与复杂性的特点,一般投保人对保险条款难以理解和完全掌握,如保险的责任免除、承保费率、承保条件和赔偿条件等。投保人主要根据保险人为其提供的条款说明义务来决定是否投保以及投保何险种,因此也要求保险人遵循最大诚信原则,履行应尽的各项义务。

2. 保险合同的特殊性

保险合同具有附和性和射幸性。这两大特殊性质决定了投保人和保险人必须遵循最大诚信原则。首先,保险合同属于典型的附和合同,所以为避免保险人利用保险条款中含糊或容易使人产生误解的词语来逃避自己的责任,保险人应履行其对保险条款的告知与说明义务。另外,保险合同又是一种典型的射幸合同。按照保险合同约定,当未来保险事故发生时,由保险人承担损失赔偿或给付保险金责任。由于保险人所承保的保险标的的风险事故是不确定的,保险标的一旦发生保险事故,被保险人所获得的赔偿或给付将超过保费支付金额。就单个保险合同而言,保险人承担的保险赔款远高于其所收取的保费,倘若投保人不诚实、不守信,必将引发大量保险事故,陡然增加保险赔款,使保险人不堪负担而无法永续经营,最终将严重损害广大投保人或被保险人的利益。因此,要求投保人基于最大诚信原则真诚地履行告知与保证义务。

二、最大诚信原则的内容

最大诚信原则的基本内容包括告知、保证、弃权与禁止反言。

(一) 告知

1. 告知的含义

告知是指当事人双方在保险合同订立时,应当互相申报和陈述有关实质性重要事实。即保险人应当向投保人说明保险合同的条款内容,投保人应当向保险人如实陈述关于保险标的的重要事实。

关于重要事实的认定,我国《保险法》第16条规定:"投保人故意或者因重大过失未履行前款规定的如实告知义务,足以影响保险人决定是否承保或者提高保险费率的,保险人有权解除合同。"因此,重要事实是指影响保险人决定是否承保以及以何种条件承保的事实,包括有关保险标的的详细情况;有关投保人和被保险人的详细情况;保险标的危险增加的事实;曾经遭到其他保险人拒绝承保的情况等。

2. 告知的内容

告知包括投保人或被保险人的告知和保险人的告知。

(1) 投保人或者被保险人的告知

投保人或者被保险人告知的重要事实是足以影响保险人是否承保以及以何种费率、何种条件进行承保的重要事实。主要的告知内容包括:有关保险标的重要事实的告知；保险标的风险程度增加时的告知；保险事故发生时的及时通知；出现重复保险时的告知以及保险标的所有权发生转让时的告知。总之，投保人或者被保险人的告知事项，不仅要求其在订立保险合同时将保险标的的有关重要事实如实告知保险人，而且要求其在保险合同的履行过程中将保险标的的风险情况、变化情况和出险情况等也及时告知保险人，发生保险事故时，需要及时和如实地申报保险标的的受损情况并提供各项损失的真实材料和证明文件等。

对此，我国《保险法》也有相应的规定，如第52条规定："在合同有效期内，保险标的的危险程度显著增加的，被保险人应当按照合同约定及时通知保险人，保险人可以按照合同约定增加保险费或者解除合同……被保险人未履行前款规定的通知义务的，因保险标的的危险程度显著增加而发生的保险事故，保险人不承担赔偿保险金的责任。"第21条规定："投保人、被保险人或者受益人知道保险事故发生后，应当及时通知保险人。故意或者因重大过失未及时通知，致使保险事故的性质、原因、损失程度等难以确定的，保险人对无法确定的部分，不承担赔偿或者给付保险金的责任，但保险人通过其他途径已经及时知道或者应当及时知道保险事故发生的除外。"第27条规定："保险事故发生后，投保人、被保险人或者受益人以伪造、变造的有关证明、资料或者其他证据，编造虚假的事故原因或者夸大损失程度的，保险人对其虚报的部分不承担赔偿或者给付保险金的责任。"

（2）保险人的告知

保险人的告知要求保险人负有在保险合同订立前向投保人如实说明保险合同条款的义务，保险人应主动履行告知义务，无须投保人询问或者请求，如果保险人在保险合同订立前未作说明，则条款不产生效力；如果保险人在保险合同订立以后才对投保人进行条款说明，则说明是无效的。

保险人告知的事实包括：保险条款（特别是责任免除条款）和保险单的具体内容、保险费率及其他承保条件等。这些事实对投保人是否作出投保决定具有很重要的影响。我国《保险法》第17条对保险人的告知行为作出了明确规定："订立保险合同，采用保险人提供的格式条款的，保险人向投保人提供的投保单应当附格式条款，保险人应当向投保人说明合同的内容。对保险合同中免除保险人责任的条款，保险人在订立合同时应当在投保单、保险单或者其他保险凭证上作出足以引起投保人注意的提示，并对该条款的内容以书面或者口头形式向投保人作出明确说明；未作提示或者明确说明的，该条款不产生效力。"

3. 告知的形式

（1）投保人告知的形式

投保人和保险人的告知形式有一定的区别。从各国保险立法来看，投保人的告知形式有两种，即无限告知和询问回答告知。无限告知又称客观告知，即法律或保险人对告知的内容没有明确规定，投保人须主动地将保险标的的状况及有关重要事实如实告知保险人。询问回答告知又称主观告知，指投保人只对投保人询问的问题如实告知，对询问以外的问题无须告知。

早期保险活动中的告知形式主要是无限告知。随着保险技术水平的提高，目前世界上许多国家的保险立法采用询问回答告知的形式，我国保险立法也是如此。我国《保险法》第16条规定："订立保险合同，保险人就保险标的或者被保险人的有关情况提出询问的，投保人应当如实告知。"

（2）保险人告知的形式

保险人告知的形式有两种，即明确列明和明确说明。明确列明是指保险人只需将保险的主要内容列在合同中，即视为已告知投保人。明确说明是指保险人不仅应将保险的主要内容列在合同中，还需要对投保人进行明确提示，并加以适当、正确的解释。通常在国际上只要求保险人做到明确列明即可，而我国为了更好地保护被保险人的利益，要求保险人向投保人明确说明保险的主条款和责任免除内容。

（二）保证

1. 保证的含义

保证是指保险人在签发保险单或承担保险责任之前要求投保人或被保险人对某一事项的作为或不作为，某种事态的存在或不存在作出承诺或确认。保证主要是对投保人或者被保险人的要求，是保险人签发保单或者履行责任所需的条件，目的在于控制风险，确保保险标的及其周围环境处于良好状态。保证的内容属于保险合同的重要条款。

2. 保证的分类

（1）根据保证事项是否已存在可分为确认保证与承诺保证。确认保证是投保人或被保险人对过去或现在某一特定事实存在或不存在的保证。确认保证要求对过去或投保当时的事实作出如实的陈述，而不是对该事实以后的发展情况作保证。例如，投保人身保险时，投保人保证被保险人在过去和投保当时健康状况良好，但不保证今后也一定如此。承诺保证是投保人或被保险人对将来某一事项的作为或不作为的保证，即对该事项今后的发展作保证。例如，投保家庭财产保险时，投保人或被保险人保证不在家中放置危险品；投保家庭财产盗窃险时，保证家中无人时，门窗一定要关好、上锁。

（2）根据保证存在的形式可分为明示保证与默示保证。明示保证是指以文字或书面的形式载明于保险合同中，成为保险合同的条款。例如，我国机动车辆保险条款规定的"被保险人必须对所保车辆妥善保管、使用、保养，使之处于正常技术状态"即为明示保证。明示保证是保证的重要表现形式。默示保证一般是国际惯例所通行的准则，是习惯上或社会公认的被保险人应在保险实践中遵守的规则，而不载明于保险合同中。默示保证的内容通常是以往法庭判决的结果，是保险实践经验的总结。默示保证在海上保险中运用比较多。例如，海上保险的默示保证有三项：保险的船舶必须有适航能力；要按预定的或习惯的航线航行；必须从事合法的运输业务。

默示保证与明示保证具有同等的法律效力，被保险人都必须严格遵守。

（3）保证与告知的区别。告知和保证都有对投保人或者被保险人最大诚信的要求，但两者之间存在区别。首先，告知强调的是诚实，对有关保险标的的重要事实如实申报；而保证则强调守信，恪守诺言，言行一致，许诺的事项与事实一致。其次，告知的主体是保险人、投保人和被保险人，而保证的主体主要是投保人或者被保险人。最后，告知的目的是估计和预测保险人要承担的危险；而保证则在于控制风险，减少风险事故的发生。所以，保证对投保人或被保险人的要求比告知更为严格。

（三）弃权与禁止反言

从上述告知和保证的内容要求可见，虽然从理论上来说，最大诚信原则适用于保险双方当事人，但在保险实务中，更多的是体现在对投保人或被保险人的要求上。保险人由于控制着保险合同的拟定，并在保险合同中约定诸多投保人或被保险人应当履行的特定义务，以此作为其承担保险责任的前提条件，所以保险人在保险合同的履行过程中，特别是对保险合同的解除和保险赔偿金的给付拥有十分广泛的抗辩机会。因此，为了保障被保险人的利益，限制保险人利用违反告知或保证而拒绝承担保险责任，各国保险法一般都有弃权与禁止反言的规定，以约束保险人及其代理人的行为，平衡保险人与投保人或被保险人的权利义务关系。

1. 弃权

弃权是指保险合同一方当事人放弃其在保险合同中可以主张的某项权利，包括解约权和抗辩权。尽管从概念上看，弃权的主体既可以是保险人，也可以是投保人或被保险人，但更多情况下是就保险人而言的，该规定主要是用于约束保险人。

弃权一般因保险人单方面的言辞或行为而发生效力。构成保险人的弃权必须具备两个条件：首先，保险人必须知道投保人或被保险人有违反告知义务或保证条款的情形，因而享有合同解除权或抗辩权。其次，保险人必须有弃权的意思表示，包括明示表示和默示表示。对于默示弃权，可以从保险人的行为中推断。如保险人知道投保人或被保险人有违背约定义务的情形，而仍然作出如下行为的，通常被视为默示弃权：

第一，投保人未按期缴纳保险费，或违背其他约定的义务，保险人原本有权解除合同但却在已知该种情形的情况下仍然收受投保人逾期交付的保险费，则证明保险人有继维持合同的意思表示，因此，其本应享有的合同解除权或抗辩权视为放弃。

第二，被保险人违反防灾减损义务，保险人可以解除保险合同，但在已知该事实的情况下并未解除保险合同，而是指示被保险人采取必要的防灾减损措施，该行为可视为保险人放弃合同解除权。

第三，投保人、被保险人或受益人在保险事故发生时，应于约定或法定的时间内通知保险人。但投保人、被保险人或受益人逾期通知而保险人仍接受，可视为保险人对逾期通知抗辩权的放弃。

第四，在保险合同有效期限内，保险标的危险增加，保险人有权解除合同或者请求增加保险费，当保险人请求增加保险费或者继续收取保险费时，则视为保险人放弃合同的解除权。

2. 禁止反言

禁止反言是指合同的当事人一方既然已经放弃其在合同中可以主张的某种权利，而后也不得再向他方主张该种权利。例如，保险人在合同订立时已经知道投保人未如实告知而继续与投保人签订合同,则视为保险人弃权;发生保险事故的,保险人不得再解除合同,并且应当承担赔偿或者给付保险金的责任。禁止反言以欺诈或者致人误解的行为为基础,本质上属于侵权行为。

弃权与禁止反言,是对如实告知义务的一种限制,即合同一方可以在对方违反如实告知义务的情况下仍然保证合同的有效性,此外,为了防止弃权方将来可能反悔,规定已经放弃的权利不得再主张。在保险实务中,弃权与禁止反言主要用于约束保险人,要求保险人为自己及代理人的行为负责,有利于平衡保险人与投保人或被保险人的权利义务关系,使最大诚信原则在保险合同的履行中得到更好的落实。

三、违反最大诚信原则的后果

(一)违反告知的后果

违反告知的主要形式包括对重要事实的漏报、误告、隐瞒和欺诈。漏报是投保人一方由于疏忽对某些事项未予以申报或者对重要事实误以为不重要而遗漏未申报;误告是指投保人因过失而申报不实;隐瞒是指投保人明知重要却有意未申报;欺诈是指投保人一方有意捏造事实,故意不如实申报重要事实且有欺诈意图的行为。

投保人或被保险人违反告知义务对保险合同的效力具有严重影响,根据我国《保险法》的规定,投保人违反如实告知义务的后果主要有以下三种情况:

第一,《保险法》第16条规定:"投保人故意或者因重大过失未履行前款规定的如实告知义务,足以影响保险人决定是否同意承保或者提高保险费率的,保险人有权解除合同。前款规定的合同解除权,自保险人知道有解除事由之日起,超过三十日不行使而消灭。自合同成立之日起超过二年的,保险人不得解除合同;发生保险事故的,保险人应当承担赔偿或者给付保险金的责任……保险人在合同订立时已经知道投保人未如实告知的情况的,保险人不得解除合同;发生保险事故的,保险人应当承担赔偿或者给付保险金的责任。"第21条规定:"投保人、被保险人或者受益人知道保险事故发生后,应当及时通知保险人。故意或者因重大过失未及时通知,致使保险事故的性质、原因、损失程度等难以确定的,保险人对无法确定的部分,不承担赔偿或者给付保险金的责任,但保险人通过其他途径已经及时知道或者应当及时知道保险事故发生的除外。"

第二,投保人故意不履行如实告知义务的,保险人对于合同解除前发生的保险事故,不承担赔偿或者给付保险金的责任,并且不退还保险费。

第三,投保人因重大过失未履行如实告知义务,对保险事故的发生有严重影响的,保险人对于合同解除前发生的保险事故,不承担赔偿或者给付保险金的责任,但应当退还保险费。

(二)违反保证的后果

保险合同中约定的保证事项均为重要事项,是订立保险合同的条件和基础。因此,投保人或者被保险人必须严格遵守保证的事项。对违反保证后果的规定是严格的,只要违反保证条款,不论这种违反行为是否对保险人造成损害,也不管是否与保险事故的发生有因果关系，保险人均可解除合同，并不承担赔偿或给付保险金责任。

第二节 保险利益原则

一、保险利益原则的含义

（一）保险利益原则的含义

保险利益原则也称可保利益原则，是指在签订和履行保险合同的过程中，投保人或被保险人对保险标的必须具有法律上承认的利益，即保险利益。保险利益体现的是投保人与保险标的之间的利害关系。假如保险标的安全、完好，投保人可以从中获益；如若保险标的受损、毁坏，则投保人将会遭受损失。

我国《保险法》第12条规定："人身保险的投保人在保险合同订立时，对被保险人应当具有保险利益。财产保险的被保险人在保险事故发生时，对保险标的应当具有保险利益。"保险利益既是订立保险合同的前提条件，也是保险合同生效及在存续期间保持效力的前提条件。无论是财产保险还是人身保险，投保人只有对保险标的具有保险利益，才有条件或有资格与保险人订立保险合同，签订的保险合同才能生效，否则，为非法的或无效的合同。而在保险合同生效与履行过程中，如果投保人或被保险人失去对保险标的的保险利益，保险合同也随之失效。

（二）保险利益成立的条件

保险利益是投保人或被保险人对保险标的所具有的利益，但不是投保人或者被保险人对保险标的所具有的任何利益都可以成为保险利益，保险利益成立的条件有以下几点。

1. 保险利益必须是合法的利益

投保人对保险标的所具有的利益要为法律所承认。只有在法律上可以主张的合法利益才能受到国家法律的保护。例如，在财产保险中，投保人对保险标的的所有权、占有权、使用权、收益权或对保险标的所承担的责任等，必须是依照法律、法规、有效合同等方式合法取得、合法享有、合法承担的利益，因违反法律规定或损害社会公共利益而产生的利益，不能作为保险利益。例如，以盗窃、诈骗、走私、贪污获取的财物不能成为保险合同的标的物，由此产生的利益不能构成保险利益。

2. 保险利益必须是确定的利益

保险利益必须是一种确定的利益，是投保人对保险标的在客观上或事实上已经存在或可以确定的利益。这种利益是客观存在的，不是当事人主观臆断的。确定的利益包括现有利益和预期利益。现有利益是指在客观上或事实上已经存在的经济利益，如投保人对已经取得的财产所有权或使用权享有的利益；预期利益是指在客观上或事实上尚未存在，但根据法律、法规或者有效合同的约定可以确定在将来某一时期内会产生的经济利益。如债权人可以依据债务合同的约定为自己未来收回的贷款进行投保；或者农民为自己种植的农作物的未来收益投保等，这些都属于预期利益。特别要注意的是，现有利益和预期利益在投保时都可以作为保险利益，并且都可以作为确定保险金额的依据，但在受损索赔时，预期利益必须已经成为现有利益才可以进行索赔，保险人赔偿或者给付的金额也应当以实际损失的保险利益为限。

3. 保险利益必须是经济上的利益

经济上的利益是指投保人或被保险人对保险标的所具有的利益价值必须能够用货币衡量。由于保险保障的目的是弥补被保险人因保险标的出险后所遭受的经济损失，如果当事人对保险标的不具有经济利益或具有的利益不能用货币计量，则保险人的承保和补偿就难以进行，赔偿金或者保险金的给付也无法实现。因此，投保人或者被保险人对保险标的具有的保险利益应当可以用货币进行衡量，无法用货币计量的利益不可称为保险利益。财产保险中，保险利益一般可以精确计量。而人身保险由于保险标的的特殊性，只要求投保人与被保险人具有利害关系，就认为投保人对被保险人具有保险利益。

二、确立保险利益原则的意义

（一）避免赌博行为的发生

保险合同和赌博都具有射幸性的特点，就单个保险合同而言，保费和赔付金额具有严重不对等性，如若投保人对与自己毫无利害关系的保险标的进行投保，投保人就有可能因保险标的受损而获得高于保费几十倍的额外利益，但这种收益不是对损失的补偿，而是以小的损失谋取较大收益的投机行为。因此，从表面上看，保险和赌博相似，但实际上，二者有很大的不同。保险是基于"一人为众，众为一人"和"互助共济"的精神，通过补偿被保险人因保险事故造成的经济损失，从而保障人民的生活安定，保障社会的稳定和再生产的顺利进行。而赌博则是基于一己私利，以小博大，企图不劳而获的损人利己行为。因此，为了区别于赌博，保险合同中必须要求投保人或者被保险人对保险标的具有保险利益。被保险人只有在发生保险事故导致经济利益受损时，才能得到保险赔偿，从而实现保险的损失补偿职能。

（二）防止道德风险的出现

保险赔偿或保险金的给付以保险标的遭受损失或保险事件发生为前提条件，如果投保人或被保险人对保险标的无保险利益，那么该标的受损，对其来说不仅没有遭受损失，相反还可以获得保险赔款，这样就可能诱发投保人或被保险人为谋取保险赔款而故意破坏保险标的的道德危险。反之，如果有保险利益存在，即投保人或被保险人在保险标的时具有经济利益，这种经济利益因保险标的的受损而受损，因保险标的的存在而继续享有，那么投保人或被保险人就会关心保险标的的安危，认真做好防损防险工作，使其避免遭受损害。即使有故意行为发生，被保险人充其量也只能获得其原有的利益，因为保险利益是保险保障的最高限度，保险人只是在这个限度内根据实际损失进行赔偿，因此被保险人无利可图。而在人身保险方面，保险利益的存在更为必要，如果投保人可以以任何人的死亡为条件而获取保险金，其道德危险引发的后果是不堪设想的。

（三）明确保险保障限度，便于确定损失

保险作为一种经济补偿制度，其宗旨是补偿被保险人因保险标的出险所遭受的经济损失，但不允许被保险人通过保险而获得额外的利益。所以，为了使被保险人既能够得到足够的、充分的补偿，又不会由于保险而获得额外的利益，就必须以投保人或被保险人在保险标的上所具有的经济利益，即保险利益作为保险保障的最高限度。投保人依据保险利益确定保险金额，保险人在保险利益的限度内支付保险赔款或保险金，这样就可以实现在被保险人得到充分补偿的前提下，有效避免被保险人不当得利。所以，保险利益为投保人取得保险保障和保险人进行保险补偿提供了客观的依据。

三、保险利益原则的运用

（一）财产保险中保险利益原则的运用

财产保险的保险标的是有关财产或者相关利益。投保人对财产和有关利益的保险利益主要来源于投保人对保险标的所拥有的各项权利，财产保险的保险利益主要包括以下几种：

1. 财产所有人、经营管理人的保险利益

财产所有人和经营管理人对其所有和经营管理的财产具有保险利益，因为其所有或者经营管理的财产一旦出险，发生损失，财产所有人或者经营管理人将蒙受经济损失。例如，户主可以为其所有的房屋投保家庭财产保险，车辆所有者可以为其所有车辆投保车辆保险，企业经营者可以为其经营管理的企业财产投保企业财产保险等。

2. 财产承运人、保管人的保险利益

财产承运人、保管人等对他们承运和保管的财产具有保险利益。虽然他们不是财产的所有者，但他们与负责承运、保管的财产具有法律上认可的经济利害关系，一旦这些财产在承运和保管期间发生损失，则承运人、保管人也将遭受赔偿损失。例如，如果承运货物在途中发生损失，那么承运人必须对托运人承担赔偿责任；仓储公司对受托仓储的货物安全负责，如果货物在仓库储存期间受损，仓储公司要承担赔偿责任。

3. 抵押权人、留置权人的保险利益

抵押和留置都是债的担保。抵押人是债务合同中的债务人，抵押权人为债权人。债务人以抵押物作为担保向债权人借款，虽然抵押担保的财产并不发生所有权转移，但若债务人不能按照约定偿还借款，债权人有权处置抵押的财产并用以偿还借款。抵押物的完好或者损毁与抵押权人利害相关，因此，抵押权人对抵押物具有保险利益。留置也属于一种债的担保，它与抵押的区别在于债权人在债权受偿之前就拥有对清偿债务担保财产的占有权，即留置权，当债务人不能偿还借款时，留置权人拥有处置留置财产的权利，因而留置权人对留置财产具有保险利益。

4. 其他

除了基于投保人对保险标的所拥有的各项权利形成的保险利益外，财产保险中还有基于责任和合同关系而存在的保险利益。如责任利益就是被保险人因其对第三者的民事损害行为依法应承担的赔偿责任,因此,因承担赔偿责任而支付赔偿金额和其他费用的人具有责任保险的保险利益。它是基于法律上的民事赔偿责任而产生的保险利益。合同利益是基于有效合同而产生的保险利益。在合同关系中,只要合同标的的损失会导致一方当事人或双方当事人损失,其对保险标的就具有保险利益。例如,在进出口贸易中,无论是进口方还是出口方,均具有对贸易货物的保险利益。

(二)人身保险中保险利益原则的运用

人身保险的保险标的是人的生命或身体,而人的生命或身体是无价的,无法用货币进行衡量。正是因为人身保险标的的特殊性,人身保险的保险利益的确认取决于投保人与被保险人之间是否具有利害关系。

判断人身保险中投保人对被保险人是否具有保险利益,主要有两种观点,分别是英美法系的"利害关系论"和大陆法系的"同意或承认论"。"利害关系论"主要是指如果被保险人死亡或伤残会导致投保人痛苦或者造成投保人经济上的损失,这样的利害关系就可以认定为投保人对被保险人具有保险利益。例如,债权人对债务人具有保险利益,雇主对雇员具有保险利益。大陆法系的"同意或承认论"则指出,只要投保人在投保时征得被保险人的同意或认可,就对被保险人的身体或生命具有保险利益。还有一些国家采取"利益和同意相结合的原则",即投保人与被保险人之间具有经济上的利害关系或其他利害关系,可以认定为具有保险利益;投保人与被保险人之间没有利害关系,但征得被保险人同意后,也具有保险利益。我国保险立法和实务中基本上是实行"利益和同意相结合的原则"。

我国《保险法》第31条规定,投保人对下列人员具有保险利益:

第一,本人。即投保人以自己的身体或生命作为保险标的。任何人对自己的身体或生命都具有利害关系,因而具有保险利益。

第二,亲属关系。即投保人对其配偶、子女、父母等家庭成员具有保险利益。家庭成员之间具有婚姻、血缘、扶养和赡养关系,具有经济上的利害关系,因此,投保人对家庭成员具有保险利益。

第三,雇佣关系。由于企业或雇主与其雇员之间具有经济上的利害关系,企业或雇主对其雇员具有保险利益,所以,企业或雇主可以作为投保人对其雇员投保人身保险。

特别要指出的是,在债权债务关系中,由于债权人与债务人之间具有经济上的利害关系债务人的生死存亡直接关系到债权人的经济利益,因此,债权人对债务人具有保险利益。但债务人对债权人无保险利益,因为债权人的生死存亡对债务人无利害关系,不影响债务人对债务的履行义务,因此债务人对债权人无保险利益。

(三)财产保险和人身保险中保险利益原则运用的区别

保险利益既是订立保险合同的前提条件,也是保险合同生效及在存续期间保持效力的前提条件。但在财产保险和人身保险合同中,对保险利益时效的要求是不同的。

1. 财产保险中保险利益的时效规定

在财产保险中,不仅要求投保人或者被保险人在保险合同订立时对保险标的具有保险利益,还要求在保险有效期内始终存在保险利益。特别是在保险事故发生的时候,被保险人必须对保险标的具有保险利益。如若投保人或被保险人在投保时对保险标的具有保险利益,但是在保险合同履行过程中或者保险事故发生时丧失了保险利益,则保险合同随之失效,发生保险事故的,保险人不承担赔偿责任。财产保险的保险利益时效规定是由财产保险损失补偿性质决定的,如果没有保险利益,就不存在相关的利害关系,也谈不上损失,更无须进行损失补偿。我国《保险法》第12条规定:"财产保险的被保险人在保险事故发生时,对保险标的应当具有保险利益。"第48条规定:"保险事故发生时,被保险人对保险标的不具有保险利益的,不得向保险人请求赔偿保险金。"但为适应国际贸易习惯,海洋货物运输保险的保险利益在时效要求上具有特殊性,海洋货物运输保险中规定投保人或被保险人在投保时可以对保险标的不具有保险利益,但索赔时被保险人必须对保险标的具有保险利益。可见,财产保险对保险利益的要求重点是在保险事故发生时。

2. 人身保险中保险利益的时效规定

人身保险中,主要强调投保人在订立保险合同时必须对被保险人具有保险利益,而保险合同生效后,就不再追究投保人对被保险人的保险利益问题,法律允许人身保险合同的保险利益发生变化,即使在合同履行过程中,投保人对被保险人无保险利益,也不影响合同的效力。这是因为人身保险合同生效后,保险合同是为被保险人或受益人而非投保人的利益而存在,即当保险事故或风险事件发生时,只有被保险人或受益人有权领取保险金,享受保险合同规定的利益。所以,人身保险合同生效后强调投保人对被保险人的保险利益毫无意义。同时,法律规定受益人必须由被保险人指定,但如果由于受益人的故意行为致使被保险人受到伤害,受益人则丧失受益权。这就能够有效地防范受益人谋财害命,从而保障被保险人的人身安全和利益。所以,人身保险的保险利益只要求在投保时存在。我国《保险法》第12条强调:"人身保险的投保人在保险合同订立时,对被保险人应当具有保险利益。"第31条规定:"订立合同时,投保人对被保险人不具有保险利益的,合同无效。"

第三节 近因原则

一、近因原则的含义

造成保险标的损失的原因多种多样,而且有时事故原因还不止一个;此外,事故的结果和原因之间的因果关系也有持续和中断等多种情况,因此对于事故原因的认定就成为保险人确定责任和赔偿的一个重要而复杂的问题。目前,各国大多采用所谓的近因原则来处理赔案。

保险中的近因原则是经过几个世纪的分歧和争论后才被普遍接受的,这一原则适用于所有的保险，但解释和确立这一原则的诉讼大多与海上保险有关。而明确近因概念则源自英国利兰船运有限公司诉诺威治联合火灾保险公司一案（Leyland shipping Co. Ltd. V Norwich Union Fire Insurance Society Ltd.）：一艘名为"艾卡丽亚号"（Ikaria）的船于 1915 年 1 月 30 日被敌人潜艇的鱼雷击中。船壳被炸开了两个大洞，一号船舱灌满了海水。但还是驶进了法国的勒哈佛尔港，停泊在一个正在进行着繁忙军事运输的码头边上。如果一直停泊在这里，这条船本是可以获救的，但港务局担心船会沉没并阻碍码头的使用，于是命令该船起锚或者到港外抢滩，或者锚泊在防波堤外。船长只能将船停靠在防波堤外。由于海床不平和该船被鱼雷击中后头重脚轻的共同作用，使船头在低潮时处于搁浅状态，而船的其他部分还在水中。这就导致了船壳的严重扭曲，终于在 2 月 2 日涨潮时沉没了。船舶所有人根据未包括战争原因在内的保险单，以损失为海难所致为由，向保险人索赔，遭到保险人拒绝，遂上诉至法院。

审理此案的英国上议院大法官 Lord Shaw 认为，导致船舶沉没的原因包括鱼雷击中和海浪冲击，但船舶在被鱼雷击中后并没有脱离危险，因此船舶沉没的近因是鱼雷击中而不是海浪冲击，保险人不负赔偿责任。本案中，大法官 Lord Shaw 对近因原则作了精辟的论述："真正并具有决定意义的原则是将保险合同视为一个整体，并确定合同双方当事人的真正意图。把近因看成时间上最接近的原因是不正确的。把原因说成像一片接一片的面包片，互不连接或者像锁链一环扣一环，也不完全如此。因果关系链只是一种便捷的表达方式，但并不准确。因果关系不是链状，而是网状的。在每一点上，影响、力量、事件已经并正在交织在一起，并从每一交汇点呈放射状无限延伸出去。在各种影响力的汇集处，就需要法官根据事实宣布哪一个汇集在这一点上的原因是近因，哪一个是远因。"

因此，近因是指在风险和损失之间，导致损失的最直接、最有效、起决定作用的原因，而不是指时间上或空间上最接近的原因。

二、近因原则的应用

近因原则的应用可以概括为：在风险与保险标的的损失关系中，如果近因属于被保风险，保险人应负赔偿责任；如果属于除外风险或未保风险，则保险人不负赔偿责任。

从理论上看，近因原则比较简单，但是在保险实务当中致损原因多种多样，从错综复杂的众多原因中找到近因实则是一件困难的事情。对于近因及赔偿原则的确定一般分为以下四种情形。

（一）单一原因造成保险标的的损失

如该原因属保险事故，则该原因属于近因，保险人承担保险赔偿责任，否则保险人可以拒赔。

（二）多种原因连续发生造成保险标的的损失

如果其中持续起决定作用或处于支配地位的原因属承保危险，则保险人负赔偿责任，否则保险人不赔。在此情况下，后因是前因的结果，最先发生的原因为损失的原

因，不外几种情形：

（1）各原因均为承保危险，保险人负赔偿责任；

（2）前因和后因均为不保危险，保险人不负赔偿责任；

（3）前因为承保危险，后因为不保危险，保险人负赔偿责任；

（4）前因为不保危险，后因为承保危险，保险人不负赔偿责任。

（三）多种原因间断发生造成保险标的的损失

多种原因间断发生，即前因与后因并不连续，后因与前因不关联，后因不是前因的必然、直接结果，而是新的相对独立的原因。在此情形下，如果后因属于保险责任，则保险人对由此造成的损失承担赔偿责任，不属保险责任则不赔。

例如，投保人只投保了火灾保险而没有投保盗窃险，当火灾发生后，部分抢救出的财产放于露天又被盗走，那么保险人对火灾保险造成的损失承担赔偿责任，对盗窃损失则不承担赔偿责任。

（四）多种原因同时发生造成保险标的的损失，或无法确认近因

如果可以依其原因对损失加以划分，则保险人对承保危险部分承担保险责任。如果无法划分，则一般取决于法官自由裁量，或坚持保险发达国家"可赔可不赔的，坚决赔"的做法。

第四节　损失补偿原则

一、损失补偿原则的含义及意义

（一）损失补偿原则的含义

损失补偿原则是指当保险标的发生在保险责任范围内的损失时，被保险人有权按照合同的约定，获得保险赔偿，用于弥补被保险人的损失，但被保险人不能因损失而获得额外的利益。

这包括两层含义：（1）有损失，有补偿；（2）损失多少，补偿多少。

损失补偿原则体现了保险的宗旨，即确保被保险人通过保险获得经济保障，同时又防止被保险人从保险中获利。

损失补偿原则主要适用于财产保险合同以及其他补偿性保险合同。

（二）坚持损失补偿原则的意义

损失补偿原则对保险双方当事人均有约束力。

（1）维护保险双方的正当权益，既保障被保险人在受损后获得赔偿的权益，又维护了保险人的赔偿以不超过实际损失为限的权益，使保险合同能在公平互利的原则下履行。

（2）防止被保险人从保险中获利，从而减少道德风险。

二、损失补偿原则的基本内容

（一）被保险人请求损失补偿的条件

1. 被保险人对保险标的须具有可保利益

财产保险不仅要求投保人或被保险人投保时对保险标的具有保险利益，而且要求在保险合同履行过程中，特别是保险事故发生时，被保险人对保险标的具有保险利益，否则保险人不赔偿。

2. 被保险人遭受的损失须在保险责任范围以内

这包含两层含义：（1）必须是保险标的遭受损失；（2）由保险责任范围内的风险造成的。

3. 被保险人遭受的损失须能用货币衡量

如果损失不能用货币衡量，如精神损失费等，保险人就不负责赔偿。

（二）损失补偿范围

保险的损失补偿范围是发生保险事故，以造成保险标的的损失或由此损失所产生的其他费用。主要包括：

（1）对被保险人或被保险标的因自然灾害或意外事故造成的经济损失的补偿；

（2）对被保险人或被保险标的依法应对第三者承担的经济赔偿责任的经济损失的补偿；

（3）对商业信用中违约行为造成的经济损失的补偿；

（4）对被保险人支付的必要且合理的费用的补偿，包括损失施救费用、查勘检验鉴定费用及诉讼仲裁费用。保险事故发生后，被保险人为防止或者减少保险标的的损失所支付的必要的、合理的费用，由保险人承担；保险人所承担的数额在保险标的的损失赔偿金额以外另行计算，最高不超过保险金额。

（三）保险人履行损失赔偿责任的限度

保险人在履行赔偿责任时，必须把握三个限度：

1. 以实际损失为限

当被保险人的财产遭受损失后，保险赔偿应以被保险人所遭受的实际损失为限。被保险标的的价值是根据损失当时财产的实际价值，即市价来确定的；损失程度则由双方协商或者由公正的第三方（保险公估人等）来确定。由损失程度和被保险标的实际价值所得出的实际损失即为保险补偿的价值。

2. 以保险金额为限

保险金额是保险人承担赔偿或给付责任的最高限额，赔偿金额不能高于保险金额。例如，某机器在投保时，以当时的市价为依据确定的保险金额为10000元，假设全损，如果出险时，机器的市价升为12000元，保险补偿金额也只能为10000元。

3. 以可保利益为限

发生保险事故造成损失后，被保险人在索赔时，首先必须对受损的标的具有保险利益，而保险人的赔付金额也必须以被保险人对该标的所具有的保险利益为限。例如，房屋抵押贷款中，李某为了取得 200 万元的银行贷款而将价值 300 万元的房子抵押给银行，银行基于贷款安全性的考虑，遂将房子投保火灾保险。由于银行对该房子只有 200 万元的保险利益，因此当房子发生全损时，保险人只能赔偿给银行 200 万元。

（四）实际损失的确定

在保险公司进行赔偿之前，要首先确定保险标的的实际损失，根据保险标的的实际损失情况对其进行补偿。实际损失的确定主要分为以下四种情形。

1. 依保险标的市场价格确定实际损失

如果保险标的已被淘汰，则比照类似产品的市场价格来确定实际损失。

2. 按被保险人的实际支出费用确定实际损失

这种情形主要用于责任保险、信用保险、保证保险中，是指扣除下列费用后的支出：刑事罚金、行政罚款、被保险人因法律规定或与他人约定而支付的费用，被保险人没有法律或合同义务而自愿支付的费用。

3. 按恢复保险标的原状所需费用确定实际损失

保险标的遭受部分损失时，以基本恢复保险标的原有形态和效用所需费用为被保险人实际损失。如果修复后与原先有差异，则保险赔偿金应在实际修复费用的基础上相应扣除或追加。

4. 以重置成本减去折旧确定实际损失

由于通货膨胀、物价上涨等因素，有些财产（如建筑物、机器设备）即使按照实际价值足额投保，保险赔款也不足以进行重置或者重建。为了满足被保险人对保险标的的保障需求，保险人以保险标的的重置成本投保，当发生保险事故，造成损失后，按重置成本减去折旧来确定实际损失。这样可能出现保险赔款大于实际损失的情况，这也是损失补偿原则的特例。

（五）损失补偿方式

1. 比例赔偿方式

保险的比例赔偿方式，即保险人按照保险金额与出险时财产实际价值的比例来赔偿被保险人的损失。我国《保险法》第 55 条规定："保险金额低于保险价值的，除合同另有约定外，保险人按保险金额与保险价值的比例承担赔偿保险金的责任。"其计算公式为：

$$赔偿金额＝损失金额\times（保险金额\div财产实际价值）$$

例 被保险财产实际价值为 100000 元，损失金额为 50000 元，当保险金额不一致时，采用比例赔偿方式，保险赔偿金额有以下不同情况：

（1）保险金额为 80000 元，此时为不足额保险，赔偿金额 40000 元；

（2）保险金额为 100000 元，此时为足额保险，赔偿金额为 50000 元；

（3）保险金额为 120000 元，此时为超额保险，赔偿金额 50000 元。

采用比例赔偿方式，保障程度越高，即保险金额越接近保险财产的实际价值，赔偿金额就越接近损失金额,最多即为足额保险的情况。

2. 第一危险赔偿方式

第一危险赔偿方式,实际上是将保险财产的价值分为两个部分:第一部分为保险金额部分,此部分损失由保险人负责赔偿;第二部分即超过保险金额的部分,保险人不负责赔偿。由于保险只对第一部分的危险负责,故称为第一危险赔偿方式。其计算公式为:

(1)当损失金额<保险金额时:

$$赔偿金额=损失金额$$

(2)当损失金额>保险金额时:

$$赔偿金额=保险金额$$

第一危险赔偿方式的特点为无论足额保险与不足额保险,保险人都在保险金额以内赔偿被保险人的实际损失。其与比例赔偿方式的区别是对不足额保险的赔偿金额不同,对被保险人更有利,但相应保费也更高。

例 被保险财产实际价值为100000元,损失金额为50000元,当保险金额不一致时,采用第一危险赔偿方式,保险赔偿金额有以下不同情况:

(1)保险金额为40000元,此时为不足额保险,赔偿金额为40000元;

(2)保险金额为80000元,此时为不足额保险,赔偿金额为50000元;

(3)保险金额为100000元,此时为足额保险,赔偿金额为50000元;

(4)保险金额为120000元,此时为超额保险,赔偿金额50000元。

3. 限额赔偿方式

限额赔偿方式又称固定责任赔偿方式,它主要适用于农作物保险,当实际收成达不到事先确定的限额时由保险人赔偿其差额。

其特点为不计损失数额,只补偿收获量不足限额责任的部分,以保障被保险人的最低收成。

其计算公式为:赔偿金额=限额-实际收获价值

例 某保险公司开办水稻收成保险,每亩限额责任定为500元。某种粮大户投保100亩,由于当年大旱,水稻收成大幅减产,每亩实际收获200元,则保险公司赔偿金额为(500-200)×100=30000元

(六)损失补偿原则不适用于人身保险

由于人身保险所承保的保险标的为人的生命、身体或者健康,其保险利益无法用金钱衡量。被保险人发生伤残、重大疾病、死亡等事件时,对其本人及家庭的影响是巨大的,所造成的经济和精神上的损失无法用保险金弥补。保险赔偿金只能在一定程度上缓解被保险人家庭的经济困境,给予精神上的支持。因此,人身保险合同不是经济补偿型合同,而是给付型合同,损失补偿原则并不适用于人身保险。但是对于人身保险中的费用补偿型医疗保险,损失补偿原则还是适用的,即保险金的给付不会超过被保险人的实际医疗费用支出。

三、损失补偿原则的派生原则

（一）代位追偿原则

1. 代位追偿原则的含义

在财产保险中，保险标的发生保险事故造成推定全损，或者保险标的由于第三者责任导致保险损失，保险人按照合同约定履行赔偿责任后，依法取得对保险标的的所有权或对保险标的损失负有责任的第三者的追偿权。

我国《保险法》第59条规定："保险事故发生后，保险人已支付了全部保险金额，并且保险金额等于保险价值的，受损保险标的的全部权利归于保险人；保险金额低于保险价值的，保险人按照保险金额与保险价值的比例取得受损保险标的的部分权利。"

代位追偿原则为损失补偿原则的派生原则。

2. 坚持代位追偿原则的意义

（1）可以防止被保险人在一次损失中获得双重或多重补偿而额外获利，防止道德风险，确保损失补偿原则的实施。

（2）可以使被保险人及时得到经济补偿，并促使有关责任方承担事故赔偿责任，保障社会公平。

（3）可以维护保险人的合法权益。

（二）权利代位

我国《保险法》第60条规定："因第三者对保险标的的损害而造成保险事故的，保险人自向被保险人赔偿保险金之日起，在赔偿金额范围内代位行使被保险人对第三者请求赔偿的权利。"《中华人民共和国海商法》（以下简称《海商法》）第252条规定："保险标的发生保险责任范围内的损失是由第三人造成的，被保险人向第三人要求赔偿的权利，自保险人支付赔偿之日起，相应转移给保险人。"

权利代位即为追偿对被保险人造成损失的第三者的权利代位。

1. 代位追偿的成立要件

代位追偿的成立要件有三项：

（1）被保险人对第三人享有赔偿请求权，即保险标的的损失是由第三人的原因造成的，根据法律或约定，该第三人对保险标的的损失应负赔偿责任；

（2）保险人对该保险标的的损失也有赔偿义务；

（3）保险人已支付了保险金。

2. 保险人代位追偿的范围

保险人追偿金额以其实际支出的赔偿金额为限，对没有赔偿的部分不得主张代位追偿权。我国《保险法》第60条中规定："保险人……行使代位请求赔偿的权利，不影响被保险人就未取得赔偿的部分向第三者请求赔偿的权利。"

3. 保险人代位追偿权取得的方式

（1）法定所得：权益的取得无须经过任何人的确认。

(2) 约定所得：权益的取得必须经过当事人的磋商、确认。

根据我国《保险法》第 60 条的规定，保险人向被保险人赔偿之后，即取得在赔偿范围内代位行使对第三者请求赔偿的权利，无须经过被保险人的确认。在保险实务中，保险人在支付完保险金后，往往要求被保险人出具"权益转让书"，这一文件并非代位追偿所必需的，但可以确认保险人取得代位追偿的时间以及追偿所能获得的最高金额。

被保险人与第三者之间的关系往来，对于保险人能否实现代位追偿权起到至关重要的作用。被保险人不得损害保险人的代位追偿权，还要协助保险人向第三者进行追偿并提供必要的帮助。我国《保险法》第 61 条规定："保险事故发生后，保险人未赔偿保险金之前，被保险人放弃对第三者的请求赔偿的权利的，保险人不承担赔偿保险金的责任。"被保险人在保险人赔付之后未经保险人同意放弃对第三者的追偿权的，该弃权行为无效；被保险人故意或者因重大过失致使保险人不能行使代位请求赔偿的权利的，保险人可以扣减或者要求返还相应的保险金。

对被保险人已从第三者处获得赔偿的处理有以下几种方式：

第一，被保险人如已从第三者处获得完全赔偿，则根据损失补偿原则，保险人不再承担赔偿责任。

第二，被保险人虽已获得第三者根据其责任限额所作的最高赔偿或经保险人同意接受第三者的赔偿数额但仍不能弥补实际损失，则在足额保险的情况下，保险人扣除该数额后，赔偿剩余的保险金；在不足额保险的情况下，保险人只能根据其本可分享的对第三者赔偿请求权比例乘该数额再作相应扣除后，赔偿剩余的保险金（此处的保险金应按有关不足额保险的规定计算）。

第三，被保险人未经保险人同意，擅自与第三者和解以减轻其赔偿责任，保险人有权按第三者的最高赔偿责任限额依上一方法在保险赔偿金中扣除。

第四，如果被保险人已从第三者获得赔偿，保险人在不知情的情况下又赔偿了保险金，事后有权请求被保险人进行相应返还。

4. 代位追偿的限制

保险代位追偿的对象为对保险事故的发生和保险标的的损失负有民事赔偿责任的第三者，第三者可为自然人或法人。

(1) 代位追偿权的限制

除被保险人的家庭成员或组成人员的故意行为外，保险人不得对被保险人的家庭成员或组成人员行使代位请求赔偿的权利。因为被保险人的家庭成员或其组成人员往往与被保险人具有一致的利益，如果保险人对被保险人进行赔偿，然后再对保险人的家人追偿损失，相当于又要求被保险人偿还了赔偿金，那么对于被保险人家庭来说，保险就没有起到损失补偿的作用。

① 不可抗力的保险事故。在不可抗力（一般指自然灾害）的作用下，发生的第三方侵权过错造成保险标的的损失，保险人履行补偿义务后不得代位追偿。比如，飓风将 A 船吹离泊位，撞击 B 船并造成 B 船的损害，B 船的保险人赔偿后，就不得向 A

船的保险人追偿。

② 某些险种的特殊性。有些险种，如雇主责任险和营业责任险等，都不适用代位追偿。比如雇主责任险，如果雇主的雇员因过失致另一雇员造成伤害，雇主从保险人处得到保险金补偿受害人损失后，保险人不再代位向有过失的雇员进行追偿。再如，营业责任险，在营业过程中，雇员因过失造成对顾客的伤害，保险人赔偿后，也不得向该雇员追偿。这是因为生产活动不可能没有人的参与，在约定的生产活动期间，雇员因过失造成第三方的损害均为该雇主的责任，雇主将其责任转嫁给保险人。因此，保险人便无追偿的理由。

(2) 代位追偿权的放弃

保险代位追偿权本质上是一种债权的请求权，保险人在不违背法律和社会公共利益的前提下，可对代位追偿权进行自由处分。在保险实务中，保险人有时会出于种种考虑放弃代位追偿权。

代位追偿权的放弃，可大致分为两类：

① 代位追偿权的合理放弃

一是侵权人偿付能力不足。由于被追偿当事人的财力不足，使代位追偿难以顺利进行，此时保险人可全部放弃或部分放弃代位追偿权。保险人在行使代位追偿权时，往往先考虑第三人的经济状况和受偿可能性：如果第三人经济状况良好，有赔偿能力，则可在给付保险金前与被保险人共同向其追偿；如果其经济状况不佳，无力支付代位追偿数额，则保险人将权衡，或酌情减免，或分期偿付，或放弃代位追偿权。

二是被保险人追偿优先。当第三者侵权行为发生，保险金不足以补偿被保险人的实际损失时，就可能会出现保险人代位追偿权与被保险人继续对第三人行使损害赔偿请求权的重叠，从而产生利害冲突。在这种情形下，保险人往往从自身信誉和客户利益的角度考虑，优先保证被保险人的追偿，这就有可能导致保险人放弃或部分放弃优先追偿权。

三是保险人之间协议放弃。保险人之间因各自行使保险代位追偿权可能招致利益冲突，故协议放弃代位追偿权。此种情形多发生在被保险人之间互有过错的情况下。如车辆损失保险中保险人之间的"碰撞弃权"协议，根据此协议，若在两家保险公司投保的两辆汽车因驾驶人互有过错而碰撞受损时，每个保险人均仅负责赔偿各自承保的被保险人的损失，而放弃行使相应的代位追偿权，不追究对方的侵权行为责任。因为就某一个案而言，保险人在相互追偿时会多寡不等，但从大量案件上看，各家保险公司的理赔结果会趋于平衡。所以，弃权协议就使得此类赔案的处理省时省力，成本节约。

② 代位追偿权的不合理放弃

代位追偿权的不合理放弃，主要是指保险人对代位追偿工作的重要性缺乏认识和不够重视，导致不负责任地放弃本应行使的代位追偿权。这样会导致很多不良后果：

首先，放弃代位追偿这一有效的债务追偿手段，将会使保险人的代位追偿权可有可无，使《保险法》规定的"当然代位"和"法定受让"失去其应有的法律意义。

其次，保险人放弃其代位追偿权，便无法从负有民事赔偿责任的侵权行为人那里取得应有的赔偿，保险人将因放弃本可获得的补偿而影响自身效益的提高。

最后，放弃代位追偿权将使侵权行为人逃避应有的民事制裁，同时，也为被保险人在同一次损失中获得双重补偿提供了可乘之机，将导致道德风险的发生。故保险人应明确代位追偿权的法律意义和现实意义，防止和杜绝无原则、不合理地放弃代位追偿权的现象发生。

（三）物上代位

物上代位也称所有权代位，是指保险标的遭受保险责任范围内的损失，保险人按保险金额全数赔付后，依法取得该项标的的所有权。

物上代位产生于对保险标的作推定全损的处理。推定全损是指保险标的遭受保险事故，尚未达到完全损毁或完全灭失的状态，但实际全损已不可避免；或修复和施救费用将超过保险价值；或失踪达一定时间，保险人按照全损处理的一种推定性损失。

对于推定全损的标的物，有一种放弃物权的法律行为——委付。保险委付是指保险标的处于推定全损状态时，被保险人将其所有权及派生的一切权利和义务转移给保险人，并请求支付全部保险金额。它主要适用于船舶保险与货物运输保险等业务。

1. 保险委付的成立条件

（1）保险委付应以推定全损为条件。若保险标的发生实际全损，则无物权可转移，被保险人也无须转移权利即可获得全部赔偿。我国《海商法》第 246 条规定："船舶发生保险事故后，认为实际全损已经不可避免，或者为避免发生实际全损所需支付的费用超过保险价值的，为推定全损。货物发生保险事故后，认为实际全损已经不可避免，或者为避免发生实际全损所需支付的费用与继续将货物运抵目的地的费用之和超过保险价值的，为推定全损。"

（2）保险委付应就保险标的物的全部提出请求，即委付具有不可分性。但如果保险标的是由可分的独立部分组成，其中仅有一部分发生委付原因，则可仅就该部分保险标的请求委付。

（3）保险委付不得附有条件。例如，船舶发生推定全损，被保险人请求委付，同时又声明，如果船被修复，将返还保险金取回该船，这是法律所禁止的。

（4）保险委付须经保险人承诺方能成立。保险人可以自主选择接受或者不接受委付。被保险人提出委付后，保险人应当在合理的时间作出是否接受委付的决定。如果超过合理的时间，保险人对于是否接受委付保持沉默，视为拒绝接受委付。在保险人未作出接受委付决定前，被保险人可以随时撤销委付申请。

2. 保险委付的效力

保险委付一经保险人接受，则不得撤回。保险委付的效力，有以下两点需要注意：

（1）保险委付成立以后，保险标的物自发生委付的原因出现之日即转移，而非以保险人接受委付或进行赔付为条件。

（2）保险委付成立以后，保险人同时接受保险标的物的全部权利和义务。一方面，保险人以所有人的身份获得收益，并向负有责任的第三人进行追偿（如所得额超过支付赔款,也尽归其所有)。另一方面,保险人也要承担与该保险标的有关的一切责任,如油污责任、航道清理费用等。由于这方面的花费巨大,往往有些保险人不接受委付,而选择直接支付保险金。

3. 保险人物上代位的权益范围

由于被保险标的的保障程度不一,因此保险人行使物上代位权益的范围也有所不同。(见表3-1)某保险标的的价值为100万元,当足额投保、超额投保时,保险人通过保险委付可以获得保险标的的全部所有权;而当保险标的为不足额投保时,保险人通过委付只能获得部分所有权,由于保险标的的不可分性,因此,保险人通常将该部分权利折价给被保险人,在保险赔付中予以扣除。

表3-1 不同保障程度下物上代位的权益范围

保险价值(万元)	保险金额(万元)	保险类别	权益范围
100	100	足额保险	全部所有权
100	120	超额保险	全部所有权
100	80	不足额保险	部分所有权

(四)代位追偿与委付的区别

第一,代位追偿以第三者造成被保险人损失为前提,委付则不问损失的具体原因。

第二,代位追偿适用于保险标的全部损失,也适用于保险标的的部分损失,而委付只适用于保险标的的推定全损。

第三,代位追偿依法律成立,而委付依协议(合同)成立。从法律上说,保险人取得代位追偿权并不需要与被保险人达成协议。委付则不同,委付关系的成立是在保险事故发生后保险人与被保险人达成协议的结果。

第四,代位追偿只是一种纯粹的追偿权,取得这种权利的保险人无须承担其他义务。而保险人在接受委付时,需要全部接受权利和义务,即获得保险标的所有权的同时须承担该标的的相应义务。

第五,在代位追偿中,保险人只能获得保险赔偿金额内的追偿权,而在委付中,保险人则可享有基于该项标的所有权的一切权利。

(五)重复保险分摊原则

重复保险是指投保人就同一保险标的、同一保险风险与多个保险人分别订立保险合同,且保险责任期限相同的保险。其保险金额总和超过保险价值。

共同保险则是指投保人以保险利益的全部或部分,分别向数个保险人投保相同种类保险,签订数个保险合同,其保险金额总和不超过保险价值的一种保险。

重复保险赔偿分摊,指的是在重复保险(一般是指非恶意性质的重复保险)情形下,保险事故发生后,由各保险人分摊被保险人的实际损失。

1. 保险金额比例分摊

比例分摊是被承保人广泛采用的一种分摊方式。各保险人按其所承保的金额与总金额的比例分摊保险赔偿金。其计算公式为：

各保险人赔款＝损失金额×（该保险人承保金额÷各保险人承保的总金额）

例 某人先后分别向三家保险公司投保家庭财产保险，保险期限基本相同。甲公司保险金额5万元，乙公司保险金额4万元，丙公司保险金额6万元，在保险期限内，该投保人家庭发生火灾。当火灾造成损失3万元，采用保险金额比例分摊法计算，则各保险公司应赔偿多少钱？

甲公司：3×［5÷（5＋4＋6）］≈1万元

乙公司：3×［4÷（5＋4＋6）］＝0.8万元

丙公司：3×［6÷（5＋4＋6）］＝1.2万元

2. 赔偿责任限额分摊

这种分摊基于各保险人不考虑重复保险情形下单独应承担的赔偿金额占各保险人单独承担的赔偿金额总和的比例，来确定各保险人的实际赔偿责任。其计算公式为：

各保险人赔款＝损失金额×（该保险人赔偿限额÷各保险人赔偿总金额）

如上例，当火灾造成损失6万元，采用赔偿责任限额分摊法计算，则各保险公司应赔偿多少钱？

甲公司：6×［5÷（5＋4＋6）］＝2万元

乙公司：6×［4÷（5＋4＋6）］＝1.6万元

丙公司：6×［6÷（5＋4＋6）］＝2.4万元

3. 出单顺序责任分摊

这种分摊方式是由各保险人按出单顺序在各自保险金额限度内进行赔偿，后出单的保险人仅赔偿超过前一保险人赔偿责任的损失部分，直至被保险人的实际损失得到全部补偿为止。

如上例，当火灾造成损失5万元，若保险公司出单顺序为甲、乙、丙，按照出单顺序责任分摊法，则各保险公司应赔偿多少钱？

甲公司：5万元

乙公司：0万元

丙公司：0万元

交通事故私了却被保险公司代位追偿

吴某与刘某系一起交通事故中的双方当事人。2017年春节期间，吴某驾驶车辆回老家探亲，途中因未保持安全车距，不慎与刘某驾驶的车辆发生追尾事故，造成两车均有不同程度的损伤，经交警部门认定，吴某负全部责任。

事故发生后，吴某私下里与刘某协商赔偿数额。在刘某的提议下，吴某先行向其支付了3万元赔偿款。收到3万元后，刘某便再没有与吴某联系。然而之后，刘某的车辆保险公司(以下简称"保险公司")却诉至法院,称自己已行使代位追偿,要求吴某赔偿损失5万元。

原告保险公司表示,上述交通事故后,公司已经按照车辆保险合同约定,向刘某支付了5万元保险金,依法取得代位追偿权。因此,有权要求事故全责方吴某赔偿保险公司5万元。

对此,吴某表示委屈:对于刘某的车辆损失5万元没有异议,但自己已经赔偿过刘某3万元。对于保险公司要求5万元的赔偿款,吴某表示只能向保险公司赔付剩余的2万元。

(案例来源:戎双双:《交通事故私了却被保险公司代位追偿》,http://blog.sina.com.cn/s/blog_65f935560102ywes.html,2021年3月30日访问)

问题

吴某跟刘某私了之后,是否该被追偿?如若不该,请说明理由;如若应该,那么吴某该被追偿多少钱呢?

提示:《保险法》第60条规定:"因第三者对保险标的的损害而造成保险事故的,保险人自向被保险人赔偿保险金之日起,在赔偿金额范围内代位行使被保险人对第三者请求赔偿的权利……被保险人已经从第三者取得损害赔偿的,保险人赔偿保险金时,可以相应扣减被保险人从第三者已取得的赔偿金额。"

复习思考题

1. 请简述最大诚信原则的主要内容有哪些?
2. 保险利益原则中财产和人身保险的时效要求有何不同?
3. 近因原则中判断近因的方法有哪些?
4. 请简述被保险人请求损失补偿的条件。

第四章

保 险 类 别

内容提要

保险类别是根据保险经营的性质、目的、对象和保险法规等划分的保险种类。国际上对保险业务的分类没有固定的原则和统一的标准,各国通常根据各自需要采取不同的划分方法。本章首先介绍了我国的商业保险、社会保险以及商业保险和社会保险的关系,其次介绍了财产保险、人身保险以及财产保险和人身保险的区别,最后介绍了个人保险、团体保险、原保险、再保险、复合保险、重复保险、共同保险等相关内容。

第一节 商业保险与社会保险

一、商业保险

(一)商业保险概述

1. 商业保险的含义

商业保险(commercial insurance)是指通过订立保险合同运营,以营利为目的的保险形式,由专门的保险企业经营。商业保险关系是由当事人自愿缔结的合同关系,投保人根据合同约定,向保险公司支付保险费,保险公司根据合同的约定承担保险事故发生时的损失赔偿或保险金给付的责任。

2. 商业保险的特征

(1)商业保险的经营主体是商业保险公司。保险公司是采用公司组织形式经营保险业务的法人组织,是由保险监管机构批准成立的金融服务性机构。

(2)商业保险所反映的保险关系是通过保险合同体现的。保险合同是投保人与保险人约定保险权利义务关系的协议。

(3)商业保险的对象可以是人或物。商业保险的保险标的是人的生命或身体或各种财产以及与财产有关的利益、责任、信用等。

(4)商业保险的经营以营利为目的。保险公司的利润主要来源于承保利润和投资收益,保险公司经营的主要目标之一是追求利润。

(5)商业保险合同一般遵循自愿的原则。在我国,商业保险通常是投保人和保险人自愿签订的,根据《保险法》的规定,订立保险合同,应当协商一致,遵循公平原则确定各方的权利和义务,除法律、行政法规规定必须保险的外,保险合同自愿订立。

(二)商业保险的分类

1. 国际上的分类

国际上通常将保险分为寿险和非寿险两大类,这主要是根据精算技术的不同来划分的。通常来说,寿险产品都是长期保险,保障期限一般在一年以上,利率对保险经营的影响较大,因此,寿险产品在精算技术上需要考虑预定利率等因素,而非寿险产品一般都是短期保险,保障期限一般是一年或一年以内,因此,利率对保险经营的影响并不大。

寿险的主要保障内容是人的生、老、病、死等,主要有死亡保险、生存保险和生死两全保险等。而非寿险的主要保障内容是人的财产损失及其相关责任,主要有财产损失保险、责任保险、短期的健康医疗保险与人身意外伤害保险等。

2. 中国的分类

针对商业保险,我国的分类方法主要是按照保险标的的不同来进行划分的,分成财产保险和人身保险。其中,人身保险分为人寿保险、健康保险、意外伤害保险,财产保险分为财产损失保险、责任保险、信用保证保险等。

二、社会保险

(一)社会保险概述

1. 社会保险的含义

社会保险是国家通过立法形成专门的保险基金,对社会劳动者在年老、疾病、失业、伤残、生育、暂时或永久丧失劳动能力、失去工作机会造成收入不稳定、生活无保障时,由国家和社会对劳动者提供基本生活保障的一种社会保障制度。

社会保险是现代社会保障体系的核心与主体,被称为"社会安全网与稳定器",社会保险与商业保险共同构成一个全方位的风险保障网络。

2. 社会保险的特征

由于国家体制、经济水平、文化环境存在差异,世界各国的社会保险制度和实施形式有所区别,但其共性特征仍然十分明显。

(1)强制性。社会保险一般通过国家立法强制规定,凡是法律规定范围内的参保单位和个人必须参加,并按规定缴纳保险费,未履行保险缴费义务的,可以由社会保险行政部门责令限期改正或予以处罚,或者强制征收,强制性是社会保险的首要特点。

(2)保障性。社会保险由国家通过法律保证了劳动者在遭遇特定风险事故时的基本生活保障。社会保险的保障性解除了民众的后顾之忧,给社会成员提供了安全感,进而维护了社会安定。社会保险的保障标准以保障公民基本生活和基本需要为原则,该标准不是固定不变的，它将随着经济的发展而适当调整。

（3）普遍性。社会保险的覆盖面和保障范围非常广，它将所有符合规定的公民全部纳入社会保险的范畴，也将劳动者普遍面对的危险都列入相关的保险项目，能够使所有劳动者得到相应的保障。我国的基本养老保险和基本医疗保险覆盖全体国民，失业保险、工伤保险和生育保险与就业有关，主要覆盖职业人群。

（4）互助性。社会保险的互助性贯穿于整个社会保险基金的筹集和支付过程中。主要表现为被保险人缴纳的保险费可以在行业之间、企业之间、强者和弱者之间、老年人和青年人之间调剂使用，实行风险分担，达到互助共济。有的情况是"取之于我，用之于人"，有的情况是"取之于人，用之于我"。

（5）福利性。社会保险是一种政府行为，不以营利为目的。社会保险的经营主体是政府授权的社会保险机构，它们往往直接接受国家的财政补贴，作为公共事业机构依法代行国家和社会的职能。政府不仅对社会保险免征税收，承担经营管理费用，而且对社会保险费进行一定的补贴，在收不抵支时进行财政兜底。由此可见，社会保险具有非常强的福利性。

3. 社会保险的原则

（1）权利与义务相结合。社会保险的参保人（单位、个人）必须尽到缴费的义务，才有可能享受到社会保险的待遇，这是社会保险在权利和义务的关系层面上不同于社会福利和社会救助的地方，是社会保险制度的重要特征。社会保险的权利和义务相结合，并不代表权利和义务完全对等，社会保险主要强调公平性，比如同一统筹地区的城镇职工基本医疗保险，收入高者缴费高，收入低者缴费低，但统筹基金的待遇水平却一样。

（2）保障水平和经济发展相适应。社会保险的保障水平既不能太低，也不能太高，要与经济发展水平相一致。保障水平太低，就起不到基本保障的作用，同时也挤占了社会救助的空间，保障水平过高，将导致社会保险基金滥用，给政府、单位和个人造成较大的缴费压力，进而影响制度的良性运行和可持续发展。一般来说，在保障水平的设置上，国家会给予一定的指导性意见，各省、各地区可以根据自身的经济状况在该基础上进行适当的调整。

（3）一体化和社会化相一致。完善的社会保险体系应该遵循一体化原则，即统一的社会保险项目、统一的社会保险标准、统一的社会保险管理及实施机制。一体化既解决了社会保险的公平性问题，也为社会保险的转移接续提供了便利，有利于劳动力的自由流动。现代社会保险涉及千家万户的民生工程，社会化不仅是指参保面的社会化，还包括社会保险的筹资、服务、监督管理等的社会化。

（4）普遍性与选择性相统一。社会保险的普遍性原则是其公平正义价值理念的体现，是社会保险发展到一定阶段的必然产物，如我国的社会养老保险和社会医疗保险就遵循普遍性原则。选择性原则更多地倾向于差别化，可以照顾不同群体的个性需求，同时在一定程度上减轻政府的财政压力。

（5）公平性和效率性相结合。公平与效率问题一直是实行市场经济国家面临的选择难题。公平性是社会保险的首要原则，社会保险费通常由国家、企业和个人共同负担，收入高者缴费高，收入低者缴费低，有效地缩小了贫富差距，更有利于保护低收入劳动者，促进了社会公平。我国的社会养老保险和城镇职工的社会医疗保险均设置了个人账户，在一定程度上兼顾了效率性。

4. 社会保险的功能

（1）社会保险是社会稳定的防护网，是社会矛盾的减震器。在现代社会化大生产和分工协作的条件下，社会保险的目的是维持社会稳定，使老有所养、病有所医，保障劳动者及其家庭的基本生活，消除社会不安定因素，减少社会震荡，所以有时称社会保险为"减震器"和"防护网"。

（2）社会保险调节国民经济运行，促进经济的健康可持续发展。社会保险制度的运行对储蓄、投资、消费乃至国际经济活动均产生重要的影响。市场经济运行具有周期性，在经济繁荣时期，劳动者就业机会增多，劳动收入增加，社会保险支出减少，社会保险基金积累增多，从而抑制需求的快速增长；在经济衰退时期，劳动就业机会减少，劳动者收入减少，社会保险支出增加，社会保险基金积累减少，从而增加需求，延缓经济衰退。社会保险对国民经济的运行起到调节作用，促进了社会总需求与总供给的平衡。

（3）社会保险保证劳动力再生产顺利进行，为经济发展提供后备力量。人作为劳动者，对生产起着决定性作用，随着工业化进程的加快，传统的大家庭逐渐解体，当劳动者遭遇各种危险而丧失劳动能力时，家庭的保障功能大大减弱，这势必影响劳动力的供应。因此通过国家立法建立的社会保险制度，可以集聚众多的经济力量，对劳动者实行经济补偿，使劳动力再生产得以顺利进行，为经济发展提供后备力量。

（4）社会保险对国民财富进行再分配，有利于缩小社会贫富差距。初次分配以市场为基础，强调效率，在市场经济条件下，人们的收入水平按其生产要素的市场稀缺程度、要素价格、工作能力和业绩等来决定，贫富分化较大。社会保险作为重要的再分配机制，其首要原则就是公平，社会保险通过征收社会保险费，对收入分配进行直接干预，对高收入者的收费高于低收入者，再通过社会保险金的发放，为社会生活中的低收入人群提供基本生活保障，成功地将高收入者的一部分收入转移给低收入者，缩小了社会成员收入的巨大差距，实现了社会财富的公平分配，缓解了社会矛盾，维护了社会稳定。

（二）社会保险的主要类型

我国社会保险共有五种类型：基本养老保险（以下简称养老保险）、基本医疗保险（以下简称医疗保险）、失业保险、工伤保险和生育保险。

1. 养老保险

（1）养老保险的含义。养老保险是国家和社会根据一定的法律和法规，为解决劳动者在达到国家规定的解除劳动义务的劳动年龄界限，或因年老丧失劳动能力退出劳动岗位后的基本生活而建立的一种社会保险制度。养老保险一般通过建立离休、退休制度来实现，并以国家立法加以保证。通常，以立法形式确定一个全国统一的退休养老年龄，劳动者到了退休年龄后，依据退休制度，国家一方面保障他们有获得物质帮助和社会服务的权利；另一方面要妥善地安排他们退出原来的职业或工作，不再承担社会劳动。

（2）养老保险的特征。① 普遍性。每一个人都会经历年老的过程，因此，老年风险具有普遍性和可预见性，各个国家都有相应的养老保险的制度安排。② 长期积累性。养老保险的享受对象必须是因年老而丧失劳动能力的劳动者，因此，养老保险涉及的时间跨度很大，从参保到领取养老金之间有较长的时间跨度，基金积累性强。③ 缴费三方负担。我国养老保险费用由国家、单位和个人三方共同负担。④ 公平和效率相结合。我国养老保险采取社会统筹与个人账户相结合的方式，社会统筹是指对养老保险基金采取社会统一筹集、统一管理和统一支付的方式，体现公平性；个人账户是指采取"个人预缴专款储金"的保险形式，体现效率性。

（3）养老保险的作用。① 有利于抵御和防范老年风险。养老保险制度的创设就是为了保证劳动者在年老退出劳动领域后能够获得基本的生活保障。养老保险能给老年人提供稳定的基本生活保障，使其分享社会经济发展的成果，保障了老年人安度晚年的合法权利。② 有利于调动劳动者的生产积极性。养老保险通过国家立法，使劳动者老年生活得到保障，使其无后顾之忧地参与劳动，有利于调动其生产积极性。③ 有利于社会财富的再分配。养老保险在国民收入中属于再分配层次。养老保险可以通过缩小老年人退休后领取的养老金数额差距的制度设计来调节国民收入差距，使得公民无论富裕程度如何都能分享经济发展的成果。④ 有利于劳动力的代际更替。养老保险制度为法定退休者提供基本生活保障，年老劳动力的适时退出有利于新生劳动力的不断注入，因此，养老保险制度为劳动力市场的新老更替提供便利，不断为社会生产更新劳动力。

（4）我国养老保险的实践。1997 年，国务院发布《关于建立统一的企业职工基本养老保险制度的决定》（国发〔1997〕26 号），制定了社会统筹与个人账户相结合的职工基本养老保险制度，标志着我国养老保险制度的建立。2015 年，国务院发布《关于机关事业单位工作人员养老保险制度改革的决定》（国发〔2015〕2 号），标志我国机关事业单位的养老保险和企业养老保险正式并轨运行。除了社会基本养老保险外，我国建立了多层次的养老保险体系，国家鼓励建立职业年金、企业年金，鼓励个人购买商业养老保险，对基本养老保险进行补充。

2. 医疗保险

（1）医疗保险的含义。医疗保险以保障居民平等的健康权利为目的，国家通过立法强制全部或部分居民参与，国家、单位和个人共同筹资，当个人因生病、受伤或生育需要治疗时，由国家或社会专门机构向其提供必需的医疗服务或经济补偿的一种社会保险制度。医疗保险所保障的是一般疾病、患病和伤残，这种疾病或患病系劳动者自身身体所致，并非职业病，伤残是指非工伤致残，其发病、致残原因与劳动无直接关系。

（2）医疗保险的特征。① 对象的普遍性。医疗保险的对象是全体居民，不论身份、职业、年龄，不管是身体健康者还是重病患者，所有人员都有权利而且必须参加社会医疗保险，没有缴费能力的居民可以由政府补助参保。② 涉及面的广泛性和复杂性。医疗保险系统包括医疗机构、参保人、用人单位、社会保险经办机构、政府等，涉及面广，管理复杂。③ 赔付的短期性和经常性。医疗保险承保的是疾病风险，由于疾病风险的特殊性，疾病特别是门诊疾病的发生率高，所以赔付具有短期性和经常性。④ 补偿形式的特殊性。医疗保险的补偿额与参保人缴纳的保险费数额没有直接关系，一般与所在地区的基本医疗保险保障水平、疾病状况、医疗需求有关，大多都遵循损失补偿原则，并不是定额给付，操作起来比较复杂。⑤ 保险费测算的复杂性。由于发病率的不确定性，以及疾病治疗方案的多样性，社会医疗保险保费的测算较为复杂。

（3）医疗保险的作用。① 实行医疗保险可以使劳动者弥补医疗费用损失、恢复劳动能力、重返生产和工作岗位，从而有利于保障劳动者及其家属的生活稳定，有利于维持劳动力的再生产，有利于经济发展和社会进步。② 医疗保险可以促进医疗卫生服务的社会化，有利于筹集卫生资源，有利于社会化的医疗保健服务的展开，如预防保健服务、重点疾病的控制等，进而提高国民健康水平，促进卫生事业发展。③ 由于医疗保险有政府部门的介入，能对医疗服务供给方和需求方的行为进行一定的规范和约束。④ 医疗保险还具有再分配的功能，能在一定程度上缩小贫富差距。

（4）我国医疗保险的实践。我国医疗保险制度建立于20世纪50年代初，包括公费医疗和劳保医疗制度。1998年，我国建立了城镇职工基本医疗保险制度；2003年，我国新型农村合作医疗保险制度建立；2007年，我国城镇居民医疗保险制度建立；2015年开始，我国各地进行了城镇居民医疗保险和新型农村合作医疗保险的合并工作。目前，我国医疗保险包括城镇职工基本医疗保险、城乡居民医疗保险。城镇职工基本医疗保险在运行过程中，采用的是属地化原则，因此，不同地区的缴费率和待遇水平不一样，目前，也有部分省份在尝试医疗保险的省级统筹管理。

3. 失业保险

（1）失业保险的概念。失业是在劳动年龄之内，具有劳动能力，有就业要求的部分人员未能就业的一种社会现象。失业保险是国家通过立法对劳动者因遭受本人所不能控制的失业风险而暂时失去收入，提供一定物质帮助以维持其基本生活的一种社会保险。在工业化进程中，失业已成为社会问题，必须由社会解决，目前，大多数国家已实施了失业保险制度，其中约80%是第二次世界大战以后实施的。

（2）失业保险的特征。① 强制性，要求单位和职工必须参保，缴纳失业保险金。② 预防性。一方面，可以预防职工一旦失业，生活陷入困境；另一方面，人力资源和社会保障部门也会采取一定的措施预防职工失业或保障职工再就业。③ 互济性。失业保险具有保险的最基本功能，就是互助共济性，众人投保，失业者得惠。④ 补偿性。失业保险能够对劳动者失业期间的收入损失进行一定的补偿，保障劳动者失业后的基本生活水平。

（3）失业保险的功能。失业保险具有保障劳动者再就业、保障失业人员基本生活水平、促进经济稳定的功能。失业保险在国民经济运行中发挥着润滑剂的作用，对失业人员重新回到工作岗位起到了积极的促进作用。

（4）我国失业保险的实践。1999年1月，我国正式施行《失业保险条例》。领取失业保险的条件为：按照规定参加失业保险，所在单位和本人已按照规定履行缴费义务满1年的；非因本人意愿中断就业的，已办理就业登记，并有就职要求的。失业人员失业前所在单位和本人按照规定累计缴费时间满1年不足5年的，领取失业保险金的期限最长为12个月；累计缴费时间满5年不足10年的，领取失业保险金的期限最长为18个月；累计缴费时间为10年以上的，领取失业保险金的期限最长为24个月。失业保险金的标准，按照低于当地最低工资标准，高于城市居民最低生活保障标准的水平，由省、自治区、直辖市人民政府确定。

4. 工伤保险

（1）工伤保险的概念。工伤保险是由社会保障机构统一筹集工伤保险基金，对劳动者在工作中遭受事故和职业病伤害后进行医疗救治、职业康复以及因工死亡者供养直系亲属的基本生活提供经济补偿的一种社会保障制度。

（2）工伤保险的原则。① "无过失补偿"原则，它是指劳动者在生产和工作过程中遭遇工伤事故，无论事故属于本人、企业（或雇主）还是相关第三者的责任，只要不是员工的故意行为，均应依法按规定的标准给付工伤保险待遇。待遇给付与责任追究相分离，不能因为保险事故责任的追究与归属而影响待遇给付。当然，本人犯罪或故意行为造成的"工伤"除外。② 损失补偿原则，由于工伤事故是劳动者在工作期间发生的，劳动者不仅付出了劳动，而且可能为此付出健康乃至生命的代价，因此，各国劳动法和社会保险法等相关法律均规定，在劳动者发生工伤时，均应得到经济补偿。③ 个人不缴费原则，工伤事故属于职业性伤害，是在生产劳动过程中，劳动者为社会和企业创造物质财富而付出的代价。工伤保险待遇具有明显的劳动力恢复与再生产投入性质，属于企业生产成本的特殊组成部分，因此，个人不必缴费，而由企业全部负担。④ 待遇标准从优原则，工伤保险一般按照从优原则确定，比养老、失业、医疗等项目的待遇优厚。⑤ 损失补偿与事故预防及职业康复相结合的原则。从单纯经济补偿向与事故预防、医疗健康及职业康复相结合的转变，是现代工伤保险的显著标志之一。工伤保险在加强安全生产、预防事故发生、减少职业危害、及时抢救治疗、有效的职业康复等方面发挥着积极作用。

（3）工伤保险的认定。根据我国《工伤保险条例》中的规定，工伤认定如下：

《工伤保险条例》第14条规定："职工有下列情形之一的，应当认定为工伤：（一）在工作时间和工作场所内，因工作原因受到事故伤害的；（二）工作时间前后在工作场所内，从事与工作有关的预备性或者收尾性工作受到事故伤害的；（三）在工作时间和工作场所内，因履行工作职责受到暴力等意外伤害的；（四）患职业病的；（五）因工外出期间，由于工作原因受到伤害或者发生事故下落不明的；（六）在上下班途中，受到非本人主要责任的交通事故或者城市轨道交通、客运轮渡、火车事故伤害的；（七）法律、行政法规规定应当认定为工伤的其他情形。"

《工伤保险条例》第 15 条规定："职工有下列情形之一的，视同工伤：（一）在工作时间和工作岗位，突发疾病死亡或者在 48 小时之内经抢救无效死亡的；（二）在抢险救灾等维护国家利益、公共利益活动中受到伤害的；（三）职工原在军队服役，因战、因公负伤致残，已取得革命伤残军人证，到用人单位后旧伤复发的。职工有前款第（一）项、第（二）项情形的，按照本条例的有关规定享受工伤保险待遇；职工有前款第（三）项情形的，按照本条例的有关规定享受除一次性伤残补助金以外的工伤保险待遇。"

《工伤保险条例》第 16 条规定："职工符合本条例第十四条、第十五条的规定，但是有下列情形之一的，不得认定为工伤或者视同工伤：（一）故意犯罪的；（二）醉酒或者吸毒的；（三）自残或者自杀的。"

5. 生育保险

（1）生育保险的含义。生育保险通过国家立法规定，在劳动者因生育子女而导致劳动力暂时中断时，由国家和社会及时给予物质帮助的一项社会保险制度。其宗旨在于通过向职业妇女提供生育津贴、医疗服务和产假，帮助她们恢复劳动能力，重返工作岗位。

（2）生育保险的特征。① 生育保险保障的对象是女性劳动者，享受该待遇的人群的范围相对狭窄，影响范围、程度相对有限。我国生育保险的保障对象是参加生育保险的女性职工和男性职工的未就业配偶。② 保障对象的合法性，我国生育保险保障的对象是合法的生育者，是指符合法定的结婚年龄、按法律规定办理了合法的结婚程序、符合和遵守国家生育政策的生育人员。③ 生育保险带有明显的福利性，生育保险提供的生育津贴，一般为生育女职工的原工资水平。④ 生育保险实行"产前与产后都应享受的原则"，在临产分娩前一段时间，由于行动不便，女性劳动者已经不能工作或不宜工作，而分娩以后，需要一段时间休假，恢复健康和照顾婴儿。⑤ 生育保险与医疗保险密不可分，生育行为本身涉及检查、手术、住院等医疗服务，生育过程也可能伴随着某些疾病的产生或复发，使生育保险与医疗保险有着十分密切的联系。许多国家将生育保险与医疗保险合并，并称为"生育与疾病保险"，或者称为"健康保险"。

（3）生育保险的功能。生育保险可以在女职工身体健康和劳动能力恢复时期，提供一些保障；保障妇女就业平等权；有利于延续后代，保证劳动力的再生产；有利于保证国家人口政策的贯彻实施，提高人口素质；有利于分散风险，保证企业公平竞争。

（4）我国生育保险的实践。1994 年 12 月，人力资源和社会保障部（原劳动部）发布《企业职工生育保险试行办法》（劳部发〔1994〕504 号），各地开始尝试建立生育保险制度。2017 年 1 月 19 日，国务院办公厅发布《生育保险和职工基本医疗保险合并实施试点方案》（国办发〔2017〕6 号），提出了遵循保留险种、保障待遇、统一管理、降低成本的总体思路，推进两项保险合并实施，通过整合两项保险基金及管理资源、强化基金共济能力，提升管理综合效能，降低管理运行成本。生育保险的待遇项目一般包括产假、生育津贴、医疗服务、配偶看护假等。

三、商业保险和社会保险的关系

（一）商业保险与社会保险的相同点

1. 都具有互助共济性

不管是商业保险还是社会保险，本质上都是一种保险制度安排，因此，两者都需要筹集保险费作为制度运行的基础，都是一种风险分摊机制，都是通过将风险转移给保险机构，从而为被保险人提供经济补偿。不过，社会保险是在全社会成员中进行风险分担，风险基金池相对较大；商业保险是在具有同质风险的被保险人之间进行风险分担，风险基金池相对较小。

2. 都遵循权利和义务相结合的原则

社会保险和商业保险一样，必须履行缴费义务，才能享受相应的保障权利，遵循"谁投保，谁受益，不投保，不受益"的原则。不过，商业保险的权利和义务是完全对等的，多缴费多受益，社会保险的权利和义务基本对等。

3. 社会目标和作用相同

社会保险和商业保险建立的目标都是健全和完善社会保障体系，为经济运行体系提供配套服务，其社会作用也是相同的，都是保障社会成员的生、老、病、死、残等风险。不过，社会保险提供的是基本的经济保障，补偿表现为普遍性和基本性，商业保险是社会保险的有效补充，具有一定的选择性，补偿标准相对较高。

（二）商业保险和社会保险的区别

1. 实施目的不同

社会保险的目的是给社会劳动者提供基本生活保障，保护劳动者在特殊情况下的基本权利，保证劳动力再生产顺利进行，为整个社会经济的正常运行创造良好的社会环境。其本质是社会保障，体现的是政府职能和责任，以国家财政支持为后盾，不以营利为目的。而商业保险是一种经营行为，保险公司是独立核算、自主经营、自负盈亏的法人机构，通过出售商业保险获取利润，以追求利润为目的。

2. 实施方式不同

社会保险一般由国家通过立法强制公民参加，属于强制保险。凡属于社会保险范围的参保对象，无论其是否愿意，都必须参加并缴费，这种强制性保证了社会保险的参保规模，有效地减少了逆向选择。而商业保险作为一种商业活动，一般遵循平等互利和自愿的原则，投保人是否投保，投保的险种和保险金额等，都由投保人自行决定。

3. 保险对象不同

社会保险的保障对象是法律所规定的全体国民或社会劳动者及其供养的直系亲属，只要是法律规定范围内的公民，不论其年龄大小、工作年限长短、收入水平高低、健康状况如何，均应参加，保险对象具有普遍性。而商业保险的被保险对象，首先必须是自愿投保的国民，劳动者和非劳动者均可；其次，保险人会对被保险人进行核保，如果投保健康保险，一般要求被保险人身体健康，否则有可能会被拒保，因此商业保险的被保险对象具有选择性。

4. 资金来源不同

社会保险的资金来源主要有政府财政拨款、企业缴纳保险费、劳动者个人缴纳保险费三个渠道，社会保险基金主要用于保险待遇的支付，其经营管理费用由政府承担。而商业保险的资金只能来源于保险客户所缴纳的保险费，虽然对保险资金的运用可以获得一定的投资收益，但是保险公司的经营管理费用等均由保险客户承担。

5. 保障范围和水平不同

社会保险的保障范围一般由国家事先规定，保障范围较窄，保障水平较低，以保障劳动者的基本生活需要为标准。社会保险保障水平的确定，既要考虑劳动者原有生活水平和社会平均消费水平，又要考虑在职职工平均工资的提高幅度、物价上涨因素和国家在一定时期财政上的负担能力。除了福利国家的社会保障水平相对较高外，大多数国家的社会保障水平都以社会平均生活水平为依据确定，一般介于社会贫困线和在职劳动者收入之间。随着社会生产的发展，社会保险待遇的总水平也会相应提高。商业保险的保障范围由投保人和保险公司协商确定，不同保险产品的保障范围不同。商业保险的保障水平则根据投保人的缴费水平和实际受损的性质与程度来确定，并不取决于被保险人的实际收入和生活水平，而是严格按权利和义务对等原则来确定。

6. 权利和义务对等关系不同

社会保险的权利与义务关系建立在劳动关系的基础之上，只要劳动者履行了为社会劳动的义务，自身及其供养的直系亲属就能享有相关社会保险待遇，劳动者缴纳一定的保险费，但给付金额与其所缴纳的保险费无绝对联系，而是以被保险人基本生活需要为标准。社会保险的权利和义务不完全对等。商业保险是一种经济活动，以营利为目的，实行严格的权利与义务对等关系。投保人根据自身的经济实力以及面临的风险种类和大小，选择适合自己的险种和保险金额，按期交付保险费，并签订保险合同，被保险人依据合同规定享有保障，这种保障以"多投多保、少投少保、不投不保"的等价交换为前提。

7. 经营和责任主体不同

社会保险的经营主体是政府或由政府指定的专门职能部门，它除了管理社会保险基金的征集和给付之外，还要管理与之相关的其他活动，如负责某些服务工作等；由于社会保险的政策性和"人、财、物"的统一管理，决定了国家财政对其负有最后保证责任。而商业保险经营主体主要是以营利为目的的商业保险公司，商业保险业务的开展在法律规定的范围之内，可以由保险双方自行订立条款，保险公司自主经营、自负盈亏。

8. 立法范畴不同

社会保险是国家规定的劳动者的基本权利之一，也是国家对劳动者应尽的义务，属于劳动立法范畴。商业保险是一种金融活动，保险合同双方的权利受《中华人民共和国民法典》保护，属于经济立法范畴。

第二节 财产保险与人身保险

一、财产保险

（一）财产保险概述

1. 财产保险的概念

广义的财产保险是以财产及其有关利益为保险标的的一种保险，它是当保险标的遭受保险责任范围内的损失时由保险人提供经济补偿的一种保险。这里的财产是金钱、财物及民事权利与义务的总和。广义的财产保险包括狭义的财产保险、责任保险与信用保证保险。狭义的财产保险是指财产损失保险，是以物质财产及其有关利益为保险标的的保险。本书中的财产保险指广义的财产保险。

2. 财产保险的特征

（1）财产风险的特殊性。财产保险所要处理的风险是多种多样的。各种自然灾害、意外事故、法律责任以及信用行为均可作为财产保险承保的风险。在财产保险中，由于保险标的的复杂性和多样性，风险事故的发生也表现出不同的形态，既包括暴风、暴雨、泥石流、滑坡和洪水等自然灾害，也包括火灾、爆炸、碰撞、盗窃和违约等意外事故。风险事故所造成的损失，既包括直接的物质损失、赔偿责任，也包括间接的费用损失、利润损失等。

（2）保险标的的特殊性。财产保险以财产及其有关的经济利益和损害赔偿责任为保险标的。财产按其形式可分为有形财产、无形财产或相关利益。有形财产是指厂房、机器设备、运输工具、货物、农作物等，无形财产或相关利益指各种费用、产权、预期利润、信用和责任等。财产保险的保险标的必须是可以用货币衡量价值的财产或利益，否则不能作为财产保险的保险标的，如空气、江河和国有土地等。

（3）保险金额确定的特殊性。财产保险的保险金额一般参照保险标的的实际价值来确定。保险价值是在财险保险合同中才有的，是保单载明的保险标的的价值，确定保险金额的依据即为保险价值，保险人和投保人在保险价值限度以内，按照投保人对该保险标的存在的保险利益程度来确定保险金额，以此作为保险人承担赔偿责任的最高限额。由于各种财产都可依据客观存在的质量和数量来计算或估计其实际价值的大小，因此，在理论上，财产保险的保险金额的确定具有客观依据。

（4）保险期限的特殊性。大部分财产保险的保险期限较短。通常，普通财产保险的保险期限为1年或者1年之内，并且保险期限就是保险人实际承担保险责任的期限，特殊情况除外。例如，我国海上运输货物保险的保险期限的确定依据是"仓至仓"条款。

3. 财产保险的作用

（1）有利于家庭和企业及时恢复生产和经营，从而促进国民经济持续发展。首先，财产保险具有经济补偿作用，不管是企业、家庭还是个人，只要投保了财产保险并履行了合同的义务,一旦发生了保险事故,便可得到经济补偿,及时恢复生产和经营,从而保证国民经济持续发展。

(2) 有利于科学技术的推广应用。科技企业或研发机构在研发、生产、销售、售后以及其他经营管理活动中,面临着各种导致财产、利润或科研经费损失的风险,财产保险可以为其提供经济保障,解决了科技企业的后顾之忧,从而有利于科技企业或研发机构加快新技术的研发和推广。

(3) 有利于安定人民生活,促进社会稳定。在财产保险中,一旦发生风险事故,被保险人遭受财产损失或需要对他人承担赔偿责任时,就能从保险人那里得到相应的赔偿,从而免除或降低风险事故给家庭和企业带来的冲击,有利于安定人民生活,促进社会稳定。

(4) 有利于对外贸易和国际交往。保险是对外贸易和国际经济交往中不可缺少的环节。在国际贸易中,货物往往需要经过长途运输,在货物运输、装卸、存储过程中,可能会遇到各种风险,遭遇各种损失,国际货物运输保险为此发挥了不小的作用。比如,出口信用保险承保出口商因买方不履行贸易合同而遭受损失的风险,客观上促进了国际贸易的发展。

(5) 有利于促进企业加强风险管理。保险公司作为经营风险的特殊企业,在经营中积累了丰富的风险管理经验,可以为企业提供风险管理的咨询和技术服务。保险公司通过合同方式明确双方当事人的防灾防损责任,能促使企业加强风险管理、防灾防损,促进企业减少风险事故。

(6) 有利于提高企业和个人的信用。在市场经济条件下,每个企业或个人均有遭受责任风险和信用风险的可能,信用保险和保证保险的诞生解决了债权人的担忧,也提高了企业和个人自身的信用。

(二) 财产保险的种类

1. 海上保险

(1) 海上保险的含义。海上保险是保险人和被保险人通过协商对船舶、货物及其他海上标的可能遭遇的风险进行约定,被保险人在缴纳约定的保险费后,保险人承诺一旦上述风险在约定的时间内发生并对被保险人造成损失,保险人将按约定给予被保险人经济补偿的商务活动。海上保险起源于 11 世纪末叶的意大利。

(2) 海上保险的种类。① 海洋运输货物保险。它是以海上运输工具运载的货物为保险标的,由保险人承担整个运输过程,包括内河、内陆运输保险标的遭受自然灾害和意外事故的损失的保险。它主要有平安险、水渍险和一切险。② 海洋船舶保险。它是以远洋船舶为保险标的,当船舶在航行或其他作业中,船舶本身或与船舶有关的利益发生损失,由保险人予以补偿的保险。它包括船舶定期保险、航程保险、费用保险、修船保险、造船保险、停航保险等。③ 运费保险。它以运费为保险标的,通常以全损为投保条件,约定海损后保险人补偿船舶所有人无法收回的运费。④ 船东责任保险。它是由保险人承担船东的民事赔偿责任的保险,例如,对船员与第三者的人身、财产损害赔偿责任,船舶泄油污染海域后的清除责任以及油污引起的其他损害赔偿责任。⑤ 海洋石油开发保险。它是以承保海上石油开发全过程中的各类财产、利益、责任和费用等为保险标的的保险。该险种属于专业性的综合保险，因开发周期的原因，保险期一般很长，可达十余年。

2. 火灾保险

（1）火灾保险的定义。火灾保险是投保人与保险人经合同约定，投保人向保险人交付保险费，保险人对于所承保的各种动产和不动产，包括房屋建筑物、厂房、机器设备、装修设备、家具或屋内存放的财物等，在保险期间因火灾、爆炸、闪电、雷击或其他自然灾害和意外风险事故发生所致的财产损毁或灭失，在保险金额限度内予以补偿或恢复原状的一种财产保险，补偿的范围还包括合理的施救费用。

（2）火灾保险的种类。火灾保险又称普通财产保险，主要包括三类：① 企业财产保险。企业财产保险是指以投保人存放在固定地点的财产和物资作为保险标的的一种保险，保险标的的存放地点相对固定，处于相对静止状态。企业财产保险是我国财产保险业务中的主要险种之一，其适用范围很广，一切工商、建筑、交通、服务企业、国家机关、社会团体等均可投保企业财产保险，即火灾保险对一切独立核算的法人单位均适用。企业财产保险还可附加盗窃保险、营业中断险等。营业中断险又称"利润损失保险"，是指因物质财产遭受损失导致投资者的营业受到干扰或暂时中断而遭受损失的风险，它是依附于财产保险或机器损坏险等险种上的一种扩大的保险。② 家庭财产保险。家庭财产保险简称家财险，是以居民个人及其家庭成员的自有财产、代他人保管的财产或与他人所共有的财产作为保险对象的保险。家庭财产保险是个人和家庭投保的最主要险种，投保范围一般包括房屋、装修、衣服、卧具、家具、燃气用具、厨具、乐器、体育器械、家用电器等。附加险最常见的有附加盗抢险、附加家用电器用电安全险、附加第三者责任险等。③ 机器设备损坏保险。机器设备损坏保险主要承保工厂机器本身的损失，负责赔偿各类安装完毕并已转入运行的机器设备因人为的、意外的或物理性原因造成的物质损失。

3. 运输工具保险

（1）运输工具保险的定义。运输工具保险是主要承保各类运输工具（如汽车、飞机、船舶、火车等）遭受自然灾害和意外事故而造成的损失，以及采取施救、保护所支付的合理费用，还有运输工具所引起的对第三者依法应负的赔偿责任等的保险。运输工具保险在财产保险中占有非常重要的地位，尤其是机动车保险，成为许多国家非寿险的第一大险种，我国也不例外。

（2）运输工具保险的种类。按运输工具种类的不同，运输工具保险可分为机动车辆保险、飞机保险、船舶保险、铁路车辆保险等。① 机动车辆保险。机动车辆保险是运输工具保险中的主要业务，该险种的保险标的为以机器为动力的陆上运输工具，包括各种汽车、摩托车、拖拉机等。由于机动车辆本身所具有的特点，机动车辆保险具有陆上运行、流动性大、行程不固定、业务量大、投保率高、第三者责任风险大等特点。按照保险责任划分，机动车辆保险又被分为机动车损失保险、第三者责任保险、车上人员责任保险。我国的机动车辆第三者责任保险包括交强险和商业第三者责任险。机动车辆保险还可以附加盗抢险、玻璃单独破碎险、自燃损失险、新增加设备损失险、车身划痕损失险、发动机涉水损失险、车上货物责任险、不计免赔率险等。② 飞机保险。飞机保险是负责赔偿被保险人因飞机（客机、货机、客货两用机以及各种专业用途的飞机）本身的损失、旅客意外伤害和对第三者应负的赔偿责任的保险。飞机保险分为基本险和附加险，基本险主要有机身保险、第三者责任保险、旅客责任保险，附加险主要有战争劫持险和承运人责任险。③ 船舶保险。船舶保险是以各种机动的和非机动的船舶为保险标的的保险，包括建造和修理中的船舶、适航船舶、特转用船舶、具备航行能力的船舶以及油轮、渔轮和海轮。保险人主要承保因自然灾害事故造成的船舶本身的损失以及由此支出的合理费用、船舶的碰撞损失、共同海损等。船舶保险包括远洋船舶保险和国内船舶保险。④ 铁路车辆保险。保险人承保铁路车辆的损失和铁路部门依法对第三者应承担的经济赔偿责任。

4. 货物运输保险

（1）货物运输保险的含义。货物运输保险是以运输途中的货物为保险标的，保险人对由自然灾害和意外事故造成的货物损失负责赔偿的保险。

（2）货物运输保险的分类。货物运输保险可分为：① 水上货物运输保险。水上货物运输保险是承保利用水上运输工具运载的货物的一种保险，其保险标的是航行于海洋、沿海、内河的轮船、驳船、机帆船、木船、水泥船等运载的货物。② 陆上货物运输保险。陆上货物运输保险是以陆上运输工具，包括火车、汽车等运载的货物为保险标的的保险，包括陆上货物运输保险和陆上货物运输一切险。③ 航空货物运输保险。航空货物运输保险是承保以飞机作为运输工具运载的货物的保险。④ 其他货物运输保险。其他货物运输保险包括邮包保险（用水、陆、空各种运输方式运来的邮包）和联合运输保险（保险货物在运输过程中采用两种或者两种以上运输方式）。

5. 工程保险

（1）工程保险的含义。工程保险是指以各种工程项目为主要承保对象，在保险期限内工程项目因自然灾害或者意外事故而遭受损失，或者在工程项目实施过程中造成第三者人身伤亡、疾病或者财产损失，依法应由被保险人承担经济赔偿责任时，保险人依据保险合同的约定对被保险人进行赔偿的一种财产保险。

（2）工程保险的主要险种。工程保险的主要险种包括：① 建筑工程保险，简称建工险，承保各类以土木建筑为主体的民用、工业用和公共事业用的工程在整个建筑工程施工期间，因自然灾害或意外事故造成的损失，以及被保险人依法应承担的对第三者人身伤亡、疾病或财产损失的民事损害赔偿责任。② 安装工程保险，简称安工险，是专门承保新建、扩建或改建的工矿企业的设备或钢结构建筑物在整个安装、调试期间，由于自然灾害或者意外事故造成物质损失、间接费用以及安装期间造成第三者财产损失或人身伤亡、疾病，依法应由被保险人承担的经济赔偿责任。

6. 责任保险

（1）责任保险的含义。责任保险是指以被保险人依法应负的侵权损害赔偿责任和依据合同（契约）应负的责任为保险标的，由保险人根据保险合同约定替被保险人履行对第三方赔偿责任的一种财产保险。责任保险的保险标的是被保险人的侵权赔偿责任和合同责任，不是有形的物质，属于广义财产保险的范畴。尽管其直接补偿对象是被保险人，但是这些保险金最终都会落入受害人的手中，也就是说，责任保险的直接补偿对象是被保险人，间接补偿对象是受害人。责任保险只有赔偿限额而无保险金额。民事法律制度的发展与完善是责任保险产生与发展的基础。

(2) 责任保险的种类。责任保险的种类包括：① 公众责任保险。公众责任保险又称普通责任保险，它主要承保被保险人在公众场所从事生产、经营或其他活动时，因发生意外事故而造成他人人身伤亡或者财产损失，依法应由被保险人承担的经济赔偿责任及相关诉讼费用的保险。国内常见的公众责任保险主要有场所责任保险、电梯责任保险、承包人责任保险、承运人责任保险、家庭责任保险、环境污染责任保险等。② 产品责任保险。产品责任保险是以产品的生产商、销售商或者修理商等为被保险人，以他们依法应该承担其生产、销售或者修理的产品因存在缺陷对消费者或者第三者造成人身伤害或者财产损失而引起的经济赔偿责任作为保险标的的一种责任保险。③ 雇主责任保险。雇主责任保险是以被保险人（雇主）因其工作人员在保险期间从事本职工作或与工作有关的活动时遭受职业伤害或者视同职业伤害而依法应该承担的经济赔偿责任作为保险标的的一种责任保险。④ 职业责任保险。职业责任保险是以各种专业技术人员因工作上的疏忽或过失对合同一方或他人造成人身伤害或财产损失而应承担的民事损害赔偿责任为保险标的的一种责任保险。常见的职业责任保险有医疗责任保险、律师责任保险、会计师责任保险、建筑设计责任保险、美容师责任保险、保险代理人责任保险、保险经纪人责任保险、保险公估人责任保险等。国内的职业责任保险多由提供各种专业技术服务的单位（机构）投保。

7. 信用保险

(1) 信用保险的含义。信用保险是保险人根据权利人的要求担保被保证人信用的保险，它是权利人（投保人）向保险人投保的，由于义务人不履行其义务给权利人造成经济损失时，由保险人按照保险合同约定对权利人（被保险人）给予赔偿的保险。

(2) 信用保险的种类。信用保险根据保险标的性质不同，可以分为商业信用保险、银行信用保险、国家信用保险和诚实信用保险；根据信用保险的业务内容不同，一般可以分为国内信用保险、出口信用保险和投资保险。

8. 保证保险

(1) 保证保险的含义。保证保险是由义务人（被保证人）根据权利人的要求向保险人投保，由于义务人不履行其义务或履行义务不适当给权利人造成经济损失时，由保险人按照合同约定对权利人（被保险人）予以赔偿的保险。保证保险和信用保险合在一起，人们习惯称之为信用保证保险，保证保险和信用保险最明显的区别就是投保人不同。

(2) 保证保险的种类。① 合同保证保险。合同保证保险专门承保经济合同中一方不履行合同的经济责任。② 忠实保证保险。忠实保证保险通常承保雇主因其雇员的不诚实行为而遭受的损失。③ 商业信用保证保险。商业信用保证保险由权利人投保他人的信用，如他人不守信用而使权利人遭受损失，则由保证人负责赔偿。

（3）信用保险和保证保险的联系与区别。① 信用保险和保证保险的联系。第一，信用保险和保证保险本质上都是一种信用担保形式；第二，信用保险和保证保险都是以权利人作为被保险人，以义务人的信用风险作为保险标的的保险；第三，信用保险和保证保险都属于财产保险业务。② 信用保险和保证保险的区别。第一，保险涉及的当事人不同，信用保险是权利人请保险人担保义务人的信用，保证保险是义务人请保险人向权利人担保自己的信用；第二，保险性质不同，信用保险通过保险单来承保，保证保险通过出立保证书来承保；第三，保费性质不同，在信用保险中，被保险人交纳保费是为了把可能因义务人不履行义务使自己受到的损失风险转嫁给保险人，保险人承担着实实在在的风险，保证保险中，义务人交纳保费是为了获得向权利人保证履行义务的凭证。

二、人身保险

（一）人身保险概述

1. 人身保险的概念

人身保险是指以人的生命和身体为保险标的，当被保险人发生死亡、伤残、疾病、年老等事故或保险期满时给付保险金的保险。

人身保险的给付条件是，当被保险人遭受保险合同范围内的保险事件，并因此导致死亡、伤残、疾病、丧失工作能力或保险期满、年老退休时，保险人根据保险合同的有关条款，向被保险人或受益人给付保险金。

2. 人身保险的特征

（1）保险标的的特殊性。人身保险的保险标的是人的生命或身体。当以人的生命作为保险标的时，它以生存和死亡两种状态存在。当以人的身体为保险标的时，它以身体健康和生理能力、劳动能力等状态而存在，在健康保险中，如果被保险人的身体因遭受疾病或意外伤害而导致健康状况受到损害或生理能力、劳动能力丧失，则根据保险合同，保险人应给付保险金。

（2）人身风险的相对稳定性。人身风险相对于财产保险来说，具有相对稳定性，除非发生战争或大规模的瘟疫，一般变动不大，所以不需要分保，并且常常把战争列为除外责任。另外，人的寿命也呈现出一定的规律性，一般来说，年龄越大，死亡概率越大，因此可以通过生命表来测算人的寿命并以此作为计算保费的依据。相对来说，经营人身保险的公司风险相对稳定，破产风险小。

（3）赔偿金额的定额给付性。由于人的生命是无价的，所以在订立合同时，保险双方会相互约定一个保险金额，发生保险事故后，保险公司将按约定的额度进行给付。

（4）保险合同性质的特殊性。由于生命或身体的实际价值很难确定，因此人身保险一般不存在重复保险、超额保险、共同保险、不足额保险等情况，不过医疗费用损失补偿保险除外。

(5) 保险期限的特殊性。人身保险的期限一般较长，有的长达几十年，一般采用均衡保费的方法，前期交的保费往往高于自然保费，后期交的保费低于自然保费，所以人身保险具有一定的储蓄性，部分产品甚至带有投资功能。

3. 人身保险的分类

(1) 按照保险责任的不同，人身保险可以分为人寿保险、人身意外伤害保险和健康保险。

(2) 按照保险期间的不同，人身保险可分为1年以上的长期业务和1年以下（含1年）的短期业务。其中，人寿保险中大多数业务为长期业务，如终身寿险、两全保险、年金保险等，其保险期间长达十几年、几十年，甚至终身，这类保险的储蓄性也较强；而人身保险中的意外伤害保险和健康保险中的医疗保险等大多为短期业务，其保险期间为1年或几个月，这类业务的储蓄性较低，保单的现金价值较小。

(3) 按照承保方式的不同，人身保险可分为团体保险和个人保险。团体保险是指一张保单为某一单位的所有员工或其中的大多数员工提供保险保障的保险。个人保险是指一张保单只为一个人或一个家庭提供保障的保险。

(二) 人身保险产品

1. 传统人寿保险

(1) 死亡保险。死亡保险是指当被保险人死亡时，由保险人给付一定保险金额的保险。死亡保险的目的是避免由于被保险人死亡而使其家属或依赖其收入生活的人陷于困境。死亡保险根据保险期间的不同，可分为定期死亡保险和终身死亡保险。① 定期死亡保险，又称定期寿险，是指在保险合同约定的期间内，如果被保险人发生死亡事故，保险人将依照保险合同的规定给付保险金。如果被保险人在保险期间届满时仍然生存，保险合同即行终止，保险人无给付义务，也不退还已交的保险费。② 终身死亡保险，又称终身寿险，是一种不定期的死亡保险。终身寿险的保险期间自保险合同生效时起至被保险人死亡时止，保险人须对被保险人的终身负责，不论被保险人何时死亡，保险人均依照保险合同的规定给付死亡保险金，终身死亡保险可以使被保险人得到永久性的保障。

(2) 生存保险。生存保险是指如果被保险人在保险期间届满时仍然生存，保险人依照保险合同的约定给付保险金。生存保险是以被保险人在合同约定期间届满时生存为给付条件的，如果被保险人在保险期间内死亡，保险人不承担保险责任，并且不退回投保所缴纳的保险费。生存保险的主要目的，是保障在一定时期后被保险人可以领取一笔保险金，以满足其生活等方面的需要。

(3) 两全保险。两全保险，又称生死合险，是指被保险人在保险合同约定的保险期间内死亡，或在保险期间届满仍生存时，保险人按照保险合同均承担给付保险金责任的人寿保险。两全保险的死亡保险金和生存保险金可以不同，当被保险人在保险期间内死亡时，保险人按合同规定将死亡保险金支付给受益人，保险合同终止；若被保险人生存至保险期间后，保险人将生存保险金支付给被保险人。两全保险具有保障性和储蓄性双重功能。

(4) 年金保险。年金保险是指在被保险人生存期间或某一特定期间，保险人按照合同约定定期向被保险人或其他年金受益人给付保险金的人寿保险。年金保险通常以被保险人的生存为条件，从支付首期年金开始，只要被保险人生存，保险人即按月或季、半年、年给付年金，直至保险期满或被保险人死亡时止。一旦被保险人在领取期内身故，年金即停止支付。如果被保险人在交费期内身故，保险人通常将保单项下的保费累计支付给受益人。

2. 健康保险

(1) 健康保险的含义。健康保险是指以被保险人的身体为保险标的，在发生疾病或意外事故时，保险人对由此导致的医疗费用损失或收入损失予以补偿的人身保险。从健康保险的定义来看，健康保险包含两层含义：一是健康保险承保的保险事故是疾病和意外伤害事故两种；二是健康保险责任是因疾病（包括生育）或意外导致的医疗费用损失和正常收入损失。

(2) 健康保险承保的疾病需满足特定条件。健康保险的承保条件一般比较严格，对疾病产生的原因需要进行相当严格的审查，所承保的疾病需要满足三个条件：一是该疾病是由内部原因造成的；二是该疾病是非先天的；三是该疾病是偶然性原因导致的。因此，在大多数健康保险合同中，都明确载明了保险人的除外责任：战争、军事行动、暴乱或武装叛乱中发生的医疗费用；被保险人因意外伤害或其他医疗原因、进行整容手术而发生的费用；被保险人故意自伤；因不法行为或严重违反安全规则导致的疾病等。由于上述原因引起的医疗费用，保险人不负责赔偿。

(3) 健康保险合同的常见条款。① 观察期条款，为防止被保险人带病投保，长期医疗保单中通常规定一个观察期（大多为 180 天，也有一年或 90 天），被保险人在观察期内因疾病支出的医疗费用，保险人不负责，观察期结束后，保险人才开始承担保险责任。② 免赔额条款，通常规定一个固定额度，只有当被保险人支付的医疗费用超过这一额度时，保险人才进行赔付。③ 比例分担条款，超过免赔额的医疗费用，采用保险人与被保险人共同分摊的方式。④ 最高限额条款，保险人在保险限额内支付被保险人所发生的费用，超过此限额，则保险人停止支付。

(4) 健康保险的种类。健康保险通常包括医疗保险、疾病保险、失能收入保障保险、长期护理保险四大类。① 医疗保险，是对被保险人治疗疾病时所发生的医疗费用提供补偿的保险，通常包括普通医疗保险、住院医疗保险、手术保险、住院津贴保险、综合医疗保险和特种医疗保险。② 疾病保险，是指以合同约定的疾病为给付保险金条件的保险，不在合同约定范围内的疾病，则无须理赔。如重大疾病保险、特种疾病保险。疾病保险通常不考虑被保险人的实际医疗费用支出，而以约定的保险金额给付保险金。在疾病保险中，像先天性疾病、在观察期内发生的疾病、意外伤害引起的疾病、保险责任内未列明的疾病、订约时已有的疾病、自杀所致疾病等都列为除外责任。③ 失能收入保障保险，又称丧失工作能力收入保险、收入损失保险等，是指当被保险人因疾病或意外事故导致残疾、丧失部分或全部工作能力后，保险人对其丧失或减少的收入进行补偿的保险。该保险并不承保被保险人因疾病或意外伤害所发生的医疗费用，而仅仅保障收入损失部分。它要求被保险人在投保时必须有固定的全职工作，补偿标准一般是工资水平的一定比例，而不是全部，既可以作为主险单独投保，也可以作为附加险投保。给付可采取一次性给付或分期给付的方式。④ 长期护理保险。长期护理是指由于意外伤害、疾病或先天性残疾而处于长期无法自理，其日常生活需要他人帮助的状态。长期护理保险是指当被保险人无法安全从事日常生活的基本活动时，保险人给付保险金的保险。

3. 意外伤害保险

（1）意外伤害保险的含义。意外伤害保险是指对被保险人因意外事故导致死亡或残疾，或者发生的医疗费用，按照合同约定给付全部或部分保险金或者对医疗费用进行补偿的保险。

（2）意外伤害保险责任的判定。意外伤害保险的保险责任必须满足三个条件：一是被保险人在保险期间内遭受了意外事故；二是被保险人在责任期限内死亡或残疾，或支付了医疗费用；三是意外伤害事故是死亡或残疾，或支付医疗费用的直接原因或近因。责任期间是意外伤害保险和健康保险中特有的概念，指自被保险人遭受意外伤害之日起的一定期间（一般为90天或180天），只要被保险人遭受的意外发生在保险期间内，而且在责任期间死亡、残疾或支付医疗费用，即使被保险人死亡或被确定为残疾时保险期间已经届满，保险人仍须给付保险金。

（3）意外伤害保险的除外责任。意外伤害保险的常见除外责任有：被保险人故意犯罪、寻衅殴斗、醉酒，被保险人服用、吸食或注射毒品，战争、核辐射、医疗事故造成的意外伤害等。对于一些特殊风险，保险人考虑到保险责任不易区分或限于承保能力，一般不予承保，但经过投保人与保险人特别约定，通过额外加费也可予以承保，如被保险人从事登山、跳伞、滑雪、江河漂流、赛车等高风险运动中遭受的意外伤害。

（4）意外伤害保险的费率。在意外伤害保险中，被保险人遭受意外伤害事故的概率多取决于其职业、工种或所从事的活动，再加之意外伤害保险不承保疾病导致的死亡或残疾，或医疗费用，因此，意外伤害保险的费率只与被保险人的职业、工种等有关，而不需要考虑被保险人的年龄、性别、健康状况等，所以承保条件较宽。

（5）意外伤害保险的保险期间。意外伤害保险的保险期间较短，一般为1年，最多3年或5年，有些极短期意外伤害保险的保险期间往往只有几天、几个小时，甚至更短时间，如旅游保险，索道游客意外伤害保险，火车、飞机、轮船旅客意外伤害保险等。

4. 新型人寿保险

（1）分红保险。分红保险是指保险公司在每个会计年度结束后，将上一会计年度该类分红保险的可分配盈余，按照一定的比例，以现金红利或增值红利的方式分配给被保险人的一种人寿保险。分红保险在实际营运过程中，实际的死亡率可能会低于预定死亡率，从而减少保险金的给付，形成"死差益"，投资回报率可能超过预定利率，形成"利差益"，费用开支也可能低于预定费率，形成"费差益"。保险公司红利来源于"三差益":利差益、死差益、费差益。按照相关规定,分红寿险产品向投保人的分红比例,不得低于可分配利润的70%,一般每年分配一次红利。具体的分红形式有现金分红、抵缴保费、提高保额、累积生息等。如果投保人没有选择分红方式,则默认为累计生息方式。

(2) 投资连结保险。投资连结保险在国内习惯上简称为投连产品,在英国等欧洲国家称为 Unit Linked,也有译为连锁寿险产品,在美国称为 Variable Life,一般译为变额寿险。投资连结保险是具有保障功能并至少在一个投资账户上拥有一定资产价值,而不保证最低收益的人身保险,它是一种集保险保障和投资理财于一身的新型寿险险种。所谓"连结"就是将投资与人寿保险结合起来,使保户既可以得到风险保障,又可以通过强制储蓄及稳定投资为未来需要提供资金。投资连结保险起源于20世纪70年代的英国,由于它既有保障功能又有投资功能,一直在欧美国家人寿保险中占有重要地位。

(3) 万能寿险。万能寿险是集基本保险保障与投资理财功能于一体的新型寿险产品。"万能"的含义主要体现在两个方面:一方面是产品功能上,既有灵活可调的风险保障,又有独具优势的专家理财,保障、理财两不误。另一方面,由于具有灵活可变的特点,同样一个险种,可以变化出千差万别的保单。保单所有人能定期调整保费,可暂时停止缴付保费,还可以改变保险金额,是一张真正"万能"的保单。万能寿险最早出现于1979年,是美国人寿保险的创新品种之一。

三、财产保险与人身保险的区别

(一) 保险标的不同

人身保险的保险标的是人的生命或身体。财产保险的保险标的是各类财产本身或与财产有关联的经济利益。

(二) 保险金额的确定方法不同

人身保险的保险标的是人的生命或身体,而人的生命或身体不是商品,不能用货币衡量其实际价值,因此保险金额不能用财产保险方法衡量,主要有"生命价值法""置换法""需要法"等。一般情况下,保险金额由投保人和保险人共同约定,其确定取决于投保人的需要和缴费能力。

在财产保险中,保险标的的价值基本上都是客观可衡量的。财产保险的保险金额一般参照保险标的的实际价值来确定。

(三) 保险金的给付不同

人身保险属于定额给付性保险(医疗保险除外),当保险事故发生时,保险人按照合同约定的保险金额进行给付。因此,人身保险不适用补偿原则,也不存在财产保险中的比例分摊和代位追偿问题。保险事故发生后,被保险人可同时持有若干份相同的有效保单,同时获得保险金。如果保险事故由第三方造成,且依法应由第三方承担赔偿责任,那么被保险人可以同时获得保险人支付的保险金和第三方支付的赔偿金,保险不得向第三方代位追偿。

财产保险的保险金给付，大多遵循损失补偿原则，保险人在被保险人遭受损失的范围内进行补偿，补偿的保险金额不能超过标的的实际损失。

（四）保险利益的确定不同

在人身保险中，由于人的生命或身体是无价的，保险利益不能用货币估算。因此，人身保险的保险利益没有金额上的限制。同时，在人身保险合同中，由于期限较长，一般只要求在合同订立时，投保人对被保险人具有保险利益即可，至于出险时，投保人对被保险人是否具有保险利益，并不影响合同的效力和保险金的给付。

在财产保险中，保险利益具有量的规定性，保险利益不仅是订立合同的前提条件，也是维持合同效力、保险人支付赔款的条件。

（五）保险期间不同

人身保险特别是人寿保险合同的期限较长，有的长达十几年、几十年甚至人的一生。财产保险的保险期间大多为一年或一年以内。

（六）储蓄性不同

人身保险，尤其是人寿保险，具有明显的储蓄性。人寿保险由于期间较长，保费的收取一般采用均衡保费的方法，这使得在投保初期，均衡保费大于自然保费，保险人可以充分利用多出的部分，并获得投资收益。因此，人身保险保单大多具有储蓄性，可以用于保单贷款、领取退保金等。

财产保险的保险期间一般较短，在保险期间内，保险人向同一保单的所有投保人收取的纯保费将用于保险金的赔付，保险人无法将纯保费用于长期投资，因此，财产保险不具有储蓄性。

（七）业务经营方面不同

人身保险保险事故小额分散，大部分保单的给付又具有必然性，而且给付率的计算也比较精确，因此财务稳定性较强，一般不需要分保。

财产保险出险偶然性大，加上存在出现巨灾和巨额风险的可能性，为了分散风险，保证财务的稳定性，必须有分保业务。

第三节　个人保险与团体保险

一、个人保险

个人保险，简称个险，是相对团体保险而言的，指以单个自然人作为投保人，以满足个人或家庭的人身和财产保障需求向保险人购买的保险。

个人保险以单个投保人的需求为保险对象，保险人按照保险约定对缴纳保险费的投保行为人履行给付保险金的义务。个人保险中的保险标的包括个人或家庭面临的财产、生命和身体、责任赔偿等风险损失。

二、团体保险

（一）团体保险的概念与分类

团体保险是指以特定团体为投保人，与保险公司订立一份总的保险合同，为该团体符合资格的被保险人提供保险保障的保险。团体保险主要指团体人身保险，保障团体成员因疾病、伤残、死亡以及退休等支出的医疗费用、抚恤金和养老金等，包括团体人寿保险、团体年金保险、团体健康保险和团体意外伤害保险。

团体人寿保险是以团体为对象，以团体的所有成员或者大部分成员为被保险人的一种人寿保险。包括团体定期人寿保险、团体遗属收入给付保险、团体信用人寿保险、团体终身保险、团体万能寿险等。

团体年金保险一般以雇主为投保人，以员工为被保险人，保险费由雇主全部负担或者由雇主和雇员共同分担，当投保员工达到退休年龄时，由保险公司一次或者分期给付退休金。

团体健康保险是以团体或其雇主为投保人，同保险人签订保险合同，以其所属员工为被保险人（包含团体中的退休员工），约定由团体雇主独自缴付保险费，或由雇主与团体员工分担保险费，当被保险人因疾病或分娩住院时，由保险人负责给付其住院期间的治疗费用、住院费用、看护费用，以及在被保险人由于疾病或分娩致残疾时，由保险人负责给付残疾保险金的一种团体保险。它包括团体（基本）医疗费用保险、团体大额医疗费用保险、团体补充医疗费用保险、团体丧失工作能力收入保险等。

团体意外伤害保险是指当被保险人（团体员工）遭遇意外事故导致死亡或残疾时，由保险人负责给付死亡保险金或残疾保险金的一种团体保险。

（二）团体保险的作用

团体保险的一个显著特征是以团体的风险选择取代个人的风险选择，投保中无须提供个人可保证明。另外，团险业务中，保险人无须给每个投保人或被保险人签发一张保险单，只给投保团体签发一份总的保险单。团体保险的作用体现在：

第一，可以为员工创造福利。通过给员工安排团体保险，一方面，可以解除员工对在职时和退休后的经济保障和安全保障的担忧；另一方面，企业可以通过购买团体保险来争取更有才华的人士为其提供长期服务，并能起到鼓舞士气、增强企业凝聚力，激励员工进行创造性劳动、提高雇员生产效率、避免人才流失的作用。

第二，借助保险公司的优势为企业谋利。借助保险公司的专业知识和经验，企业可以用较低的保险费支出为雇员寻求较高的保障，有效地降低雇员保障的实施成本。

第三，享受税收优惠政策。世界上大多数国家都对团体保险实施税收优惠政策，这调动了企业和员工为退休金计划供款的积极性。

（三）团体保险的特点

1. 危险选择的对象基于团体

团体保险最显著的特点就是用对团体的风险选择来取代对个人的风险选择。团体保险的保险人在承保时选择的对象是团体而不是个人，因此，进行对象选择的重点是审查团体的合法性和团体成员的比例。

2. 保险计划具有灵活性

与普通个人保险的保单不同，团体保单并不是事先印出且不可更改的，投保单位可以就保险条款的设计和内容制定与保险公司进行协商。团体保险的投保人是单位团体，保单使用团体保单，保费统一缴纳，因此，保险人对于团体保险给予了一定的灵活性。

3. 经营成本较为低廉

由于团体保险的保险手续简化，单证印制和管理成本、附加佣金所占比例、核保成本都比个人保险要低，从而降低了附加保费，节约了保险公司的管理费用。

4. 服务管理专业

团体保险的投保人为团体，其对保险的要求、谈判能力往往高于个人。团体保险的专业服务人员应该成为投保团体的团体顾问，从保障、福利、法律、财税等方面向投保团体提出建议，为投保团体提供专业化服务。

5. 被保险人无须体检

对投保团体进行选择后，可以确保承保团体的死亡率符合正常水平，对个别具体的被保险人就无须体检。由此，既方便了被保险人，也节省了成本费用。

（四）团体保险与个人保险的区别

1. 承保对象不同

个人保险的承保对象主要是个人，是对个人投保资格进行审查并提供保险保障，保险公司主要对个人的年龄、财务状况、健康状况、病史等进行审查；团体保险是以团体为承保对象的保险，是对团体内部成员进行的保险，如企业、社会团体、机关等合法组织，不需要提供成员的可保证明，但会重点审查团体的合法性和团体成员的比例，另外在参保人数方面也有一定规定。

2. 投保主体不同

团体险的投保人为投保团体，比如各种企业、国家机关、事业单位等，必须是依法成立的合法组织；个人险的投保人是个人。

3. 承保方式不同

个人保险的保单仅有一张，保单上包括投保人和被保人的相关信息以及彼此的权利、义务；团体保险的保单也仅有一张，保险人给投保团体签发一份总的团体保单，这份保单为团体中的众多被保险人提供保险保障，而每个人得到的是一张保险凭证，团体总保单上和个人保险保单上的信息大致相同，保险凭证上一般不包括所有的条款，仅列明合同的保障范围以及团体被保险人在合同中享有的各项权利。

4. 投保费率不同

个人险需要根据被保险人的具体情况确定费率,一般是统一标准的;团体险根据工作性质采用不同的费率方法,如经验费率法、手册费率法、混合费率法等,所以不同类型的团体适用不同的费率,一般费率较低。

5. 保险合同的灵活性不同

个人保险合同一般采用的是标准保险合同条款,保险条款和保险费都是由保险公司拟定的,被保险人只能按照保单的要求如实填写,投保人一般也不能对合同中的内容进行修改;团体保险中,投保人可以就合同的保障内容和条款与保险人进行商议,保险计划较为灵活。如在保险期限上,可以采取定期、终身、定期与终身相结合等多种方式;在保费缴纳上,投保人可以选择趸缴、分期缴纳、趸缴与分期缴纳相结合、定期或不定期缴费等多种缴费方式;在被保险人方面,被保险人可以是确定的个人,也可以是约定条件下不确定的个人;在保险金的给付上,可以是定额给付,也可以根据被保险人不同采取不同的非定额给付。

第四节 原保险与再保险

一、原保险

原保险又称第一次保险,是指保险人对被保险人因保险事故所致的损失直接承担原始赔偿责任的保险。

原保险是保险人与投保人之间直接签订保险合同而建立保险关系的一种保险。在原保险关系中,保险需求者将其风险转嫁给保险人,当保险标的遭受保险责任范围内的损失时,保险人直接对被保险人承担赔偿责任。

原保险合同又称为第一次保险合同,是指保险人向投保人收取保费,对约定的可能发生的事故因其发生所造成的财产损失承担赔偿保险金责任,或者当被保险人死亡、伤残、疾病或者达到约定的年龄、期限时承担给付保险金责任的保险合同。

二、再保险

(一)再保险的概念及相关术语

再保险也称分保,是保险人在原保险合同的基础上,通过签订分保合同将其所承保的部分风险和责任转让给其他保险人,当发生保险责任范围内的损失时,从其他保险人处取得相应赔偿的一种保险业务。

再保险交易中,分出业务的公司称为原保险人或分出公司;接受业务的公司称为再保险人或分保接受人、分入公司。

原保险人通过办理再保险转嫁其所承保的一部分风险责任,相应地支付一定的保费,这种保险费称为分保费或再保险费。

由于原保险人(分出公司)开展业务过程中会发生费用支出,因此需要向再保人（分入公司）收取费用作为补偿。由分入公司支付给分出公司的费用报酬称为分保佣金或分保手续费。

如果再保险人（分入公司）又将其接受的业务再分给其他保险人，这种业务活动称为转分保或再保险，双方分别称为转分保分出人和转分保接受人。

原保险人（分出公司）根据偿付能力确定承担的责任限额称为自留额或自负责任额。经过分保由再保险人（分入公司）所承担的责任限额称为分保额，或分保责任额、接受额。

再保险中，常常需要划分危险单位。危险单位是指保险标的发生一次灾害事故可能造成的最大损失范围。例如，船舶险以一艘船为一个危险单位，车辆保险以一辆汽车为一个危险单位，人寿保险以一个人为一个危险单位。危险单位的划分要和每次事故最大可能损失范围的估计联系起来考虑，并不一定和保单份数相等。例如，虽然大型企业厂房的面积很大，但由于主要车间与辅助车间之间有设备连接，则应划分为一个危险单位。

法律条文：我国《保险法》中关于再保险的规定

第28条规定：保险人将其承担的保险业务，以分保形式部分转移给其他保险人的，为再保险。应再保险接受人的要求，再保险分出人应当将其自负责任及原保险的有关情况书面告知再保险接受人。

第29条规定：再保险接受人不得向原保险的投保人要求支付保险费。原保险的被保险人或者受益人不得向再保险接受人提出赔偿或者给付保险金的请求。再保险分出人不得以再保险接受人未履行再保险责任为由，拒绝履行或者迟延履行其原保险责任。

第103条规定：保险公司对每一危险单位，即对一次保险事故可能造成的最大损失范围所承担的责任，不得超过其实有资本金加公积金总和的百分之十；超过的部分应当办理再保险。保险公司对危险单位的划分应当符合国务院保险监督管理机构的规定。

第104条规定：保险公司对危险单位的划分方法和巨灾风险安排方案，应当报国务院保险监督管理机构备案。

（二）再保险的分类

1. 根据责任限制分类

（1）比例再保险。比例再保险是指以保险金额为基础来确定分出公司自留额和接受公司责任额的再保险方式。主要包括成数再保险和溢额再保险。

成数再保险是指原保险人以保险金额为基础，将每一风险单位划出一个固定比例（成数）作为自留额，然后把其余的一定成数转让给再保险人。在合同约定的限额内，保险金额、保险费、赔付保险金的分摊都按双方约定的比率分配和分摊，自动生效，不必逐笔通知，办理手续。

溢额再保险是原保险人以保险金额为基础，规定每一风险单位的一定额度作为自留额，将超过自留额即溢额部分转给再保险人。再保险人根据双方约定的比例，计算每一笔分入业务的保险金额、保险费以及分摊的赔付保险金数额。保险事故发生后，在赔偿限额内，再保险人按照分保比例分摊赔款。

（2）非比例再保险。非比例再保险是指以损失为基础，确定自负限额和分保责任限额，也称为损失再保险。由于分出人的保险费、保险赔款与保险金额之间没有固定的比例，故称为非比例再保险。它主要包括险位超赔再保险、事故超赔再保险和赔付率超赔再保险。

险位超赔再保险是以每一风险单位的赔款为基础，确定自负责任额和再保险责任额。再保险人承担超过保险人自负赔偿额的赔偿责任。

事故超赔再保险亦称"巨灾超赔保障""超额赔款再保险"，是以一次巨灾事故所造成的赔款总额为基础来计算自负责任和分保责任的一种超赔再保险方式。实际上是险位超赔再保险在空间上的扩展，往往用于补充以成数或溢额为基础的分保，以此对保险人的累积责任和巨灾危险予以保障。为了明确自负责任和分保责任，各公司对时间限制和事故次数都有具体规定，一般都订有"一次事故"条款。

赔付率超赔再保险亦称"停止损失再保险""损失中止再保险"，是按年度赔款与保费的比例来确定自负责任和再保险责任的一种再保险方式，即在约定的年度内，当赔付率超过分出公司自负责任比率时，超过部分由再保险人负责至某一赔付率或金额。

2. 根据分保合同形式分类

（1）临时再保险，又称临时分保，分出公司和分入公司临时商定是否分保及分保条件等。原保险人对特定保险业务有再保险需要时，临时与再保险人谈判要求再保险，原保险人将分出业务的具体情况和分保条件逐笔告诉再保险人，是否需要安排再保险以及分出的份额大小，完全由原保险人根据自身所承受的风险累积情况以及自留额的大小来决定，逐一向再保险人接洽安排。

（2）合同再保险，又称合同分保，用事先签订合同的方式来使分出公司和分入公司自动履行再保险合同的权利和义务。双方将业务范围、地区范围、除外责任、分保佣金、自留额、合同期限、账单的编制与发送等各项分保条件用文字予以固定，明确双方的权利和义务。

（3）预约再保险，是介于合同再保险和临时再保险之间的一种再保险安排。预约再保险中的原保险人对合同订明范围内的业务是否办理分保有选择的权利，如果需要对某一笔业务进行分保，则应按预约再保险合同规定的办法及条件办理。根据预约保险合同的约定，再保险人必须接受原保险人依据合同规定项目的分保，不得拒绝，而原保险人则对是否进行分保有自由选择权，无必须分出的义务。

（三）再保险的作用

再保险的基本职能是分散风险，是将保险人所承担的风险在同业之间进行分散，以补偿可能遭遇的巨灾损失和巨额损失。其作用主要表现在以下几个方面：

1. 分散风险

通过再保险，可以将巨额风险转为小额风险，分散给其他保险人共同承保。

2. 扩大承保能力

任何一个保险人都希望承保量尽可能地多，但保险人的承保能力受很多条件的限制，尤其为资本金和公积金等制约。但由于保险公司的业务量的计算不包括再保险费，因此保险公司可以在不增加资本额的情况下通过再保险增加业务量，提高承保能力。

3. 限制责任，稳定经营

再保险通过控制风险责任稳定保险经营，具体做法分三个方面：一是控制每一风险单位的责任；二是限制一次巨灾事故的责任积累；三是限制全年的责任积累。

4. 降低营业费用，增加运用资金

通过再保险，保险人可以在分保费中扣存未满期保费准备金，还可以有分保佣金收入。这样，保险人由于办理分保，摊回了一部分营业费用。此外，办理分保须提取未满期保费准备金和未决赔款准备金，这部分资金从提取到支付有一段时间，保险人可在这段时间内加以运用，从而增加了保险人资金运用总量。

5. 有利于拓展新业务

保险人在涉及新业务过程中，由于经验的不足，往往十分谨慎，不利于新业务的迅速开展。再保险具有控制责任的特性，可以使保险人通过分保使自己的赔付率维持在某一水平之下。再保险是保险的保险，在数据积累、技术能力和合作网络方面具有独特价值，能在保险创新产品设计、产品定价、条款设计等方面发挥引领作用。所以准备拓展新业务的保险公司可以放下顾虑，积极运作，促使很多新业务发展。

（四）再保险与原保险的比较

1. 原保险和再保险的联系

再保险的基础是原保险，再保险的产生，正是基于原保险人经营中分散风险的需要。因此，保险和再保险是相辅相成的，它们都是对风险的承担与分散。再保险是保险的进一步延续，也是保险业务的组成部分。

第一，原保险是再保险的基础。从保险发展的历史逻辑看，先有原保险，再有再保险。再保险的产生与发展，是基于原保险人分散风险的需要。再保险以原保险承保的风险责任为保险标的，以原保险人的实际赔款和给付为分摊赔款条件。再保险的保险金额、保险期限不得超过原保险的合同金额和有效期限。再保险的责任以原保险人的责任为限。

第二，再保险是原保险的进一步延续与发展。保险人将自己所承保的一份风险责任向再保险人分保，从而也将一部分风险责任转移给再保险人。当原保险人承保的保险标的发生损失时，再保险人必须按照保险合同的规定分摊相应的赔款。原保险人从再保险人那里摊回分保部分的赔款，有利于保障原保险人经营的安全与稳定。可见,再保险作为原保险的保险,是对原保险人所承保风险的进一步分散,原保险人通过再保险可以控制自己的保险责任,扩大承保能力,从而支持和促进了原保险的发展。

2. 再保险和原保险的区别

第一,保险关系主体不同。原保险关系的主体是保险人和投保人或被保险人,原保险体现的是保险人与被保险人之间的经济关系;再保险关系的主体是原保险人与再保险人,再保险体现的是保险人之间的经济关系。

第二,保险标的不同。原保险的保险标的包括财产、人身、责任、信用及有关利益,既有财产保险、人身保险,也有责任保险和信用保证保险;而再保险的保险标的则是原保险人所承担的风险责任,是一种具有责任保险性质的保险。

第三,保险合同性质不同。原保险人在履行赔付责任时,对财产保险是损失补偿性的,而对人身保险则是给付性的,所以原保险合同包括补偿性合同和给付性合同两种;而再保险人对原保险合同的分摊,无论是财产再保险还是人身再保险,都是对原保险人承担的风险损失的补偿,所以再保险合同均为补偿性合同。

(五) 比例再保险和非比例再保险的差异

1. 自负责任和分保责任的确定基础不同

比例再保险以保险金额为基础来确定自负责任和分保责任,接受公司的责任额受到原保险金额大小的影响;非比例再保险以赔款金额为基础确定自负责任与分保责任,接受公司的责任额不受原保险金额大小的影响,而与赔款总额相关。

2. 分保费的计算方式不同

比例再保险的分保费完全按照原保险费率计算再收费,是投保人支付的原保险费的一部分,且按照分出业务的同一比例支付;非比例再保险采取单独费率制度,再保险费以合同年度的净保费收入为基础另行计算,与原保险费并无比例关系。非比例再保险与原保险比较,保险费要少得多,通常采取年初预付、年终调整的付费方式。

3. 分保手续费支付不同

在比例再保险中,分出公司一般要求接受公司分出一定比例的分保手续费;在非比例再保险中,分出公司通常不规定接受公司支付分保手续费。

4. 保险费准备金扣留不同

比例再保险往往规定扣留保险费准备金,以便应付未了责任和其他意外;非比例再保险的接受公司通常不对个别风险负责,仅在赔款超过赔付起点时才负责,因此,一般不扣留保险费准备金。

5. 赔款的偿付方式不同

比例再保险的赔款偿付,除个别巨灾赔款分出公司要求接受公司以现金赔偿外,通常都通过账户处理,按期结算,比如通过季度账单或半年账单进行结算;非比例再保险的赔款多以现金偿付,接受公司在收到损失清单后短期内如数支付。

第五节　复合、重复与共同保险

一、复合保险

复合保险是指投保人以保险利益的全部或部分，分别向数个保险人投保相同种类的保险，签订数个保险合同，其保险金额总和不超过保险价值的一种保险。

复合保险的损失如何处理？因保险业务性质的不同，其处理方式主要有保险分摊法、超额承保法和优先承保法三种。

复合保险与重复保险的区别在于：保险金额之和未超过保险价值，属于复合保险；超过保险价值，属于重复保险。

二、重复保险

（一）重复保险的概念

重复保险是指投保人以同一保险标的、同一保险利益、同一保险事故分别向数个保险人订立保险合同，且保险金额总和超过保险标的价值的一种保险。狭义的重复保险要求投保人与两个或者两个以上的保险人分别订立保险合同，保险金的总额超出保险标的的价值。而广义的重复保险不论保险金的总额是否超出保险标的价值。重复保险定义多采用狭义说。

重复保险原则上是不允许的，但却是客观存在的保险现象，出现的主要原因既可能是投保人或被保险人的疏忽，也可能是投保人为了追求最大的安全感，还可能是故意为了谋取超额的损失补偿金。对于重复保险，我国《保险法》第56条规定："重复保险的投保人应当将重复保险的有关情况通知各保险人。重复保险的各保险人赔偿金的总和不得超过保险价值。除合同另有约定外，各保险人按照其保险金额与保险金额总和的比例承担赔偿保险金的责任。"投保人不履行该项义务，其后果与违反告知义务相似，保险人有权解除保险合同或不承担赔偿责任。

（二）重复保险必须具备的条件

1. 同一保险标的及同一保险利益

重复保险要求以同一保险标的及同一保险利益进行保险，保险标的若不相同，显而易见不存在重复保险的问题；而保险标的相同，但保险利益不相同，也构不成重复保险。例如，对同一房屋，甲以所有人的利益投保火灾保险，乙以抵押权人的利益投保火灾保险，甲、乙的保险利益不相同，两人对同一房屋的保险不称为重复保险。所谓同一保险利益，含有同一被保险人之意味，如被保险人不同，则不存在重复保险的问题。

2. 同一保险期间

如果是同一保险标的及同一保险利益，但保险期间不同，也无重复保险问题。例如，保险合同期满又办理续保，这不构成重复保险。但保险期间的重复并不以全部期间重复为必要，其中部分期间重复也可构成重复保险。

3. 同一保险危险

以同一保险标的及同一保险利益同时投保不同的危险，也不构成重复保险。例如，同一家庭财产可同时投保火灾保险和盗窃险。

4. 与数个保险人订立数个保险合同，且保险金额总和超过保险标的的价值

如果只与一个保险人订立一个保险合同，即使保险金额超过保险标的的价值，也不属于重复保险，而称为超额保险。如果与数个保险人订立数个保险合同，但保险金额总和不超过保险标的的价值，则为共同保险。只有既与数个保险人订立数个保险合同，保险金额总和又超过保险标的的价值，才构成重复保险。

三、共同保险

共同保险是指投保人与两个或两个以上的保险人就同一保险标的，同一保险利益，对同一保险事故所结成的保险合同。

共同保险需要满足共保人的保险责任期限、承保的责任范围、承保的标的必须是相同的这几个条件。共同保险可分为两种不同类型：① 投保人就同一保险标的，同时与两家或两家以上的保险公司签订一份保险合同。在发生赔偿责任时，其赔款按各保险公司承担的份额比例分保。② 对不足额保险，其不足额部分应视为被保险人自保，故这种形式的保险亦可称由被保险人与保险人共保。当损失发生时，不足额部分由被保险人自负。

四、概念对比

（一）重复保险与再保险

第一，从重复保险的主观目的来看，分为善意与恶意的情况，善意重复保险的主要目的多数是投保人为了增强安全保障，恶意重复保险的目的一般是为了通过重复的赔偿获取不正当的利润。而再保险的目的就是保险人为了避免或减轻自己的压力，将其自身承保的一些保险业务分摊给另外的保险人。

第二，重复保险是投保人与数个不同的保险人之间订立的合同，合同之间相互独立。而再保险是投保人和保险人订立合同之后，原保险的保险人作为投保人和另外的保险人再订立一份合同，再保险订立的保险合同以原保险合同为基础，二者存在着没有原保险合同就没有再保险合同的关系。

（二）重复保险与共同保险

共同保险和重复保险的相似之处在于均有三个"同一"作为构成要件，且均有两个以上的保险人。二者的不同之处在于：第一，重复保险要求的保险合同数量一定是两个或超过两个，每个合同均有一个保险人，并且保险合同之间相互独立。共同保险的保险合同数量仅有一份，并且该合同中有数个保险人存在。第二，基于广义的重复保险论，重复保险的保险金额的总和没有限制。由于共同保险是一份保险合同，其保险金额按照法律的规定不能超过保险标的本身的价值。

(三) 重复保险与超额保险

超额保险是指保险合同约定的金额超出保险标的自身价值的保险。重复保险与超额保险之间的不同之处在于：第一，订立合同的数量是不同的，重复保险一定由两个或超过两个的保险合同构成，而超额保险则由单个保险合同即可构成。第二，基于广义的重复保险的观点，重复保险的保险金额的总和既可以超出保险标的自身的价值，也可以不超出，而超额保险的保险金额总和必须要超出保险标的自身的价值；第三，有关重复保险的法律制度不仅规范投保人或被保险人和保险人之间的相互关系，而且规范数个保险人之间的相互关系。而有关超额保险的法律制度仅仅规范单一的投保人或被保险人与保险人之间的关系。

(四) 共同保险与再保险

共同保险与再保险均为危险分散原则的应用，因而保险人为保证保险业务收支平衡与稳健经营，尽可能使用大数法则规定危险的种类与程度以及保险金额的承担，扩大其分散危险的范围，再保险与共同保险是最为有效的手段。其区别体现为：第一，二者的风险分散方式不同。共同保险仍然属于直接保险，是直接保险的特殊形式，是风险的第一次分散，因此各共同保险人仍然可以实施再保险。再保险是在原保险基础上进一步分散风险，是风险的第二次分散，可通过转分保使风险分散更加细化。第二，再保险运用更加方便。共同保险要求保险人必须在同一地点，且手续烦琐，投保人必须和每一个共同保险人洽谈有关保险事项，而保险人之间的商议也辗转费时。再保险则不受限制，且运用方便。因此，保险经营中再保险更加普遍。

案例分析 两家公司重复投保如何理赔

2018年2月，张先生向甲保险公司投保了家庭财产保险及附加盗窃险，保险合同约定保险金额为5万元，保险期限为2018年2月26日零时起至2019年2月25日24时止。5月，张先生所在公司又为每名职工在乙保险公司投保了家庭财产保险及附加盗窃险，每人的保险金额为5万元，期限为2018年7月7日零时起至2019年7月6日24时止。甲、乙两保险公司都分别向张先生出具了保险单。2019年1月，张先生下班回家发现家中财产被盗，便立刻向公安机关报案，并同时通知了两家保险公司。经公安机关现场勘验后认定，张先生被盗物品价值5万元。因公安机关一直未能破案，张先生便向两家保险公司提出各赔偿5万元的要求。但两家保险公司都以张先生重复投保，造成保险合同无效为由拒绝赔偿。张先生遂起诉至人民法院，请求法院判令甲保险公司和乙保险公司按保险合同的约定各赔偿5万元。

（案例来源：自编案例）

问题

1. 张先生投保的两份保险合同是否构成重复保险？为什么？

2. 如果你是法官,你认为应该如何判决?

提示:重复保险的保险金额总和超过保险价值的,各保险人的赔偿金额总和不得超过保险价值。

 复习思考题

1. 商业保险和社会保险的联系和区别是什么?
2. 财产保险和人身保险的不同之处有哪些?
3. 个人保险和团体保险的区别有哪些?
4. 怎样理解原保险与再保险之间的关系?
5. 解释共同保险、重复保险和超额保险的关系。

第五章

保险经营

内容提要

随着保险经营环境的变化、保险市场竞争的加剧、保险经营风险的日趋复杂,加强保险公司经营管理的科学化和规范化,已成为保险业内的关注重点。本章将从经营主体、保险产品、保险服务、保险投资四个角度,着重阐述保险经营的基本要求和基础知识。

第一节 经营主体

一、保险经营主体概述

(一)保险经营主体的概念

所谓经营主体,一般是指在一定的环境条件下,有目的地将人、财、物等生产要素有机地结合起来,进行产品的生产、销售、分配和流通等经济活动的经济组织和个人。其中的产品既包括有形的物质产品,又包括无形的劳务产品。

保险经营主体即指保险市场上的经营主体,主要包括两类:一类是保险产品的供给方,即保险人;另一类是为促成保险交易而提供辅助作用的保险中介。

保险人是指与投保人订立保险合同,并按照合同约定承担赔偿或者给付保险金责任的保险组织。保险人可以采取多种组织形式,最为常见的是公司制,因此,很多时候都会直接用"(再)保险公司"来称呼保险人。保险人一般为法人,但也存在自然人作为保险人的情况,如英国的劳合社。

保险中介是指介于保险经营机构之间或保险经营机构与投保人之间,专门从事保险业务咨询与招揽、风险管理与安排、价值衡量与评估、损失鉴定与理算等中介服务活动,并从中依法获取佣金或手续费的单位或个人。保险中介的形式比较多样,主要包括保险代理人、保险经纪人、保险公估人等。其业务范围也比较广泛,包括充当保险人与投保人之间的交易媒介,协助建立保险合同关系;也包括独立于保险人与投保人之外,以第三者的身份处理保险合同当事人委托办理的保险事故鉴定、估损和理赔等事项。

保险经营主体与保险市场主体存在区别。保险市场主体是指保险市场交易活动的参与者，包括保险商品的供给方、需求方和充当供需双方媒介的中介方。可见，保险经营主体是保险市场主体的重要组成部分。

（二）保险经营主体的组织形式

保险经营主体的组织形式是指保险人在经营保险业务时所采取的组织形式。按经营的主体，可分为国有保险组织和私营保险组织；按设立的形式，可分为保险股份有限公司和相互保险公司；按公司资本是否分为等额股份，可分为股份有限公司和有限责任公司。

1. 国有保险组织

国有保险组织是由国家和政府投资设立的保险经营组织，既可以由政府机构直接经营，也可以通过国家法令规定由某个团体来经营。对一些关系到国计民生的行业，适合由国有保险组织为其提供保险保障。在保险业发达的国家，一般如社会保险、政治风险保险、犯罪保险、罢工保险，以及一些私营保险公司不愿承保的巨灾保险，如地震保险、洪水保险等，往往都是由国有保险组织来经营的。

根据各国的社会经济制度不同，国有保险组织又可分为政策垄断型国有保险组织和商业竞争型国有保险组织两类。

（1）政策垄断型国有保险组织。政策垄断型国有保险组织是指为了保证国家某种社会政策的实施，垄断经营一些强制性或专门性保险业务的组织。例如，中国出口信用保险公司和我国几家农业保险公司，以及美国联邦存款保险公司都属于这一类型的国有保险组织。

（2）商业竞争型国有保险组织。商业竞争型国有保险组织是指经营各类保险业务、开展公平市场竞争并以营利为目标的保险组织。例如，中国人寿保险公司和中国人民保险公司等在股份制改革前都是属于这一类型的国有保险组织。

2. 私营保险组织

私营保险组织是相对于国有保险组织而言的，专指除国家和政府投资设立以外的保险经营组织。私营保险组织是指由除国家和政府外的投资者投资设立的公司制保险经营组织。在保险业发达的国家，90%的保险经营组织是私营保险组织。

3. 私营合作保险组织

私营合作保险组织是由社会上具有共同风险的个人或单位，为了获得保险保障，共同筹资设立的非公司保险组织形式。合作保险组织可分为消费者合作保险组织和生产者合作保险组织。消费者合作保险组织是由保险消费者组织起来并为其组织成员提供保险的组织，包括相互保险社、保险合作社。生产者合作保险组织大多是因医疗机构或人员为大众提供医疗与健康服务而组织起来的，如美国蓝十字与蓝盾协会等。

（1）相互保险社。相互保险社是同一行业的人为了应对自然灾害和意外事故所造成的经济损失而自愿组合起来的非公司组织，其中每个社员为其他社员提供保险，每个社员又同时获得其他社员提供的保险。相互保险社是最早出现的保险组织，也是最原始的保险组织形态，在全球保险市场上占有举足轻重的地位。根据国际相互合作保险组织联盟统计数据，2007年至2021年，相互保险组织（含相互保险公司）承保的保费从0.97万亿美元增长到1.42万亿美元，增长率为46.3%，占全球保险市场的份额在24.5%至28.1%之间。

相互保险社在当今欧美国家仍相当普遍，如美国的"互助会"（fraternal benefit society）是一种为其会员提供社会福利和保险给付而成立的组织。尽管相互保险社的会员资格向一般公众开放，但这种互助会的成员通常具有共同的种族、宗教信仰或职业背景。美国约有50个这样的保险合作组织，大多数规模较小，但也有几个规模较大的，如专门经营汽车保险的联合服务汽车保险协会。

2015年1月，中国保险监督管理委员会（以下简称保监会）[①]发布《关于印发〈相互保险组织监管试行办法〉的通知》（保监发〔2015〕11号），确立了我国相互保险组织的监管框架，并于2016年6月批准筹建众惠财产、汇友建工和信美人寿三家相互保险社，2017年三家相互保险社相继成立并开始营业。开展相互保险试点，有利于扩大保险覆盖面、渗透度和普惠性。

（2）保险合作社。保险合作社是由一些对某种风险具有相同保险需求的人自愿集股设立的保险组织。保险合作社与相互保险社很相似，而且相互保险社通常又是按照合作社的形式建立起来的，因此两者常常互相替代。

但是，保险合作社和相互保险社还是存在很大区别的，具体体现在：① 相互保险社无股本，而加入保险合作社，社员必须缴纳一定金额的股本。也就是说，社员是保险合作社的股东，其权利和义务以其认购的股金为限。② 相互保险社的经营资金来源于社员缴纳的分担额，保险社与社员之间是为一时目的而结合的，如果保险关系终止，那么双方则自动解约。保险合作社的资金来源于社员的股金和向社员或非社员借入的基金，保险关系的建立必须以社员为条件，但社员不一定必须建立保险关系，保险关系消灭也不影响社员关系的存在。因此，保险合作社与社员的关系比较长久，只要社员认缴股本，即使不利用合作社的服务，仍然可以与合作社保持联系。③ 相互保险社采取保费事后分摊制，依据实际需要和实际损失分摊，事先并不确定。而保险合作社采用确定保费制，事后不再补缴。④ 保险合作社的承保范围仅局限于合作社的社员，只承保合作社社员的风险。

（3）美国的蓝十字与蓝盾协会。美国蓝十字与蓝盾协会是非营利性的医疗保险组织，它以州或社区为经营范围。蓝十字会提供住院医疗费用保险，蓝盾提供非住院的内外科医疗费用保险。美国各地共有70个这样的组织，大约2/5的美国居民是蓝十字会成员，1/3的美国人参加了蓝盾保险。这两个组织都是由医院和合作的承保组织联合向成员提供医疗保险。除此之外，美国健康维护组织是一种健康保险合作组织，又称为管理式医疗保险组织，向其成员提供综合的医疗和保健服务。虽然其重要性不如商业性人寿保险公司和非营利的蓝十字与蓝盾协会，但它在20世纪70年代以后得到了迅速发展。

---

① 1998年，中国保险监督管理委员会（以下简称保监会）成立。2003年，中国银行业监督管理委员会（以下简称银监会）成立。2018年，国务院机构改革后，将保监会和银监会整合成为中国银行保险监督管理委员会（以下简称银保监会）。2023年，在银保监会基础上组建国家金融监督管理总局，不再保留银保监会。

(4) 日本农业协作组织。日本农业协作组织是日本办理人寿保险最活跃的合作社，它是由农民组织建立的互助组织。互助组织的种类有人寿互助、建筑物互助、人寿保险、损害保险等。它由基层农协、县级联合会与全国联合总会三个组成部分，社员与基层社签订互助契约，再由部、道、府、县的联合会提供再保险，联合会再把超过自留额的部分向全国互助农业合作社联合会再保险，即转分保，实际上基层社不负有互助责任。费率和条款在全国是统一的，所聚集的资金大部分存入农业合作社系统的信用农业合作社联合会或农林中央金库，或用来购买农林公债和金融机构发行的债券。此外，日本农业协作组织还负责对农民进行生产性的指导，主要包括生产计划的制订、生产技术的咨询与农产品结构的调整等。

4. 私营个人保险组织

个人保险组织是以自然人的名义承保保险业务的一种组织形式。英国的劳合社是当今世界上唯一的一家个人保险组织。

劳合社不是一家保险公司，而是一个社团，更确切地说，它是一个保险市场，与证券交易所相似，本身并不承保业务，只是向其成员提供交易场所和有关的服务。劳合社的每个成员就是一个保险人，为增强承保能力，他们往往组成若干个承保组合，以组合为单位对外承保。在历史上，劳合社设计了第一张盗窃保险单，为第一辆汽车和第一架飞机出立保单，近年来，又成为计算机犯罪保险、石油能源保险和卫星保险的先驱。劳合社承保的业务十分广泛，简直无所不保，尤其在海上保险和再保险方面占有重要地位。

5. 专业自保组织

专业自保公司一般是由母公司为保险目的而设立并拥有的保险公司，它主要向母公司及其众多子公司提供保险服务，同时也承保外界的风险和接受再保险业务，常以公司命名。专业自保公司最早在19世纪中期出现，到了20世纪60年代初才开始发展起来。现在，欧美国家的许多大型企业集团都有自己的专业自保公司，主要分为纯粹的专业自保公司、协会的专业自保公司和营利导向的专业自保公司三种。

(1) 纯粹的专业自保公司。设立纯粹的专业自保公司有四个优点：① 有利于减少公司的保险费用。专业自保公司在对其母公司及其他子公司提供保险时，往往基于非营利的目的，收取的保费要低于商业保险公司所收取的保费。② 可以减轻税负。母公司及其子公司向专业自保公司缴付的保费可以从它们的应纳税收入中扣除，从而为公司节约了税收支出，而专业自保公司收到的保费虽然仍要缴纳各项税收，但适用的税率极低，最终可以为公司带来避税效应。③ 在资金流动方面也较为便利。④ 有利于获得再保险。许多再保险公司只与保险公司打交道，而不会与投保人或被保险人直接进行交易。通过组建专业自保公司，投保企业能够非常容易地获得再保险。

(2) 协会的专业自保公司。协会的专业自保公司是由多家企业共同设立的，主要目的是解决大家共同面临的、商业保险公司通常不予承保的风险和责任问题。

(3) 营利导向的专业自保公司。营利导向的专业自保公司尽管也能解决企业内部的保险问题，但更多考虑的是将自设保险公司作为企业营利的新途径，所以，这类自保公司承保大量外来保险和再保险业务，有利于增加公司利润的来源。

不过，专业自保公司也存在资金实力有限、业务量有限、业务较为单一且质量较差、组织机构简陋、专业人员少等问题。

二、保险公司

（一）保险公司的组织形式

1. 保险股份有限公司

保险股份有限公司是由一定数量以上的股东发起设立的，其全部资本分为等额股份，通过发行股票（或股权证）来筹集资本，并由购买该公司股票的个人和组织所拥有的保险公司，股东以其所认购的股份金额为限对公司的债务承担有限责任，公司以其全部资产对公司债务承担责任，又称股份保险公司。作为一种现代保险公司制度，保险股份有限公司因其严密而健全的组织形式而备受各国保险业的推崇，是现今保险市场上主要的组织形式。

（1）保险股份有限公司的优点主要体现在以下四个方面：① 容易筹集资本。由于入股人数多，保险股份有限公司可通过发行股票（或股权证）筹集到所需的大量资本，使经营资本充足，资金实力雄厚，有利于业务扩展和风险分散，使保险经营更安全，从而提高对被保险人的保障能力。② 经营效率较高，追求利润最大化。保险股份有限公司采用所有权与经营权相分离的方式，并以营利为经营的首要目标，这就促使公司不断改善内部经营管理，开发满足市场需求的新险种，提高保险服务质量，从而提高经营管理效率，增加保险公司的利润。③ 保险股份有限公司采用确定保费制，使投保人的保费负担得以确定，排除了向被保险人追补的情况，既符合现代保险的特征和投保人的需要，又便于保险业务的扩张。④ 股份保险公司组织规模较大，方便吸引优秀人才。

（2）保险股份有限公司与保险有限责任公司的主要区别。① 保险有限责任公司属于"人资两合公司"，其运作不仅是资本的结合，而且还体现了股东之间的信任关系；保险股份有限公司完全是资合公司，是股东的资本结合，不基于股东间的信任关系。② 保险有限责任公司的权益总额不作等额划分，股东的股权通过所认缴的出资额比例来表示，股东表决和偿债时以其认缴的出资额比例享有权利和承担责任；而保险股份有限公司的全部资本分为数额较小、每一股金额相等的股份，股东的表决票数按认缴的出资额计算，每股有一票表决权。③ 保险有限责任公司的生产、经营、财务状况，只需按公司章程规定的期限向股东公开，供其查阅，无须对外公布，财务状况相对保密；而保险股份有限公司要定期公布财务状况，上市公司要通过公共媒体向公众公布财务状况，与保险有限责任公司相比，更难操作，公司财务状况也难保密，更容易涉及信息披露、内幕交易等问题。④ 股权转让与股权的流动性方面，保险有限责任公司，股东之间可以相互转让出资额，向股东以外的人转让出资额时，必须经股东会过半数股东同意，因而股权的流动性差，变现能力弱；保险股份有限公司的股票公开发行,转让不受限制,上市公司股票则流动性更高,融资能力更强。此外,两者还在设立方式及流程、股东人数限制、公司资本规模和组织机构设置规范化程度等方面存在较大差异。

(3)我国保险股份有限公司的发展。1988年,我国成立了第一家股份制保险公司——平安保险公司。1991年,第一家全国性、综合性的股份制保险公司——中国太平洋保险股份有限公司成立。近年来,我国的保险股份有限公司纷纷开始寻求公开上市,以募集更多的资本金,提高保险公司以及整个保险业的偿付能力。中国人民财产保险股份有限公司作为国内第一家海外上市的金融企业,于2003年11月6日在中国香港联合交易所成功挂牌。中国人寿保险股份有限公司也于2003年12月17日、18日分别在美国纽约、中国香港两地同步上市,并创下当年全球最大融资规模纪录。2004年6月24日,中国平安保险(集团)股份有限公司在香港联合交易所首次公开发行股票。此后,中国太平洋保险(集团)股份有限公司和新华人寿保险股份有限公司也都相继在国内A股市场上市。

2. 相互保险公司

相互保险公司是一种由保单持有人所拥有的保险公司,是由所有参加保险的人自己设立的保险法人组织,是保险业特有的一种非营利性的公司组织形式,它在西方国家的保险业中占有特别重要的地位。相互保险公司比较适合人寿保险业。作为现代人寿保险开端的英国公平人寿保险公司于1962年以相互公司的形式成立。美国最大的人寿保险公司,如谨慎保险公司、大都会人寿保险公司等都是相互保险公司。

(1)相互保险公司的特点。① 相互保险公司的投保人具有双重身份,它既是公司的所有者,又是公司的客户;既是投保人或被保险人,又是保险人。在相互保险公司这一组织形式下,投保人只要缴纳保险费,即可成为公司的成员,可以参与公司的经营和盈余分配,成员关系与保险合同关系结合在一起,保险合同关系一旦终止,成员关系也就消失,成员间彼此监督,可以有效避免保险人的不正当经营和被保险人的欺诈行为。② 相互保险公司是一种非营利性组织。相互保险公司没有资本金,公司创立时所需的经营资金由各成员以缴纳保费的形式筹集,用以承担将来的全部保险责任,不足金额可以向外筹借。相互保险公司采用不确定保费制,如果经营有盈余,除支付借入资金的利息及成员所缴资金的利息扣除提留外,剩余部分将分配给成员或作为以后的保费。如果经营出现亏损,则要向成员增收保费或减付保险金、减少公积金来弥补。由于相互保险公司不以营利为目标,因此保费内不包括预期利润,保费负担较轻。

(2)相互保险公司的常见形式。① 纯摊收保费的相互保险公司。其特点是事先不预收保费,而是在发生损失后,将风险损失额分摊给每个保单所有人。由于在损失发生后再来收缴保费,在实践中存在困难,因此,这种公司目前存在的数量较少。② 预付补缴保费的相互保险公司。其特点是每年向投保人预收包括各项赔款费用、经营费用在内的保费。如果公司的赔付和费用开支比预期小,投资收益比预计高,那么投保人就能够以红利的形式分享其经营成果;如果公司的赔付和费用开支比预期大,则保险公司将向投保人征收额外的保费，投保人有责任履行其义务。③ 预付非补缴保费的相互保险公司。这种形式的相互保险公司较为常见。其特点是每年向投保人预收包括各项赔款费用、经营费用在内的保费，如果已收保费不足以弥补亏损，公司将动用公积金来弥补亏损，而不是由投保人来补缴。大多数这种形式的人寿保险公司每年给付投保人红利，而这种形式的财产和责任保险公司一般都不支付红利，代之以收取较低的保费。

（3）保险股份有限公司与相互保险公司的区别。① 从公司的主体看，保险股份有限公司由股东组成，相互保险公司由社员组成。保险股份有限公司的股东不一定是投保人，但相互保险公司的社员一定是投保人。② 从经营目的来看，保险股份有限公司以营利为目的；而相互保险公司是为了向社员提供较低保费的保险产品。③ 从经营资金来看，保险股份有限公司的资金来源为股东所缴纳的股本；相互保险公司的资金来自社员，公司初创时可以向社员以外的人借入，以后再偿还。④ 从保费来看，股份保险有限公司大多采用定额保费制，而相互保险公司则大多采用不定额保费制。股份保险有限公司经营结果，有剩余时计入营业利润，若有不足应由股东设法填补，不得摊还和追补；相互保险公司则不同，剩余部分可摊还，不足时可临时向社员征收。⑤ 从权力机构来看，保险股份有限公司的权力机构为股东大会，董事与监事一般仅限于股东；而相互保险公司的理事并不以社员为限。⑥ 从所有者与经营者的关系来看，保险股份有限公司中所有者对经营者的控制程度相对较高，而相互保险公司中所有者的控制程度较弱。⑦ 从来自被保险人的道德风险可能性高低来看，保险股份有限公司的股东和投保人基本上是分离的，而相互保险公司的投保人就是公司所有人，两者通常是重合的，因此，比较而言，保险股份有限公司比相互保险公司更容易受到来自投保人或被保险人的道德风险的不利影响。⑧ 从公司规模和业务规模扩展难易程度来看，保险股份有限公司可以通过发行股票筹资以及兼并收购等资本运作手段来扩大公司规模和业务规模，在资本市场较为成熟的国家这样做比较容易，而对相互保险公司来说，除非它动用盈余和借款，否则难以快速扩大公司规模和业务规模。

不过随着寿险业的发展，相互保险公司最初的相互性正在逐渐消失，与保险股份有限公司之间的区别已不再明显。一方面，由于激烈的市场竞争和保险股份有限公司开办分红保险，使保险股份有限公司与相互保险公司接近；另一方面，相互保险公司可以不提供分红保险，这使它与保险股份有限公司的区分标志不复存在。此外，由于相互保险公司大量招揽投保人，随着成员数量的增加，公司自治与成员意识逐渐减弱，成员已不能直接参与公司的经营，成员对相互公司的责任变成仅以保费为限度的有限责任。事实上，保险股份有限公司和相互保险公司可以相互转化，不少相互保险公司最初也是以股份公司形式设立的，然后通过退股实现相互公司化。

（4）我国相互保险公司的发展。我国的相互保险公司发展较晚。2003年底，中国银行保险监督管理委员会（以下简称银保监会）开始筹划农业保险，深入探索建立政策性农业保险制度，充分发挥保险的社会管理功能，服务于"三农"。2004年11月，经银保监会批准，我国第一家相互制保险公司——阳光农业相互保险公司获准筹建。

阳光农业相互保险公司是在原黑龙江省农垦总局风险互助体系的基础上筹建的，是由黑龙江垦区农户发起设立的，以投保人作为法人组成成员，以从事相互保险为目的的法人机构，现下设 1 个分公司、9 个中心支公司、104 个保险社、2000 个保险分社。公司在经营中实行会员制，会员根据合同约定向公司缴纳保险费，公司对合同约定可能发生的事故因其发生所造成的损失承担赔偿责任，以合同约定进行保险金给付的形式从事相互保险活动。

阳光农业相互保险公司的成立，不仅填补了我国相互制保险公司的空白，也标志着我国保险企业体制的重要创新。阳光农业保险公司选择相互制主要基于以下考虑：① 相互制保险公司是国际上比较成熟和广泛采用的组织形式，发达国家的农业保险大多采用这种形式。建立相互制农业保险公司，符合国际上利用"绿箱政策"保护农业的通行做法，有利于提高农业保险保障能力，有利于探索和完善农村社会保障体系。② 原有的风险互助形式和其他体制难以适应农垦区日益增长的保险需求，而相互制保险公司是所有参保的人为自己办理保险而成立的法人组织，在组织形式、资金来源、经营模式、经营目标和分配机制等方面与股份制公司有很大区别，具有经营灵活、成本低，适用于道德风险较高的保险业务等优势。③ 符合我国保险业创新的形势要求，充分体现了四个结合：法人组织与社团组织相结合、公司制与会员制相结合、依法管理与会员自治相结合、公共利益与会员利益相结合。④ 原黑龙江省农垦总局风险互助体系已经有 12 年农业风险互助的基础，积累了很多有益的经验。

3. 其他保险公司形式

（1）国有独资保险公司。国有独资保险公司是一种典型的国有保险组织形式，它是由国家授权投资的机构，或国家授权的团体或部门单独出资设立的有限责任公司。在我国保险市场上，国有独资保险公司基本已经完成了股份制改造。1949 年 10 月成立的中国人民保险公司及其在 1996 年经重组后下设中保财产保险、中保人寿保险、中保再保险三个子公司的中国人民保险（集团）公司都是国有独资保险公司。1999 年 1 月，中国人民保险（集团）公司撤销，原下设的三家子公司分别成为独立经营的中国人民保险公司、中国人寿保险公司和中国再保险公司，这三家公司也都是国有独资保险公司。从 2002 年起，这三家国有独资公司开始探索股份制改革。2003 年 7 月，经国务院批准，中国人民保险公司重组改制为中国人保控股公司，旗下设有多家子公司。同年，中国人寿保险公司和中国再保险公司分别改制组建为中国人寿保险集团公司和中国再保险集团公司。中国人寿保险集团公司下设中国人寿保险股份有限公司、中国人寿资产管理有限公司、中国人寿保险（海外）股份有限公司等多家公司和机构。中国再保险集团公司在坚持再保险主业的同时多元化发展，作为主发起人和投资人，相继与多家国内外著名保险和非保险企业共同发起设立了中国财产再保险股份有限公司、中国人寿再保险股份有限公司、中国大地财产保险股份有限公司、中再资产管理股份有限公司等子公司。

（2）中外合资保险公司。中外合资保险公司是我国政府或组织与外商共同投资建立的合营保险组织。1996 年，由中化集团对外贸易信托投资公司与加拿大宏利人寿保险公司合资设立的中宏人寿保险有限公司成立,是国内首家中外合资寿险公司。国家统计局官网数据显示,截止到 2019 年底,我国保险市场上已有 61 家中外合资保险公司。

(3) 外国保险公司的分支机构。外国保险公司通常是指公司国籍隶属于本国以外国家的保险公司。外国保险公司分支机构是指外国保险公司依照本国公司法和保险法的规定,在本国境内设立的经营性保险组织。外国保险公司分支机构的具体形式在法律上并无特别的限制,但不论何种形式设立的外国保险公司分支机构,都具有以下几个特点:① 隶属于外国保险公司;② 依据本国的法律规定设立;③ 在本国境内设立;④ 除属于法律明确规定不允许外国保险公司分支机构从事的保险经营活动之外,外国保险公司分支机构与本国保险公司享有同样的从事保险经营活动的权利;⑤ 不具有独立的法人资格,外国保险公司分支机构在中国境内进行经营活动所产生的民事责任,应当由设立该分支机构的外国保险公司承担。1992 年 9 月,美国国际集团全资附属的子公司美国友邦人寿保险公司在上海设立中国第一家分公司,目前,我国保险市场上已有多家外国保险公司的分支机构。

(4) 外资独资保险公司。2019 年修订的《中华人民共和国外资保险公司管理条例》中规定外国保险集团公司经批准可以在中国境内设立外资保险公司,境外金融机构可以入股外资保险公司。2021 年 3 月,银保监会对外公布《关于修改〈中华人民共和国外资保险公司管理条例实施细则〉的决定》,取消了"外国保险公司与中国的公司、企业合资在中国境内设立经营人身保险业务的合资保险公司,其中外资比例不得超过公司总股本的 51%"的规定,明确外国保险公司或者外国保险集团公司作为外资保险公司股东,其持股比例可达 100%。

自宣布实施取消合资寿险公司外资比例限制的开放举措以来,外资保险加速布局中国市场。2020 年 1 月,安联(中国)保险控股有限公司于上海正式开业,成为中国首家开业的外资独资保险控股公司,也是中国金融业近年来对外开放的标志性成果。2020 年 7 月,友邦保险上海分公司获批改为友邦人寿保险有限公司,成为中国内地首家获得设立批复的外资独资人寿保险公司。2021 年 2 月,安联(中国)保险控股有限公司与中信信托有限责任公司达成产权转让协议,将收购中信信托所持有的中德安联人寿保险有限公司 49% 的股权。交易完成后,中德安联将成为安联(中国)保险控股有限公司的全资子公司,成为继友邦人寿之后第二家外资独资寿险公司。

(二)保险公司的分类

1. 人寿保险公司和财产保险公司

根据保险业务经营范围,保险公司可分为人寿保险公司和财产保险公司。

人寿保险公司通常向消费者提供各种寿险、健康险和意外伤害险产品,如定期寿险、终身寿险、万能寿险、年金保险、疾病保险等。财产保险公司通常可以向消费者提供火灾保险、运输保险、工程保险、农业保险、责任保险和信用保险等保险产品。

我国《保险法》规定,同一保险人不得同时兼营财产保险业务和人身保险业务;但是,经营财产保险业务的保险公司经保险监督管理机构核定,可以经营短期健康保险业务和意外伤害保险业务。

2. 原保险公司和再保险公司

原保险公司又可称为直保公司,是直接为投保人提供保险产品的公司,如中国人寿保险、中国平安保险都是属于原保险公司。再保险公司是经营再保险业务的商业保险机构,是为原保险公司提供保险服务的公司,如中国财产再保险有限责任公司。在再保险交易中,分出业务的公司称为原保险人或分出公司,接受业务的公司称为再保险人或分保接受人或分入公司。再保险业务可以由再保险公司经营,但许多国家也允许由原保险公司兼营。

再保险业务可以由再保险公司经营,但许多国家也允许由直接保险公司兼营。

(三)保险公司的设立及并购

1. 保险公司的设立

世界各国一般都对保险公司的设立实行准入制,符合条件并经管理部门批准的才可经营保险业务。我国《保险法》规定,在我国新设立保险公司、已成立的保险公司在我国境内设立分支机构和在我国境外设立子公司及分支机构,均应当经国务院保险监督管理机构批准。

各国的公司法都具体规定了保险公司发起人的人数、公司债务的限额、发行股票的种类、税收、营业范围、公司的权利、申请程序和公司执照等。

《保险法》第68条规定:"设立保险公司应当具备下列条件:(一)主要股东具有持续盈利能力,信誉良好,最近三年内无重大违法违规记录,净资产不低于人民币二亿元;(二)有符合本法和《中华人民共和国公司法》规定的章程;(三)有符合本法规定的注册资本;(四)有具备任职专业知识和业务工作经验的董事、监事和高级管理人员;(五)有健全的组织机构和管理制度;(六)有符合要求的营业场所和与经营业务有关的其他设施;(七)法律、行政法规和国务院保险监督管理机构规定的其他条件。"

第69条规定:"设立保险公司,其注册资本最低限额为人民币二亿元。国务院保险监督管理机构根据保险公司的业务范围、经营规模,可以调整其注册资本的最低限额,但不得低于本条第一款规定的限额。保险公司的注册资本必须为实缴货币资本。"

第71条规定:"国务院保险监督管理机构应当对设立保险公司的申请进行审查,自受理之日起六个月内作出批准或者不批准筹建的决定,并书面通知申请人。决定不批准的,应当书面说明理由。"

第72条规定:"申请人应当自收到批准筹建通知之日起一年内完成筹建工作;筹建期间不得从事保险经营活动。"

第73条规定:"筹建工作完成后,申请人具备本法第六十八条规定的设立条件的,可以向国务院保险监督管理机构提出开业申请。国务院保险监督管理机构应当自受理开业申请之日起六十日内,作出批准或者不批准开业的决定。决定批准的,颁发经营保险业务许可证;决定不批准的,应当书面通知申请人并说明理由。"

第77条规定:"经批准设立的保险公司及其分支机构,凭经营保险业务许可证向工商行政管理机关办理登记，领取营业执照。"

第78条规定："保险公司自取得经营保险业务许可证之日起六个月内无正当理由未办理公司设立登记的，其经营保险业务许可证自动失效。"

2. 保险公司的并购

保险公司合并是指两个或两个以上的保险公司订立合并协议，依照《公司法》和《保险法》的规定，不经过清算程序，直接合并为一个公司的法律行为，可分为吸收合并和新设合并两种类型。

（1）吸收合并。吸收合并是指一个保险公司吸收其他保险公司，被吸收的保险公司解散，而吸收其他公司的保险公司继续存在，保留自己法人格的合并方式。在吸收合并中，因继续存续的公司接受了被合并保险公司的权利和义务，需要办理相应的变更登记；被合并的保险公司归于消灭，办理注销登记。

（2）新设合并。新设合并是指两个或两个以上的保险公司合并为一个新的保险公司，合并各方解散的合并方式。在新设合并中，各个合并的保险公司的法人格消灭，办理注销登记，而新设立的保险公司则享有和承担被合并的保险公司的所有权利和义务。

依我国相关规定，保险公司的合并程序是：先由合并各方的股东会或股东大会会议作出决定，并经保险监管部门许可，然后合并各方签订合并协议，编制资产负债表和财产清单，通知或公告债权人，并办理相应的登记。之所以要在保险公司的合并中规定债权人保护制度，是因为合并各方财产的混合、公司交易价金的支付等都可能引起合并公司财产的直接或间接减少，并危及公司债权人、被保险人的利益。因此，保险公司合并中的债权人、被保险人利益保护问题是保险公司合并中必须考虑的重要问题。在对债权人的保护方法上，除了相应的债权人告知程序外，法律赋予债权人合并异议权，是对其保护的核心内容。我国《公司法》第173条规定："公司合并……应当自作出合并决议之日起十日内通知债权人，并于三十日内在报纸上公告。债权人自接到通知书之日起三十日内，未接到通知书的自公告之日起四十五日内，可以要求公司清偿债务或者提供相应的担保。"另外，保险公司的合并需要通过保险监管部门的审核批准。在审核的过程中，保险监管部门通常会在综合考虑债权人利益、被保险人利益以及金融稳定、保险业均衡发展等的基础上进行判断，尤其是当合并导致保险公司组织形态发生变化时。如在美国，纽约州只允许相互保险公司并入相互保险公司以及股份保险公司并入股份保险公司，其他州通常也只允许经营类似业务的保险公司合并。保险公司合并须得到合并双方经营地所在州的监管部门同意，相互保险公司间的合并除了需要得到监管者的同意外，还需要得到合并各方拥有2/3以上表决权的保单持有人投票通过。

（四）保险公司的组织结构

组织结构是全体组织成员为实现组织目标进行分工协作时，在职务范围、责任、权力等方面所形成的结构体系。其本质是职工的分工协作，其设立的目标是有效地实现组织目标。

保险公司组织结构是指建立以经理为首的业务经营管理系统，根据保险公司自身特点设置不同部门，并规定公司各部门的职责和权限。关于保险公司部门的设置并无统一规定。一般来说，包括市场营销部、精算部、核保部、客户服务部、理赔部、投资部、财务部、法律部、信息系统管理部等部门。

市场营销部的主要职责是进行市场调查，协同公司其他部门一起开发新产品和改革现有产品以适应市场需求，准备营销策划活动，建立和维持公司产品的销售体系。

精算部门的主要职责是负责确保公司在精算的数理基础上运作，包括产品的定价、准备金的计提、动态偿付能力的监控等。如寿险公司的精算部要在研究预测死亡率和发病率的基础上厘定费率、确定各种准备金，从而最终确定公司的盈利水平。

核保部门的主要职责是按照公司相关核保政策和由精算师设计规划的保险条款，对核保申请进行选择和分类，并建立完整且准确的投保档案资料；此外，核保部门常常需采用诸如电话交谈、传真联系、面晤乃至上门服务等方式，为营销部门或营销人员及新客户提供准确、迅速、满意的服务。核保部门通常还参与公司的再保险计划的制订和管理。

客户服务部的主要职责是为公司客户，包括保险代理人、经纪人、保单所有人和受益人等提供服务。其具体工作多种多样，比如解释保险条款、按投保人的要求变更保单的内容、回答客户的咨询等等。有些公司的客户服务部还负责处理公司代理人的代理手续费的支付、寄送缴纳保险通知、收取保费、进行理赔等。

理赔部门的主要职责是负责审查保单所有人或受益人提出的索赔申请，确定索赔的真实性和有效性，并将保险赔款或保险金交给被保险人或受益人。如果公司对客户的索赔有异议而引起诉讼，理赔人员要在法庭上代表公司出示证据。

投资部门的主要职责是负责调查研究金融市场的行情，向公司投资委员会提供信息，并对公司的投资项目进行管理。投资部门的授权职员可以买卖股票、债券等金融资产，可以进行不动产和其他资产的交易。当公司计划兼并或收购业务时，他们可担任总经理或董事会的顾问。

财务部门主要负责保持公司的全部财务记录，编制财务报表，控制公司的收支差额，监督公司预算的执行，核定公司的工资金额并协同法律部门确保公司的一切财务活动符合法律和税法的规定。

法律部门的主要职责是确保公司的经营活动符合法律和保险监管部门的要求，研究现有的和即将颁布的法律以确定它们对公司运作的影响；当理赔出现争议时，向理赔人员提供建议，与财务部门一道确定公司的纳税责任；在有关公司的诉讼中代表公司处理投资协议、保单转让和所有权的确认、协助设计保单格式等。

人事部门主要负责处理与公司员工有关的事务，包括制定员工的聘用、调动、培训、解聘等方面的制度，决定员工的福利水平，确保公司遵守劳动法相关规定，管理员工的福利计划等。

信息系统管理部门主要负责开发和维护公司的计算机系统，运用电脑档案保存公司记录，帮助提供、准备财务报表所需数据，对公司所使用的各类程序和系统进行分析。

三、保险中介

（一）保险中介概述

1. 保险中介的定义

保险中介是指介于保险经营机构之间或保险经营机构与投保人之间，专门从事保险业务咨询与招揽、风险管理与安排、价值衡量与评估、损失鉴定与理算等中介服务活动，并从中依法获取佣金或手续费的单位或个人。

保险中介的类型多样，主要包括保险代理人、保险经纪人和保险公估人等。此外，其他一些专业领域的单位或个人也可以从事某些特定的保险中介服务，如保险精算师事务所、保险咨询公司、保险索赔公司、事故调查机构和律师事务所等。

据《保险中介行政许可及备案实施办法》，银保监会及其派出机构依法对保险中介业务和高级管理人员实施行政许可和备案。

2. 保险中介的作用

保险中介是保险市场精细分工的结果。保险中介的出现推动了保险业的发展，使保险供需双方更加合理、迅速地结合，减少了供需双方的辗转劳动，既满足了被保险人的需求，方便了投保人投保，又降低了保险企业的经营成本。保险中介的出现，解决了投保人或被保险人保险专业知识缺乏的问题，最大限度地帮助客户获得最适合自身需要的保险商品。此外，保险中介的出现和发展也使保险经营者从繁重的展业、检验等工作中解脱出来，集中精力致力于市场调研、险种开发、偿付能力管理、保险资金运用以及管理制度建设等方面。

（二）保险中介的类型

1. 保险代理人

保险代理人是指根据保险公司的委托，向保险公司收取佣金，在保险公司授权的范围内代为办理保险业务的机构或者个人，包括保险专业代理机构、保险兼业代理机构及个人保险代理人。保险人委托保险代理人代为办理保险业务，应当与保险代理人签订委托代理协议，依法约定双方的权利和义务。保险代理人根据保险人的授权代为办理保险业务的行为，由保险人承担责任。保险代理人没有代理权、超越代理权或者代理权终止后以保险人名义订立合同，使投保人有理由相信其有代理权的，该代理行为有效。保险人可以依法追究越权的保险代理人的责任。个人保险代理人在代为办理人寿保险业务时，不得同时接受两个以上保险人的委托。

（1）保险专业代理机构。保险专业代理机构是指依法设立的专门从事保险代理业务的保险代理公司及其分支机构。依据2021年1月1日起施行的《保险代理人监管规定》，保险专业代理机构应当采取有限责任公司和股份有限公司两种组织形式。经营区域不限于注册登记地所在省、自治区、直辖市、计划单列市的保险专业代理公司的注册资本最低限额为5000万元。经营区域为注册登记地所在省、自治区、直辖市、计划单列市的保险专业代理公司的注册资本最低限额为2000万元。保险专业代理公司的注册资本必须为实缴货币资本。保险专业代理机构可以经营下列全部或者部分业务：代理销售保险产品；代理收取保险费；代理相关保险业务的损失勘查和理赔；国务院保险监督管理机构规定的其他相关业务。

（2）保险兼业代理机构。保险兼业代理机构是指利用自身主业与保险的相关便利性，依法兼营保险代理业务的企业，包括保险兼业代理法人机构及其分支机构。《保险代理人监管规定》明确规定，保险兼业代理机构可以经营代理销售保险产品、代理收取保险费及国务院保险监督管理机构批准的其他业务。保险公司兼营保险代理业务的，除同一保险集团内各保险子公司之间开展保险代理业务外，一家财产保险公司在一个会计年度内只能代理一家人身保险公司业务，一家人身保险公司在一个会计年度内只能代理一家财产保险公司业务。

（3）个人保险代理人。个人保险代理人是指与保险公司签订委托代理合同，从事保险代理业务的人员。根据银保监会相关数据显示，截止到2020年底，全国保险公司共有个人保险代理人900万人左右。2020年前三季度，全国个人保险代理人渠道实现保费收入1.8万亿元，占保费总收入的48.1%。个人保险代理人在普及保险知识、推动保险业快速发展、促进社会就业等方面做出巨大贡献。但个人保险代理人队伍长期存在大进大出、素质参差不齐、保险专业服务能力不足、社会形象偏差等问题，这对于保险业来说无疑是隐患。2020年12月，银保监会发布《关于发展独立个人保险代理人有关事项的通知》，是《保险代理人监管规定》的配套性文件，标志着独立个人保险代理人制度正式登场，有利于促进保险行业的有效就业和长期声誉，提升行业对于销售人员的专业认知。

《保险代理人监管规定》的出台标志着以《保险代理人监管规定》《保险经纪人监管规定》《保险公估人监管规定》三部规章共同构建的保险中介制度框架基本建立完成，形成《保险法》为统领、三部规章为主干、多个规范性文件为支撑的科学监管制度体系。具体规范体现在以下三个方面：① 根据《保险法》对保险代理人的定义，把保险专业代理机构、保险兼业代理机构和个人保险代理人纳入同一部门规章中规范调整，理顺了法律关系。② 对各类保险代理人在经营规则、市场退出和法律责任等方面建立了相对统一的基本监管标准和规则，进一步维护了市场公平。③ 理顺了"先照后证"的流程，作出一系列制度安排，完善准入退出管理，加强事中事后监管，强化保险机构主体责任，优化分支机构管理，强化机构自我管控，进一步整肃市场秩序。

2. 保险经纪人

保险经纪人是基于投保人的利益，为投保人与保险人订立保险合同提供中介服务，并依法收取佣金的机构，包括保险经纪公司及其分支机构。

2018年5月1日起实施的《保险经纪人监管规定》中明确：保险经纪公司在中华人民共和国境内经营保险经纪业务，应当符合银保监会规定的条件，取得经营保险经纪业务许可证；保险专业代理公司应当自取得许可证之日起20日内投保职业责任保险或者缴存保证金；保险经纪人因过错给投保人、被保险人造成损失的，依法承担赔偿责任；保险经纪人可以采取有限责任公司和股份有限公司两种组织形式；保险经纪公司的注册资本必须为实缴货币资本，经营区域不限于工商注册登记地所在省、自治区、直辖市、计划单列市的保险经纪公司的注册资本最低限额为5000万元；经营区域为工商注册登记地所在省、自治区、直辖市、计划单列市的保险经纪公司的注册资本最低限额为 1000 万元。具体来说，保险经纪人可以经营下列保险经纪业务：为投保人拟订投保方案、选择保险公司以及办理投保手续；协助被保险人或者受益人进行索赔；再保险经纪业务；为委托人提供防灾、防损或者风险评估、风险管理咨询服务；银保监会规定的与保险经纪有关的其他业务。

在保险经纪人中，为投保人或者被保险人拟订投保方案、办理投保手续、协助索赔的人员，或者为委托人提供防灾防损、风险评估、风险管理咨询服务以及从事再保险经纪等业务的人员，称为保险经纪从业人员。

与保险代理人相比，保险经纪人具有如下三个特点：① 保险经纪人是投保人或被保险人利益的代表。保险经纪人受投保人的委托，为投保人提供防灾、防损或风险评估、风险管理咨询服务，安排保险方案，办理投保手续，并在出险后为投保人或受益人代办检验、索赔等事务。保险代理人则是保险人的代表。② 专业化要求高。对于被保险人，由于保险合同是一种附和合同，其条款与费率都是保险公司单方面预先制定的，被保险人只需附和，合同即可成立。这要求从事保险经纪业务的人必须是保险方面的专家，经过一定的专业训练，凭借其专业知识，精通保险条款、熟悉理赔手续，以及了解保险公司的信誉、实力和专业化程度，根据客户的具体情况，与保险公司进行诸如条款、费率方面的谈判和磋商，以使客户支付最少的保费获取最大的保障。③ 承担的风险较大。作为独立的专业机构和投保人的代理人，法律规定，因保险经纪人在办理保险业务中的过错给投保人、被保险人造成损失的，由保险经纪人承担赔偿责任。世界各国一般都强制保险经纪人为其可能产生的这种职业伤害责任缴存保证金或（和）购买职业责任保险，以使保险经纪人承担其业务失误产生的民事赔偿责任。

3. 保险公估人

保险公估是指评估机构及其评估专业人员接受委托，对保险标的或者保险事故进行评估、勘验、鉴定、估损理算以及相关的风险评估。保险公估人是专门从事上述业务的评估机构，包括保险公估机构及其分支机构；保险公估机构包括保险公估公司和保险公估合伙企业。

保险公估从业人员是指在保险公估人中，为委托人办理保险标的承保前和承保后的检验、估价及风险评估，保险标的出险后的查勘、检验、估损理算及出险保险标的残值处理，风险管理咨询等业务的人员，包括公估师和其他具有公估专业知识及实践经验的评估从业人员。

保险活动当事人可以委托保险公估机构等依法设立的独立评估机构或者具有相关专业知识的人员，对保险事故进行评估和鉴定。接受委托对保险事故进行评估和鉴定的机构和人员，应当依法、独立、客观、公正地进行评估和鉴定，任何单位和个人不得干涉。如因故意或者过失给保险人或者被保险人造成损失的，依法承担赔偿责任。

2018 年 5 月 1 日起实施的《保险公估人监管规定》明确：保险公估人从事保险公估业务，应当与委托人签订委托合同，依法约定双方的权利义务及对公估信息保密、合理使用等其他事项；保险公估人应当依法采用合伙或者公司形式，聘用保险公估从业人员开展保险公估业务；保险公估机构采用公司形式的，全国性机构向银保监会进行业务备案，区域性机构向工商注册登记地银保监会派出机构进行业务备案，合伙形式的保险公估机构向银保监会进行业务备案。此外，合伙形式的保险公估人，应当有 2 名以上公估师，其合伙人 2/3 以上应当是具有 3 年以上从业经历且最近 3 年内未受停止从业处罚的公估师，如果合伙人或者股东为 2 名的，2 名合伙人或者股东都应当是具有 3 年以上从业经历且最近 3 年内未受停止从业处罚的公估师；而公司形式的保险公估人，应当有 8 名以上公估师和 2 名以上股东，其中 2/3 以上股东应当是具有 3 年以上从业经历且最近 3 年内未受停止从业处罚的公估师；保险公估从业人员违反规定，给委托人或者其他相关当事人造成损失的，由其所在的保险公估人依法承担赔偿责任，保险公估人履行赔偿责任后，可以向有故意或者重大过失行为的保险公估从业人员追偿。具体来说，保险公估人可以经营下列全部或者部分业务：保险标的的承保前和承保后的检验、估价及风险评估；保险标的出险后的查勘、检验、估损理算及出险保险标的的残值处理；风险管理咨询；银保监会规定的其他业务。保险公估人应当在备案公告之日起 20 日内，根据业务需要建立职业风险基金，或者办理职业责任保险，完善风险防范流程。

第二节　保险产品

一、保险产品概述

（一）保险产品的定义

1. 产品定义

产品是以使用为目的的有形产品和无形服务的综合体，是作为商品提供给市场，被人们使用和消费，以满足人们某种需求的物品。在现代汉语词典中，产品被解释为"生产出来的物品"。广义上的产品是可以满足人们需求的载体，狭义上的产品是被生产出来的物品。

产品通常分为硬件、软件和服务，其中硬件通常是有形产品，是具有特定形状的物品，如电器、日常用品、食品等；软件通常是无形产品，由信息组成，可以凭借方法、记录或程序的形式存在，如计算机程序、信息记录等；服务通常是无形产品，目的是为了满足客户需求，如医疗、金融贸易、教育等。

2. 保险产品定义

通常来说，保险产品是一种无形产品，作为保险的载体，是保险公司为市场提供的有形文件和无形服务的综合体。

（1）保险人角度。站在保险人角度，保险产品是由保险人提供给保险市场的，保险人向投保人收取购买保险产品的保险费用，满足人们减少风险和转移风险的需求，在发生产品中约定的风险时需要给付一定的经济补偿的承诺性产品，包括保险合同和保险人需要提供的相关服务的全过程。

（2）投保人角度。站在投保人角度，保险产品是一个减少风险和风险转移的过程，可以满足被保险人的保障与补偿的需要，即投保人向保险人支付保险费购买保险产品，在保障期间被保险人在发生约定的风险时能够得到一定的补偿或给付，能使被保险人以最小的代价获得最大的经济保障。

（二）保险产品的特征

保险产品作为特殊的金融产品，有如下特征：

1. 保障性

一般产品大多是可以满足消费者某种需求的有形的物品，而保险产品实际上是一种经济保障制度的载体。保险人通过收取保险费的方法，将资金汇集至资金池，用于补偿被保险人因自然灾害和意外事故造成的经济损失，或对个人的死亡、生存、伤残等给付保险金，本质上是满足被保险人的转移风险的需求；同时，保险产品大多会附加减少风险的举措，具有一定的保障性。

2. 迭代性

保险产品具有迭代性。迭代是重复反馈更新的过程，每一次对过程的重复称为一次迭代。如今保险市场竞争激烈，保险公司需要根据市场需求、政策变化等因素对产品进行不断的迭代更新，努力在保险市场中创造自身的竞争力，但该项举措也造成市场中的保险产品纷繁复杂。

3. 差异化

保险公司在设计保险产品时会进行差异化考量，细分市场，研究消费者的心理和行为，考虑在该细分市场中设计的产品的实用性和实效性。面对不同的受众群体时，保险公司需要提供不同的设计思路；面对不同的保障事项时，保险公司需要采用相对应的保险条款。例如，面对老年被保险人，保险公司提供自建的老年疗养中心；面对非标准体，保险公司需要与医院谈判以降低医院收费，而不是扩大投保人规模以冲散风险。由此可见，保险产品的设计是存在差异的。

4. 期限灵活

保险产品的保障期限灵活，有长期产品和短期产品，长期产品的期限一般分为终身、30年、20年等，如人寿保险的保险期限一般在5年以上；短期产品的期限一般为一年及以下，如意外伤害保险。

5. 无形产品

保险产品为无形产品，实质上是投保人和保险人对于一些风险的权利义务关系的约定。保险人通过运营资金为被保险人提供保障，帮助被保险人转移风险，并实现部分营利。保险合同一般有实物形式或电子文书形式，但只作为保险产品的书面载体，将双方达成的协议落于纸面作为证明。

6. 开发有框架

保险产品因为需要预先收取保险费以进行后续产品维护和服务，国家金融监督管理总局对保险产品的设计和进入市场有严格的要求，产品并不能完全开放性创新，需要在一定的要求下开发新产品，在规范中体现自身的竞争力，可以看出保险产品的创新有一定的政策框架约束。

（三）保险产品的分类

1. 人身保险产品和财产保险产品

按照保险产品的标的进行分类，保险产品可以分为人身保险产品和财产保险产品，这是最普遍的保险分类。

人身保险产品是以人的寿命和身体为保险标的的保险产品。投保人和保险人通过订立保险合同确立双方的权利义务关系，投保人向保险人支付保险费，在保险保障期间，当被保险人发生死亡、残疾、疾病等保险事故，或生存到保险合同约定的年龄或期限时，由保险人向被保险人或受益人给付保险金。人身保险产品具体可分为人寿保险产品、意外伤害保险产品和健康保险产品。

财产保险产品是以财产及其有关利益为保险标的的保险产品。其中涉及的标的包括有形财产（如房产、汽车等）和无形财产（如预期利益、权益、责任、信用等），当保险保障中的财产遭受损失时，保险人根据产品保单条款规定的损失金额提供经济补偿。

2. 主险产品和附加险产品

按照保险产品的形式进行分类，保险产品可以分为主险产品和附加险产品。

主险产品又称基本险，指不需要附加在其他险别之下的，可以单独购买、承保的保险产品。

附加险产品指不能单独购买、承保的保险产品，只能依附在保险产品主险项下，与主险挂钩，价格一般低于主险，保险期限一般不会超过主险。

主险通常搭配附加险进行购买，能够为被保险人提供更为全面的保障。

3. 强制性保险产品和自愿保险产品

按照保险产品的实施方式进行分类，保险产品可以分为强制性保险产品和自愿保险产品。

强制性保险产品又称法定保险产品，是国家通过立法强制实施，其保障内容和实施都是通过法律进行的，凡是属于法律规定范围内的成员都必须参加的保险产品，如机动车交强险。

自愿保险产品是保险人和投保人在自愿的原则上签订保险合同，建立保险关系的一类保险产品，如企业财产保险、车辆损失保险等。绝大多数保险产品是自愿保险产品。

4. 团体保险产品和个人保险产品

按照保险产品的被保险人数量进行分类，保险产品可以分为团体保险产品和个人保险产品。

团体保险产品是保险人通过一张保单为众多被保险人提供保障的保险产品，通常以集体名义投保并由保险人签发一份总的保险合同，保险人按合同规定向该团体中的成员提供保障。常见的团体保险产品有团体人寿保险、团体年金保险、团体意外保险和团体健康保险。

个人保险产品是以个人名义购买的保险产品，保障对象是单个被保险人，一张保单只为唯一的被保险人提供保障，如家庭财产保险。

二、保险产品开发

（一）保险产品开发的含义

保险产品开发是从产生创意到销售产品的整个过程。具体过程包括设计和实现两个部分，设计包括构思、市场细分、定位、评估等；实现则是对可实行构思的实现，包括建立精算模型、定价、保单条款拟定、保险形式确定，向相关部门提出申请备案，提供销售、售后、管理、服务等过程。

产品开发是一个连续的过程，前期开发和后期的检查分析不可分割，开发过程的内容影响着后期的检查监测角度，阶段性总结可以对产品的开发迭代提出切实建议，可见产品开发是一个闭环式过程。

在整个产品开发的过程中需要充分了解公司内外的众多制约因素，如社会现行的经济环境、经济发展水平、行业监管的标准是否发生变化、该保险公司发展的战略和目标、是否贴合目标市场受众的需求、该产品的发展前景及目标规模等等。

（二）保险产品开发的步骤

1. 细分保险市场，选择目标市场

保险市场细分指根据不同购买者的需求、财力大小、保险心理和动机、购买习惯，将整个保险市场划分为许多子市场，这样细分出来的不同子市场之间存在着明显的差异，但基本上可以保证每个子市场内部的需求同质化。下一步就是对划分出来的市场进行分析、对比，保险公司根据自己的运营状况、经营理念、发展计划等，从中选择最合适的细分市场作为本企业的目标市场。

（1）市场细分的作用。市场细分对保险企业的产品设计和企业发展有重要的导向作用，主要表现在以下几个方面：① 有利于保险企业找到适应自身发展的市场机会。一个还未被涉足的市场或者一个刚刚起步的市场，往往比一些在竞争中的热门市场领域有更多发展机会与效益。② 有利于中小型保险公司的发展。新成立的企业开发新的市场，在市场被大企业大量占有的情况下寻找机会，实现创新性发展。③ 有利于企业调整现有的产品方案，调整自己企业的险种结构。应结合对市场的分析结果，对已有产品进行迭代改造、贴合新需求、创造新产品，提高企业的核心竞争力。另外，可以根据结果整合自己的资源，投入最需要的市场中去。

（2）市场细分的标准。进行保险市场细分具有一定的标准，主要的分类标准有：① 地理因素，根据不同的地理区域进行市场划分，探究不同地域、不同经济水平的城市的消费者的不同需求。② 人口因素，按照个人的年龄、性别、收入水平、对保险的认识和动机、消费能力、消费心理和动机、职业、家庭构成、文化程度等来细分市场。

2. 市场定位

选择了目标市场后,保险公司需要对自己的产品进行市场定位。

市场定位指在选定的目标市场上为企业和产品创造一定的特色,形成企业形象,充分适应顾客的需要和偏好,目的是建立竞争优势,从而吸引市场中更多的客户。一般的步骤为:① 确认潜在的竞争优势。即指明该保险公司的产品和市场上类似产品相比所具有的长处,竞争优势可能是费率,也可能是产品本身或者产品附带的服务等可以满足目标市场需求的载体。② 正确选择竞争优势。如果保险公司的产品有多重优势并存,应当选择最适宜的竞争优势加以开发,并向目标市场有效、准确地传播本产品的定位观念,配合进行切合实际的宣传,逐渐达到形成该保险公司的市场定位和独特竞争优势的目的。

3. 针对性产品设计

(1) 针对性产品设计定义:在了解子市场设计需求后,保险公司产品开发部门需要确定该需求是否具有可实现性,衡量应当如何满足产品需求的过程称为针对性产品设计。

(2) 针对性产品设计的原则:① 满足需求原则。保险公司在整个产品设计过程中要将考量目标人群的真正需求的原则贯彻始终,只有设计出真正贴合需求的产品,才能在该目标市场中更好地宣传扩展,占领一席之地。② 科学计算原则。保险产品设计过程中的定价环节需要满足科学计算原则,确保收支平衡,费率的厘定需要足以覆盖保险赔付支出、保险公司经营活动的开支和合理的应收利润,并在各种外界因素变动的过程中及时调整,这就需要在产品设计定价过程中考虑到定价的充足性、公平性、合理性、可行性、稳定性及弹性等。③ 关注实际原则。产品设计过程中需考虑两方面的实际情况,第一是考虑保险公司实际情况,包括承保能力和服务范围,如产品中的免责条款、保险责任、增值服务等在设计过程中需充分考虑自身的实际能力是否能够满足;第二是要考量目前相关的市场动态,观察分析市场上同类产品的产品形态,总结优缺点,同时创造产品特色,如果可以明确地宣传产品特色并让受众真切地感受到本产品较之其他产品的优势,那这个产品设计就是一个成功的设计。④ 合法合规原则。产品设计要在相关监督文件的所有条款允许的范围内进行,同时在设计过程中及后续的宣传运营、产品两核等一系列过程中都需遵守《保险法》的相关规定,一切行为都必须以法律为准绳。

4. 产品试点

产品设计完成后,保险公司通常会进行小规模试点,确定是否有竞争优势,宣传是否到位,目标市场的受众是否可以理解产品内容,产品提供的保障是否能够满足消费者转移风险的需求等问题。

5. 产品评估与完善

保险公司的设计部门、运营部门根据产品试点过程中反馈的问题与建议,评估这些问题是否为产品上线后的常规问题或新问题,并在产品形态、宣传规划中进行完善以更贴合消费者的需求和心理。

6. 产品正式上线

完善好的产品经过监管审批，备案后就可以在保险市场里上线，进行大规模推广。另外，产品上线后，保险公司要随时关注市场动态与用户反馈，有效落实增值服务，针对客户对产品的反馈继续完善后续工作。

7. 产品追踪与迭代

保险公司需要汇总所有反馈和在产品正式运营过程中的优缺点，追踪客户对产品的满意度，广纳建议，综合考量后作为产品迭代的依据，在不断的迭代和完善过程中，产品一定会越来越贴近消费者需求，给消费者带来更全面的保障。另外，要注意新老产品的衔接，短期保险在更换同类迭代产品时可以免除等待期；长期保险可以设置中途替换的服务，在保障初期客户权益的同时提高企业信誉度。

三、保险产品定价

（一）保险产品定价的含义

保险产品定价实际上是确定单位保险金额所应收取的保费。

（二）保险产品定价的原则和影响因素

1. 原则

保险产品的定价是基于历史经验数据对未来期望赔款和费用的前瞻性预测，需要确保费率厘定结果的合理性，在定价时需要遵循如下四个原则：

（1）收支平衡原则。收支平衡原则有两方面含义：从保险人角度来看，所收取的保费应能够补偿其成本、预期赔付及费用支出，确保公司运营的财务安全；从投保人角度来看，所负担的保费应与其所获得的保障及权益相平衡。

（2）稳定灵活原则。稳定灵活原则包含两方面的含义：第一，稳定指同一产品的定价应在一定时期内保持稳定，以保证保险公司的信誉，并且可以使投保人推算自己可能的支出，提前完善自身支出规划；第二，灵活指产品定价要随着风险环境、保险责任和市场需求等因素的变化而及时调整，以保证收支平衡。

（3）充分性原则。费率的厘定应该是充足的，不为营利而过高，也不为销售而过低，所收取的保费应足以支付可能发生的保险金的赔付及合理的运营费用、缴税和预期利润，目的是保证保险人在风险发生时有足够的偿付能力。目前，保险市场竞争激烈，保险公司为了提高自身的竞争力，常采用降低费率的办法，但盲目竞争将会导致偿付能力降低，不利于企业稳定发展。

（4）促进防损原则。保险产品定价应有利于促进投保人加强防灾防损，对防灾工作做得好、前一保险期间无损或损失少的投保人，使用优惠费率进行定价以示鼓励；而对于防灾工作做得不达标的投保人，使用高费率进行定价，引导投保人加强防灾防损工作，从而减少保险人的支出，减少整个市场的损失。

2. 影响因素

在保险产品定价的过程中，不仅要遵循以上四个原则，同时还需要考虑各种因素：

（1）危险单位。危险单位指发生一次风险事故可能造成标的物损失的范围，是保险公司度量风险和产品定价的基础，需要考虑该危险单位是否能够反映风险的大小，必须慎重选择。

危险单位一般分为地段危险单位和标的危险单位，地段危险单位指多个保险标的在地理位置上相邻，不可分割，当有风险事故发生时，各保险标的受损失的机会相等；标的危险单位指一个保险标的作为一个单独的风险单位，与其他标的并无联系，风险较集中，例如，卫星、飞机、轮船等，一旦发生风险事故，基本可归类为巨灾。

（2）风险发生概率。按照历史经验，运用日历年度法、事故年度法、保单年度法和报案年度法等进行汇总整理保费、危险单位、赔款、各类费用支出等数据，运用各费用的变动趋势进行风险分析，推算承保风险的发生概率，风险发生概率是影响产品定价的主要因素。

（3）损失程度。各保险责任内的风险事故的发生会导致不同的损失，各保险公司有自己风险程度划分的标准，在产品定价过程中，该产品承保风险的损失程度也是需要考虑的重要因素。

（4）运营成本。保险公司的运营成本一般指与保险产品相关的，除赔付支出以外的各类费用，如员工工资、员工福利费用、水电费用等日常支出，也需要考虑在产品定价中。

（5）目标利润。在产品定价过程中要计算保险公司预期的营业利润，同时要考量监管的相关要求，另外，在总体收益目标中，通常会添加除了支付未来的期望赔款和费用外，保险公司实际上偏离其期望值的实际赔款，以补偿这部分随机风险。

（6）公司战略的变化。风险的发生与保险公司经营行为的变化具有相关性，在产品定价过程中，需要考虑该保险公司在承保、理赔、准备金评估和市场竞争、营销等方面的一系列变化因素。当这些因素发生变化时，以经验为基础计算的风险发生概率也会受到影响。

（7）同业竞争。产品定价前需收集保险市场上同类保险的定价及保险责任，在准备金充足的基础上确定产品的定价，争取在产品内容或价格中创造亮点，形成竞争优势。

（8）巨灾。巨灾风险对于保险产品而言最具挑战及难以预料的风险，一次巨灾风险理赔就会对保险公司的正常经营产生较大影响，故在定价中，必须考虑巨灾风险对经验数据的影响。

（9）保单条款。一般保单条款中都会涉及残值、代位追偿、共保、赔偿限额、免赔额、保险期限、免责条款等等，在任一种保险产品定价过程中，都需针对性考量该保单中的各项条款所带来的影响，综合分析后进行定价。

（10）业务结构。保险公司会根据自身经营状况及市场变化等因素，在免赔额、赔偿限额及风险类型等的分布方面进行相应调整，这些公司自身业务结构的调整有可能会对产品的赔付产生影响，故需要在定价中加以体现。

（11）其他影响因素。各保险产品相关的法律法规的变化、宏观经济市场的变化、新技术的产生、一些疾病的攻克、相关药品类目的调整都会对保险产品的赔付产生影响，定价过程需综合考量，产品更新时要及时调整以跟随市场变化。

（三）保险产品定价的基本方法

常规产品都是先生产后销售，指先支出成本，根据成本和预期利润制定价格；而保险产品则可以看作先销售、后生产，保险产品的定价建立在对未来的各种假设基础上，如死亡率、利率、费用率、退保率、出险率、财产损失率等等。

1. 寿险产品定价的基本方法

寿险产品定价是一个连续反复的过程，保险公司精算部门确定定价计划后统筹所有可能的影响因素，建立精算假设，最终决定产品的价格，原则是确定保单售出时未来可能收取的所有保费收入现值之和等于未来可能发生的赔付、费用支出和预期利润的现值总和。在产品上线后，保险公司需要对该定价进行监测管理，比较产品定价时的预期结果和实际结果，系统分析产生明显偏差的原因，作出相应调整和记录。

2. 非寿险产品定价的基本方法

（1）纯保费法。纯保费是赔款和理赔费用之和，纯保费法通过在纯保费上附加各种必要的费用和利润得到保费，由此可见，使用纯保费法作出的定价不仅可以满足预期的赔款和费用支出，而且可以满足企业预期利润。基本计算方法如下：

保费＝赔款＋理赔费用＋承保费用＋承保利润附加

其中承保费用具体包括佣金和经纪人手续费、税金、展业费用、一般管理费用。

（2）赔付率法。赔付率法首先根据赔付率计算费率的调整幅度，一般称为费率调整因子，然后对当前的费率进行调整得到新的费率，该方法在实际中应用更为广泛，使用该方法得到的新定价费率等于费率调整因子与当前费率的乘积。

（3）纯保费法和赔付率法的比较。上述两种非寿险定价方法在实际应用和计算步骤上是不同的，但从理论上来看是等价的，赔付率法只是纯保费法的另一种表现形式，只是二者所需的数据不同。在实际应用中，由于可知的数据不同，故选取的定价方法也不相同。

纯保费法是根据每个危险单位的纯保费计算，如果风险单位不易界定或风险单位在各个不同的个体中并不一致，就不宜使用纯保费法，如商业火灾保险；应用赔付率法需要已知当前的费率水平，故新业务的开展不适宜选择赔付率法，应考虑在预期赔款、费用支出和预期利润的基础上，应用纯保费法进行产品定价。

第三节 保险服务

一、保险服务概述

追求高质量的保险服务是保险公司一直以来的价值追求与基本目标，这部分内容主要包括保险服务的含义、特征、范围等基本概念。

(一)保险服务的含义

保险服务的目的在于增加保险公司在保险市场上的竞争力,竞争力的提升则体现在交易数量的增加方面。一方面,保险公司通过给客户提供优质服务,促进与客户达成首次交易,如在客户购买保险产品前,保险公司为其提供免费的风险评估服务;另一方面,在完成首次交易后,客户根据个人需求,愿意在保险期限到期时续保该产品。由于保险产品具有较强的专业性,非专业人士难免会对保险主体、保险客体、保险责任、保险标的等相关专业术语感到困惑,这就需要保险公司进行专业解释。保险服务的内容体现在保险产品功能属性的延伸上,保险公司应为客户提供专业的咨询服务,帮助客户制定满足个人需求的解决方案,以推进保险营销过程的稳步运行。交易过程中,客户体验是保险服务质量好坏的重要反映。在接触客户阶段,保险服务提供方的言谈举止、沟通技巧等均为客户体验的重要影响因素。

因此,保险服务可以定义为:为保证营销过程稳步推进,促进客户续保,保险公司围绕保险产品的功能属性对客户进行专业知识指导、提供满足客户个性化需求的解决方案、提升客户体验的过程。

(二)保险服务的特征

1. 无形性

随着服务业的发展,在市场中进行交换的不再仅仅是有形商品,无形劳务也开始进入市场,保险服务便是其中的一种。如售前的保险宣传、品牌营销,售中的核保服务、客户签约,售后的赔付服务、维护管理以及一些在保险产品中体现出的增值服务等。以上的这些保险服务虽然是看不见、摸不着的行为活动,但服务所带来的利益却可使服务双方受益:消费者针对特定风险获得了相应的保障,保险公司的品牌认知度相应有所增加。

2. 完整性

一个完整的保险服务运作流程涉及方方面面,包括保险展业服务、保险核保服务、保险保全服务、保险理赔服务等。其中,展业服务包括保险知识宣传、制订展业计划、促成保单签订、服务售后完善等;核保服务包括投保、审核、评估等;保全服务包括合同主体变更、复效等;理赔服务包括通知、审核、调查、赔付、损余处理、代位追偿等。保险公司只有将各个层面的服务做到位,客户才能真切地体验到优质服务所带来的价值。

3. 差异性

保险服务的差异性体现在两个方面:一是不同个体的保险需求不同,保险公司提供的服务也会具有差异性,如不同年龄阶段客户的风险意识不同,选择的保险产品自然不同,相应地,保险服务也会具有差异性。二是同一个体在不同的保险服务阶段接受的服务具有差异性,如保险公司在售前、售中、售后提供给客户的服务是不同的。

二、保险服务范围

(一) 保险展业服务

1. 保险展业的含义

(1) 保险展业的概念

保险展业是保险公司通过保险宣传向潜在客户介绍保险产品、宣讲保险理念进而签订保单的过程。保险公司通过向大众宣传保险知识，使大众增强风险意识，进而产生保险需求。保险公司通过推销和引导，与目标人群签订保单，将客户的保险需求转化为购买保险的实际行为。

(2) 保险展业的途径

① 直接展业，是保险公司通过内部业务人员和营业机构直接招揽业务。主要包括保险公司主动向个人、家庭、单位等其他组织推销保险产品，或是建立公司所属营业部，直接受理销售保险业务。直接展业的优势为：一是有效防范保险欺诈。保险公司内部人员熟悉保险业务，了解保险市场动态，在建立保险关系时可以有效防范欺诈行为，降低道德风险和逆选择的发生概率。二是帮助客户理解保险条款。由于保险公司的业务人员具有一定的专业知识储备，当与客户签订保险合同时，业务人员可以充分地解释说明保险条款，帮助客户更好地理解保单，确保投保过程顺利完成。三是提高保险公司品牌影响力。当业务人员与客户直接接触时，他们代表的是保险公司的形象。业务人员向客户直接推销保险产品有利于保险公司扩大影响，增加大众对保险公司的认同感与信任度。但由于直接展业需要业务人员频繁与客户进行接触，所以直接展业也存在一些劣势，主要有以下几点：一是直接展业成本过高。为了与大量潜在客户频繁接触，保险公司需要配备大量的业务人员与营业机构，其运营成本无疑会增加。据众安金融科技研究院《保险业数字化转型 2020 年度报告》统计，2019 年保险业直接销售成本高达 5503 亿元，大约占保费收入的 15%，接近利润总额的 2 倍。较高的保险成本促使保险公司不得不利用其他展业渠道招揽业务。二是直接展业不利于保险公司扩大经营范围。保险公司的业务人员是有限的，提供给客户的服务也是有限的，因此保险公司单凭直接展业是无法招揽更多业务的。

② 间接展业，是保险公司通过保险中介人开展业务，包括保险代理人展业和保险经纪人展业。一是保险代理人展业。保险代理人是受保险公司委托，向保险公司收取相应手续费，为保险公司招揽业务的个人或机构。保险代理人包括个人代理人、兼业代理人和专业代理人。个人代理人是受保险公司委托在一定范围内开展保险业务的个人。兼业代理人是在从事本职业务的同时，也受理保险公司保险业务的组织机构，如银行、证券公司、邮政储蓄机构等等。专业代理人是专门从事保险代理业务的保险代理公司。保险代理人展业的优势在于其成本相对较低，保险公司仅需要按照业务量支付相应的手续费，这样就节省了雇用大量业务人员直接销售保险产品的费用，很大程度上节省了开支。同时，保险代理人展业帮助保险公司拓宽了保险市场，实现了多渠道销售保险产品，满足了更多客户的保险需求。但是，保险代理人展业的规范化管理

还需进一步加强。由于保险代理人很大程度上会为了满足自身利益而滥用代理权，不仅会影响保险公司的良好形象，也会使保险公司承保的业务质量下降。二是保险经纪人展业。保险经纪人是代表投保人或被保险人与保险人签订合同的中介机构。保险经纪人处于投保人与保险人的中间地带，具有双重身份。一方面，保险经纪人帮助被保险人办理了投保手续；另一方面，保险经纪人为保险人招揽了业务。保险经纪人展业可以帮助投保人和被保险人正确认识所面临的风险，并帮助被保险人制定符合自身需求的保险方案，更有效地防控风险。同时，保险经纪人熟悉保险市场，掌握与保险人的谈判技巧，运用保险经纪人展业可以帮助被保险人做好风险管理工作。但是，由于保险经纪人不属于保险公司的管控范围，所以，保险经纪人在开展业务时极易以中介之名，行业务不规范之实。

2. 保险展业的步骤

（1）保险展业准备工作

① 了解保险市场行情。在开展保险业务前，展业人员需要充分了解保险市场，掌握消费者的保险需求。主要包括以下几个方面的工作：一是潜在市场分析。要对潜在客户的规模、需求、购买原因等数据进行科学分析。二是市场占有率分析。要掌握本公司与对手公司在保险市场上的占有率情况，方便保险公司在开展业务时明确自身定位与销售优势。三是销售趋势分析。保险公司要及时掌握市场中的保险需求变化与对手公司在销售策略等方面的变化，根据市场变化及时调整经营方向。

② 熟悉相关业务政策。保险展业人员在制订保险计划前需要熟悉保险条款、费率制定方法、相关监管政策等知识。同时，展业人员也要掌握一些法律、会计等知识辅助展业计划的开展。

③ 制订保险展业计划。在掌握保险市场情况、熟悉相关业务政策后，展业人员需要制订详细可行的展业计划，保证展业工作顺利完成。该项工作包括续保、开发新业务、建立营业网点等内容。

④ 宣传相关保险知识。保险宣传是展业准备工作中的重要一步。通过大量宣传保险知识，不仅可以增加客户对保险公司的认同度，在一定程度上增加潜在客户数量，也可以帮助客户增强保险意识，对保险业未来的发展和规模具有一定的积极促进作用。

（2）保险展业服务工作

① 促成客户签订保单。通过相关准备工作明确潜在客户后，保险展业人员要以潜在客户为对象，动员客户投保，促成保单签订。在与客户对接时，保险展业人员要充分了解客户信息以及面临的风险情况，针对实际情况制订保险方案，帮助客户实现以最小的成本获得最大的保障。

② 帮助客户防灾防损。做好防灾防损工作是保险公司履行社会责任的体现，专业的防灾防损技术可以有效控制潜在风险。保险公司做好防灾防损工作，一定程度上可以有效降低赔付率、保证保险公司利润的实现。该项工作包括安装喷淋装置、天气预警、维护消防设备等。

③ 展业服务售后完善。在开展业务时，保险展业人员要注意倾听客户对展业工作和保险服务的意见。在工作结束后，展业人员需要做好总结完善工作，采纳客户的合理意见，尽可能地满足客户需求，加深与客户的友谊。

2. 保险展业的管理

（1）保险展业服务数字化转型

在移动互联网的时代，5G 技术、云计算、区块链技术等大量高新技术逐步在金融领域广泛应用。随着大数据分析和人工智能的应用，保险公司能够更加精准地把握用户的保险需求，从而为客户提供具有针对性的服务。科技的应用也帮助保险公司拓宽了展业渠道，比如保险公司通过在网页、第三方应用软件上进行保险宣传、为客户提供线上咨询服务、利用智能助手为客户推荐保险产品等等。

（2）售后服务综合一体化

完整的展业服务可以提升客户的体验，增加保险公司的品牌效应，同时提升保险公司在保险市场上的竞争优势。与客户签订保单仅仅是展业服务的开端，后续工作还包括理赔服务、保全服务、续保服务等等。保险展业人员在与客户接触时，要最大限度地提升客户对保险服务的满意度，提供物超所值的保险服务。

（3）人才竞争科学化

传统展业服务人员从业门槛低，人员管理粗放，导致展业队伍的业务水平良莠不齐，直接影响保险业务的效率与质量，因此展业人员的选拔和管理至关重要。要着重提升新入行的展业人员的个人服务水平和专业技能，要为成熟的展业人员设立相应的激励机制，一支高水平的展业队伍可以让保险公司在市场竞争中略胜一等。

（二）保险核保服务

1. 保险核保的含义

（1）保险核保概念

保险核保是在正式签订保单前，保险人对保险标的进行风险评估和分类以便确认是否可以承保，并附加承保条件，制定保险费率的过程。

保险核保的数据来源包括投保人填写的保单、展业人员现场了解到的情况和实际调查获取的信息。保单是保险人核保的一手数据，保险人可根据保单上面的基本情况作出初步判断，根据保险标的所面临的风险决定是否承保。展业人员搜集的信息往往是核保人员在核保过程中的重要依据，在展业人员与投保人直接接触时，投保人应该向保险人如实告知保险标的的详细情况、投保人和被保险人的情况，以及是否有危险程度增加的情况。保险人也需要对投保人所提供的情况进行实际调查，进一步确认信息的准确性。保险人可以单独完成调查过程，也可以与第三方机构合作完成。

（2）保险核保要素

① 人身保险核保要素：一是年龄和性别。在人寿保险中，年龄是影响核保的重要因素。死亡率随着年龄的增加而增加，而且不同的死亡原因在不同年龄阶段的发生率是不同的。另外，性别对死亡率和疾病的发生率也有很大影响。比如，由于女性的平均寿命长于男性，女性会以较低的费率购买死亡保险，以较高的费率购买年金保险。

调查显示，女性患甲状腺结节的概率大于男性，而男性比女性更容易患有体脂高、脂肪肝、甘油三酯高等疾病。因此，不同年龄、不同性别的保险金给付频率与程度有很大差异。二是体格和身体情况。体格是由遗传因素带来的先天体质和后天各种因素的综合体现。体格包括身高、体重等。其中，超重会引发各种疾病，尤其是中老年人。除体格以外，身体情况也是重要的影响因素。神经、消化、心血管、呼吸、泌尿、内分泌系统失调等都会增加死亡率。保险公司应广泛收集疾病引发死亡的案例与资料，不同时期引发死亡的疾病的排序是不同的，其中癌症和心血管疾病是引起死亡的常见疾病。三是个人病史和家族病史。被保险人的既往病史与健康有着密切联系。有些疾病在治愈后仍有复发的可能，甚至会引发新的疾病，这会增加保险的赔付率。所以，在核保过程中，有些保险人不仅会要求投保人陈述既往病症，还会要求投保人提交医院出具的体检证明等相关材料。核查家族病史是为了检查被保险人患遗传性疾病或感染性疾病的可能性，如精神病、高血压、糖尿病等等。四是职业和生活习惯、爱好。从事不同职业对健康的影响是不同的，从事某些职业会大幅增加死亡率，如高空作业人员、矿工、接触有害物质的工作人员等等。如果被保险人有吸烟、酗酒等不良生活习惯，或爱好赛车、跳伞、登山等危险运动，保险人也会根据实际情况提高保险费率或拒绝承保。

② 财产保险核保要素：一是环境。保险财产所处的环境直接关系到保险财产的风险大小以及损失程度。比如为房屋投保火灾保险，要考虑该房屋是处于商业区、工业区，还是居民区，是否属于高层建筑，周围有无易燃、易爆的危险源，消防设备是否齐全，周围道路是否畅通等等。二是保险标的的性质。保险财产的性质与面临的风险损失有密切联系。保险人在核保阶段需要查明保险财产可能存在的风险因素，划分危险等级。比如保险财产是否属于易燃、易爆、受损物品；受温度和湿度影响的大小；建筑结构是否稳定等等。三是检查保险标的是否处于危险状态。处于危险状态中的财产，损失发生的概率大幅增加，保险人对这一类风险不予承保。这一类风险属于不可保风险，保险人若是承保这一类风险，将会有违风险的不确定性。同时，这对其他被保险人是一种不公平的做法。四是检查各种安全管理制度和实际情况。健全的安全管理制度可以降低风险发生率，提高承保质量。保险人在核保阶段务必认真检查投保人对保险财产所采取的各项安全管理制度，若有问题，及时向投保人提出整改意见。若投保人无视整改意见，或整改无效的，保险人会视情况提升费率或不予承保。

2. 保险核保的步骤

（1）投保

投保人决定购买保险，意味着投保人将与保险人建立一种长期保险关系。投保人需要在业务人员或者保险中介的指导下完成保单的填写。保险人则需要帮助投保人认清保险标的面临的风险有哪些，确认投保人自身的保险需求，估算所需预留资金，制订保险计划。

（2）调查审核

审核过程主要包括投保人资格的审核、保险标的的审核、保险费率的审核。投保人必须具有民事行为能力，被保险人需要对保险标的具有保险利益。另外，保险人需要详细了解保险标的的性质、用途、所处环境以及面临的风险。保险人根据保险标的面临的风险进行分类，确定承保费率等级。

（3）风险评估

保险人根据保险标的面临的风险进行评估，确定承保费率等级。当保险标的符合承保条件，保险人将按照正常费率进行承保。若保险标的自身风险较高，或处于相对危险的状态中，保险人会附加承保条件，以高于标准水平的费率承保或拒绝承保。

（4）核保结果

通过审核后，保险人确认接受保险业务，出单人员缮制保单或保险凭证，保险凭证是明确保险双方权利与义务的重要依据。保险凭证包括的内容有保险责任、保险金额、保险期限、保险费以及其他特约事项。

2. 保险核保的管理

（1）保证合同当事人间的公平性

投保人缴纳的保费与保险人承担的保险责任是一种对等关系，若按正常费率对风险较高群体进行承保，被保险人获取的保障超过投保人所缴保费对应的水平，意味着保险人将承担更多的保险责任，这对保险人是非常不公平的。所以，完善核保流程是保证保险人与被保险人双方公平性的重要保障。

（2）防范逆向选择风险

逆向选择是指风险高于平均水平的群体以正常费率购买保险。以人身险为例，每个被保险人的身体状况是不同的，若承保群体中健康水平较差的人占比较大，保险公司的赔付率必然要高出正常水平，最终形成亏损。因此，保险公司需要在核保阶段对健康水平不同的人进行分类，以不同的费率进行承保，降低逆选择风险。

（3）维持保险公司稳健运行

高质量的核保是保险公司稳健运行的基础，通常情况下，保费仅占保额非常小的一部分，保险公司的日常运营风险极大。所以，这就需要专业的核保人员仔细检查保险标的所面临的风险，划分风险等级，将不符合承保条件或超出承保能力的标的拒之门外，保证保险公司稳定经营以及利润最大化。

（三）保险保全服务

1. 保险保全的含义

（1）保险保全概念

由于保险合同提供的服务往往是长期的，投保人在规定时间内缴费，保险合同随即生效，为了更好地服务消费者进而实现长期经营，保险人需要对保单进行长期维护。保险保全是指在投保后、理赔前的这一阶段，保险人根据被保险人的需求以及合同条款规定，为维护保单所提供的一系列售后服务。

（2）保险保全内容

① 合同主体变更服务。合同主体的变更包括投保人变更和受益人变更。投保人变更是指当保险合同生效后，在保险责任不变的前提下，将投保人变更为被保险人或与

被保险人具有保险利益的人。新投保人享有保单权利的同时，也需要按时履行缴纳保费等义务。若被保险人生存且发生保险理赔事故，投保人在获得被保险人书面同意后可申请变更受益人。若受益人在领取前死亡，被保险人可另行指定受益人。主险的受益人变更，附加险的受益人也随之变更。

② 保单复效、附加险加保服务。如果投保人欠缴保费的时间超过了宽限期，保单效力中止。复效申请时间一般是合同中止后的两年内，投保人或被保险人缴纳所欠保费及利息后，保单恢复原来的效力。

③ 保单迁移服务。当投保人或被保险人的居住地址发生变更时，可向保险公司申请保单迁移，迁移的保单的责任准备金按照未来法计算。为防止保单失效，保户需要在迁出后的60日内到迁入公司办理手续，保险资料一同转入迁入公司。保单迁移一般只在同一公司的内部进行，不同公司的保单不能迁移。

④ 减退保服务。当被保险人的保单不再满足保险需求时，投保人或被保险人可以根据自己的需求对保额与保费进行调整，比如减保和退保。变更的保单按照相应的新费率计算保费，减保部分按照退保手续办理。当投保人提出退保申请时，保险公司在接到退保申请的30天内向被保险人给付保单的现金价值。

⑤ 缴费期限变更服务。当投保人的缴费能力在缴费期限内发生变化时，投保人可以向保险公司提出缴费期限的变更，缴费期限变更一般受费率与缴费档次的限制。在延长缴费期限的申请中，为防止逆选择的发生，保险人需要对保单进行重新审核。

⑥ 自动垫缴服务。长期保单一般具有现金价值，如果投保人未能在规定缴费期内缴费，保险合同具有自动垫缴功能。随着投保人缴费期限的延长，现金价值增加，如果投保人未按时缴费，保费将从保单的现金价值中扣除。当在垫缴期内发生理赔时，赔付金额中将扣除所欠保费。

⑦ 遗失、污损补发服务。当保单发生遗失、污损等情况时，投保人或被保险人可以向被保险人申请保单补发，保险人在收取一定成本费的基础上为被保险人补发保单。需要注意的是，保单质押贷款未完的合同不能办理挂失业务。

⑧ 附加值服务。附加值服务是指保险公司针对具有一定条件的用户提供与保险无关的服务，通常附加值服务对象是一定保额或一定保费以上的群体。提供附加值服务不仅可以满足用户需求，保险公司的品牌认可度以及在保险市场中的竞争力也会有所提升。比如为客户提供免费体检、开展健康咨询活动等等。

2. 保险保全的途径

（1）直接向保全部门申请

在保险期限内，投保人可到保险公司的保全部门办理保单变更维护等业务。

（2）通过业务员申请

投保人可以向保险营销人员提出保全服务申请，再由专门人员与所投保的保险公司进行对接。这样一来，保险公司便可以及时掌握用户需求，为其提供精准的一对一服务。

(3) 线上申请

由于互联网技术与保险业务紧密相连，用户很少去线下办理业务，保单变更业务通常情况下在线上就可以完成。线上途径包括微信平台、保险公司官网、平台邮件等等。

3. 保险保全的意义

(1) 增加保单的续保率

在保险行业开创初期，营销人员在展业环节存在一定的误导性行为，诱导客户签订保单，导致后期保单续费率难以提升。完善的保全服务能够增加客户的风险意识，提升对保险公司的信任度，有效改善保费的续费率，避免非必要的退保以及客户流失。

(2) 增加客户的品牌忠诚度

由于在营销环节营销人员未尽其责，转账式保单增多等现象普遍存在，造成客户与保险人的联系不强。为客户提供细致的保全服务不仅可以拉近保险公司与客户的关系，也能增加客户对保险公司的品牌忠诚度。同时，保险公司凭借自身的优质服务在保险市场中的竞争力也会有所提高。

(3) 为客户提供全方位保障

寿险合同具有长期性，在保障期间，被保险人的居住地址、职业、经济状况以及保障需求等因素可能会发生变化。面对被保险人的信息变更，保险人应该及时掌握被保险人需求，提供全方位的保全服务，以帮助保险公司树立良好形象。

(四) 保险理赔服务

1. 保险理赔的含义

(1) 保险理赔概念

保险理赔是指当发生合同约定的保险事故，保险公司处理被保险人提出的索赔申请的过程。保险人发生损失的金额不一定等于保险人赔付的金额，保险人在收到被保险人的理赔申请后，应立即对保险事故进行调查，判断哪些损失由保险风险引起，哪些由非保险风险引起。对于保险责任范围内的损失，保险人需要向被保险人或受益人履行给付保险金或赔偿义务。即使损失由保险风险引起，受多种因素制约，被保险人的损失金额也不一定等于赔偿金额。

(2) 保险理赔方式

① 给付。在人身保险中，保险公司以给付的方式支付保险金。保险标的是人的身体和生命，是无法用金钱衡量的，所以当被保险人发生保险事故时，保险人需要按照事先约定的保额向被保险人或受益人给付保险金。

② 补偿。在财产保险中，保险公司以经济补偿的方式支付保险金。保险公司在被保险人的损失基础上进行赔偿，赔偿金额一般在保险价值内，永远不会多于保险价值。

2. 保险理赔的步骤

(1) 损失通知

保险事故发生后，被保险人或受益人需要在规定的时间内通知保险人，向保险人提供保险事故的时间、地点、原因及其他情况。发出损失通知是被保险人应尽的义务。被保险人一般需要在损失发生后的 24 小时内通知保险人，否则视为放弃获得赔偿的权利。一些保险公司没有明确规定损失通知时间，只要求被保险人在尽可能快的时间内提交损失通知，否则保险人不予赔偿。

（2）审核保险责任

保险人在收到损失通知书后，需要立即审核该理赔案件是否在保险责任范围内，审核内容包括保单是否具有效力、损失是否由保险风险引起、损失的财产是否属于保单财产、损失是否发生在保单载明地点、损失是否发生在保单有效期内、发起赔偿请求的人是否具有资格、索赔是否有欺诈。

（3）进行损失调查

在认定保险责任后，保险公司需要派人到损失现场进行勘查，了解事故情况，及时掌握保险事故的第一手材料。同时，根据调查内容分析损失的发生原因，判断损失程度，确认求偿权利。

（4）赔偿或给付保险金

对于属于保险责任范围的损失，保险人应在与被保险人达成赔偿或给付协议的 10 日内履行赔偿或给付义务。在人身保险中，当保险人认定了保单有效、受益人身份合法、保险事故发生后，保险人便可以向被保险人或受益人在规定额度内给付保险金。在财产保险中，保险人需要根据保单类别、损失程度、标的价值、保险利益、保险金额、补偿原则等因素确认理赔金额。

（5）损余处理

在财产保险中，受损的财产会具有一定残值。损余物资的妥善处理对挽救财产损失、减少赔款支出具有重要作用。若保险人按照全损进行赔偿，则有权处理损余部分。保险人也可以将损余物资折价卖给被保险人，以冲抵保险金。

（6）代位追偿

当保险事故是由第三方引起时，在保险人向被保险人履行完赔偿义务后，保险人可取代被保险人向事故责任方进行追偿。被保险人需要全力配合保险人向第三方追偿，保险人只能在赔偿金额范围内执行追偿权利。

3. 保险理赔的管理

（1）保险理赔原则

① 重合同、守信用原则。保险合同中明确规定了保险人和被保险人的权利与义务，保险双方应该遵循合同规定，履行义务，执行权利，保证合同顺利实施。保险理赔正是保险人履行义务的表现，保险人需要严格按照条款规定，受理赔案，确定损失。保险在作出赔偿决定时，一定要给出充分的证据，在保额内向被保险人进行赔偿。

② 实事求是原则。现实中，保险案件的发生原因十分复杂，保险人在处理赔案时务必秉承公平、公正的原则，合情合理、实事求是地向被保险人理赔。对于一些通融赔付的案件，保险人更需要严格遵守保险条款给出合理解释，既要讲原则，也要具有一定的灵活性。

③ 主动、迅速、准确、合理原则。这一原则是理赔质量的重要保证,旨在提高服务水平,增加客户黏性。"主动、迅速"是指保险人在接到报案后积极主动处理赔案,抓紧时间深入调查,厘定赔偿责任,迅速赔偿损失。"准确、合理"是指保险人在审核案件时一定要分清责任、合理定损,准确确定赔付金额。

(2) 保险理赔时效

被保险人需要在理赔时效内向保险人进行索赔,超过规定时效未提出索赔视为放弃理赔权利。寿险合同的索赔时效一般为 5 年,其他保险的索赔时效一般为 2 年。

被保险人提出索赔后,保险公司在收到被保险人的证明材料后的 30 日内作出赔付决定,并书面通知对方。保险人需要在 30 日内完成审核工作,属于保险责任的部分,保险人在确认赔偿协议后的 10 日内向被保险人支付赔款。不属于保险责任的部分,保险人在 3 日内发出拒赔通知并说明理由。

第四节 保险投资

一、保险投资概述

(一) 保险投资的含义

保险投资是指保险人在经营过程中,将保险资金通过法律许可的渠道进行投资,使保险资金得到保值增值的业务。其中,保险资金是指保险集团(控股)公司、保险公司以本外币计价的资本金、公积金、未分配利润、各项准备金以及其他资金。与保险业务一样,保险投资是保险公司非常重要的经营活动。

在保险经营过程中,由于保险责任范围内的自然灾害和意外事故的发生具有随机性,从某一时点来看,保险费的收取不会立即用于保险金的赔偿与给付,两者之间存在时间差;且收取保险费的总额不可能正好等于赔偿或给付数量的总额,两者之间存在数量差。由于时间差和数量差的存在,使保险公司的一部分资金沉淀下来成为闲置资金,这部分闲置资金如果不加以有效利用,则可能因金融市场的影响而发生贬值。因此,无论是从投保人、被保险人的角度,还是从保险人的角度,都要求必须有效地利用闲置的保险资金,进行切实有效的投资活动,获取投资利益。

保险投资和保险资金运用既有区别又有联系,保险资金运用概念的外延比保险投资更为广泛。从会计的角度看,资金运用专指企业资金的占用和使用情况,它既包括企业拥有的各种财产,也包括企业的各种债权。而保险投资主要是指增加公司债权或金融资产的活动。可见,保险投资是保险资金运用的一种主要形式,而不是全部。但由于保险公司经营的特殊性,保险资金运用以保险投资为主,因此,如无特殊说明,本书中保险投资和保险资金运用的含义相同。

(二) 保险投资的意义

1. 保险投资有利于促进我国保险业的持续发展

(1) 保险投资有利于缓解保险费率与利润之间的矛盾。尽管国际保险市场提倡以保险服务质量为手段的非价格竞争,但是在保险费率逐步走向市场化的背景下,价格竞争仍然是最有效、最直接的手段。降低费率不仅可以减轻投保人的负担,还能争取更多的投保人投保,有助于提高保险的深度,激发市场的潜在需求,增加保费收入,改善保险业的经营环境,增强保险公司竞争力,使保险行业进入一个良性发展的状态。但是降低费率会降低保险公司的利润,在赔付率不变的情况下,保险公司要实现经营的稳定性和增强市场的竞争能力,必然要依赖保险资金的运用。随着保险业竞争的国际化,保险投资已经成为保险经营的主要利润来源。根据银保监会数据显示,2019年末保险业年度投资收益达8824亿元,较2018年增加1965亿元。

(2)保险投资有利于增强保险公司的偿付能力。偿付能力充足是对保险公司的最基本要求。我国当前的保险资金多为长期资金,特别是人寿保险资金,有的长达三四十年,在如此长的时间内,如果把这笔资金的大部分存放于银行,通过银行利息保值、增值,就可能使保险业务入不敷出,因此,如何很好地利用保险资金以增强企业的偿付能力是保险公司面临的问题。据太平资产管理有限公司战略发展部统计,2003—2016年,美国寿险收益率平均为5.47%,中国保险资金投资收益率平均为5.12%,远高于银行存款利息,保险投资有利于保险公司拓展新业务,提高投资收益,增强偿付能力。

(3)保险投资有利于增强保险公司的风险控制能力。保险资金是一种特种资金,专门用于应对自然灾害和意外事故可能对生产、生活造成的不利后果,因此保险公司的保费收入是对被保险人的负债,而不是保险公司的实际收益。由于保险责任是连续的、不确定的,随时可能承担各种保险业务的未到期责任,所以保险公司在资金运用时,要全面实行资产负债管理,合理投资保险资产,使资产与负债相匹配,增强保险公司抵御风险的能力。

2. 保险投资可以促进我国资本市场的健康发展

(1)保险投资增加了我国资本市场的资金来源。保险资金是发达资本市场的重要资金来源,相比财险公司,寿险公司因为其经营业务的长期性和稳定性的特点,更是为资本市场提供了长期稳定的资金来源。例如,在资本市场最为发达的美国,保险公司是美国证券市场最重要的持有人。2004年10月,保监会、中国证券监督管理委员会正式公布了《保险机构投资者股票投资管理暂行办法》,允许保险机构投资者在严格监管的条件下直接投资股票市场。2020年7月,银保监会办公厅发布《关于优化保险公司权益类资产配置监管有关事项的通知》,要求根据保险公司偿付能力充足率、资产负债管理能力及风险状况等指标,明确八档权益类资产监管比例,最高可占上季末总资产的45%,通过设置差异化监管比例,赋予公司更多自主投资权,提高监管政策的精准性和针对性。据国家统计局官网数据,保险公司现在已经成为中国资本市场的第二大长期机构投资者,截止到2021年底,保险公司资金运用规模达23.23万亿元,同比增长7.14%,保险公司资金运用证券投资基金1.22万亿元,比2020年的1.1万亿元增加了10.94%。保险资金入市可以刺激并满足资本市场主体的投资需求,改善资本市场结构,提高资本的流动性,刺激资本市场主体的成熟和经济效益的提高,促进保险市场与资本市场的协调发展。

(2)保险资金投资的安全性要求拓展了资本市场的金融工具。保险资金担负着补偿损失和给付保险金的任务,因此保险公司必须采取适当措施应对风险,所以保险公司在保险资金的投资过程中对股票指数期货、期权等避险工具的需求非常强烈,而这些需求是稳定资本市场的重要因素。且机构投资者占主体的市场是崇尚长期投资、战略投资的市场,因此,保险资金投资能够促进我国资本市场的健康发展。

二、保险投资的资金来源及其特点

(一)保险投资的资金来源

保险投资的资金来源包括以本外币计价的资本金、公积金、未分配利润等自有资金、各项准备金以及其他资金。其中资本金、公积金、未分配利润等权益资产又统称为自有资金。

1. 自有资金

(1)资本金。资本金又称注册资本。资本金在不同类型的企业中的表现形式有所不同。股份有限公司的资本金被称为股本,股份有限公司以外的一般企业的资本金被称为实收资本。我国现行《公司法》实行认缴资本制,即实缴资本与注册资金不一致的原则。

各国保险法还要求保险公司以一定比例的资本缴存保证金,存入管理当局指定的银行,未经监管机构批准,保险公司不得动用。我国《保险法》第97条规定:"保险公司应当按照其注册资本总额的百分之二十提取保证金,存入保险监督管理机构指定的银行,除保险公司清算时用于清偿债务外,不得动用。"

在正常情况下,资本金除了用于上缴部分保证金外,基本上处于长期闲置状态。这部分资金具有较强的稳定性和长期性,一般可作为长期投资。

(2)公积金。公积金包括资本公积金和盈余公积金。① 资本公积金是指由投资者或其他人(或单位)投入,所有权归属于投资者,但不构成实收资本的那部分资本或者资产。即资本公积金从形成来源看是投资者投入的资本金额中超过法定资本部分的资本,或者其他人(或单位)投入的不形成实收资本的资产的转化形式,它不是由企业实现的净利润转化而来的,本质上属于资本的范畴。依照《公司法》及其他相关规定,资本公积金的构成包括两个方面:一是投资者实际缴付的出资额超出其资本金的资本溢价和股票溢价。二是国务院财政部门规定列入资本公积金的其他收入,如接受捐赠的资产;法定财产重估增值,即资产的评估确认价值或者合同、协议约定价值超过原账面净值的部分;资本汇率折算差额等。② 盈余公积金是指从公司盈余中提取的公积金。盈余公积金又可分为法定盈余公积金和任意盈余公积金两种。《公司法》规定,法定盈余公积金按公司税后利润(减弥补亏损)的10%提取,当盈余公积金累计已达注册资本的50%以上时可不再提取;任意盈余公积金依照公司章程的规定或股东大会的决议提取和使用。盈余公积金可以用于弥补企业亏损或者转增资本。法定公积金转增资本后留存企业的部分,以不少于转增前注册资本的25%为限。

(3) 未分配利润。未分配利润是指企业实现的净利润经过弥补亏损、提取盈余公积和向投资者分配利润后留存在企业的、历年结存的利润，在未进行分配之前，属于所有者权益的组成部分。未分配利润有两层含义：一是留待以后年度处理的利润；二是未指明特定用途的利润。从数量上来看，未分配利润是期初未分配利润加上本期实现的净利润，减去提取的各种盈余公积和分出的利润后的余额。相对于所有者权益的其他部分来说，企业对于未分配利润的使用有较大的自主权。

2. 各项保险准备金

保险准备金指的是保险人为履行其承担的保险责任或应付未来发生的赔款，从所收的保险费或资产中提留的一项基金。为了保证保险公司的正常经营，保护被保险人的利益，各国一般都以保险立法的形式规定保险公司应提存保险准备金，以确保保险公司具备与其保险业务规模相应的偿付能力。由于保险经营的特点，该部分资金并不需要立即支付，在一段时间内掌握在保险人手中，成为保险投资的资金来源。主要包括：总准备金、未到期责任准备金、未决赔款准备金、寿险责任准备金、长期健康险责任准备金、再保险准备金等。

(1) 总准备金。总准备金是保险企业从决算后的利润中按一定比例提取并逐年积累、用以应付巨大赔款时弥补亏损的资金。总准备金的设立，是保持保险企业业务经营稳定和组织经济补偿的需要，也是巨型灾害和特大事故的发生在年度间不平衡的必然结果。总准备金的提取计算方法是：总准备金＝当年实现的利润－当年所得税－调节税－利润留成。在我国，总准备金由各独立核算的保险企业逐年提存、积累。

(2) 未到期责任准备金。未到期责任准备金是指保险人为尚未终止的非寿险保险责任提取的准备金。每个会计年度决算时，保险公司对于保险责任尚未满期的保单，将属于未到期责任部分的保险费提存出来，形成未到期责任准备金，其计提方法有二分之一法、二十四分之一法、八分之一法和三百六十五分之一法。

未决赔款准备金是指保险人为非寿险保险事故已发生尚未结案的赔案提取的准备金，包括已发生已报案未决赔款准备金、已发生未报案未决赔款准备金和理赔费用准备金。① 已发生已报案未决赔款准备金是指保险人为非寿险保险事故已发生并已向保险人提出索赔、尚未结案的赔案提取的准备金。② 已发生未报案未决赔款准备金是指保险人为非寿险保险事故已发生、尚未向保险人提出索赔的赔案提取的准备金。③ 理赔费用准备金是指保险人为非寿险保险事故已发生尚未结案的赔案可能发生的律师费、诉讼费、损失检验费、相关理赔人员薪酬等费用提取的准备金。

(3) 寿险责任准备金。寿险责任准备金是指保险人为尚未终止的人寿保险责任提取的准备金。在均衡保费制下，寿险责任准备金的计算有过去法和未来法。

(4) 长期健康险责任准备金。长期健康险责任准备金是指保险人为尚未终止的长期健康保险责任提取的准备金。

(5) 再保险准备金。再保险准备金指保险公司的再保险业务按合同约定，由分保分出人扣存分保接受人部分分保费以应付未了责任的准备金，其本质上是一种保证金。存出（存入）分保准备金通常根据分保业务账单按期扣存和返还，扣存期限一般为 12 个月，至下年同期返还。该项准备金一般由保险公司规定其提取比例。对于保险公司而言，严格按照会计年度计算每张保单的未转保费的工作量太大。因此，保险公司多采取加权平均数法或比例法进行提留。

3. 其他资金

在保险公司经营过程中，还存在其他用于投资的资金来源，如结算中形成的短期负债，这些资金虽然数额不大，且需要在短期内归还，但却可以作为一种补充的资金来源。

（二）保险投资资金的特点

1. 负债性

保险投资的资金来源中，除了自有资金和总准备金外，均属于保险公司的负债，如未到期责任准备金、未决赔款准备金等。随着保险公司规模的不断扩大，这些资金也不断累积，成为保险投资的主要资金来源。负债性是保险投资资金的一个重要性质，正因为保险投资这部分资金的负债性，所以保险公司不能把这些资金作为业务盈余在股东之间分配，也不能作为经营利润上缴所得税，而只能进行对保险投资资金的保值增值，以便能够履行未来的赔付责任。

2. 稳定性

从保险投资资金来源的构成来看，可运用的保险资金能在数量上保持一定的规模，为保险投资活动提供稳定的资金来源。从静态的角度分析，注册资本金作为保险公司的自有资本金，为保险公司提供了最为稳定的资金来源。虽然责任准备金属于保险公司的负债，但是由于保险公司的持续经营，保险公司始终会有大量的资金积累，因此，它们是保险公司十分稳定的投资资金来源。普通责任准备金因性质不同，其闲置的时间也不同。例如，寿险责任准备金往往长期处于闲置状态，成为人寿保险公司可运用保险资金的主要组成部分；而财产保险公司的责任准备金只是短期资金，这些资金具有流动性强的特点，因而只可用作短期投资。总准备金用来满足非正常年景下的赔款支出，在正常年景下一般很少动用。总准备金在保险公司的经营过程中不断扩大规模并积累增值，成为保险资金的稳定来源之一。从动态的角度分析，保险公司在持续经营过程中，一方面由于赔款或给付导致现金流出，另一方面由于续保或承保导致现金流入，因此，随着保险公司业务的扩大，保险公司可运用的资金能够保持稳定。

3. 社会性

一方面，保险投资资金来源于社会各个层面的个人或单位，这些人在交付了相应的保险费之后，就可获得相对应的保险保障，随着社会生产的发展和人们对保险认识的提高，保险资金不断增加；另一方面，保险投资资金的适用范围较广，体现了社会性原则。因此，保险从本质上来看是一种建立在互助基础上的经济保障制度，保险资金也就具有了广泛的社会性特征。

三、保险投资的原则及其形式

(一)保险投资的原则

1. 保险投资的一般原则

保险投资跟其他投资一样,必须符合安全性原则、收益性原则和流动性原则。

(1)安全性原则。安全性原则是保险投资的首要原则。从投资业务的资金来源看,主要是投保人缴纳的保险费,其绝大部分最终将成为保险补偿资金。这些资金并不是保险公司的自有资金,而是对被保险人和受益人的负债,在保险合同约定的风险事件发生后,必须依照合同按期如数补偿给被保险人或受益人。因此,保证本金安全成为保险投资的首要原则,保险投资不宜进入高风险、投机性过强的领域,避免保险公司因在投资上出现重大损失而影响其偿付能力,使保险经营陷于困境。

为了确保投资业务的安全性,一般应当采取规避风险、分散投资的策略。规避风险策略就是在分析投资对象的经济状况、产业形式及发展态势的基础上决定投资方向。分散投资策略即不要把资金过度集中在同一个投资对象上。需要指出的是,任何投资都存在一定的风险。没有风险的投资是不存在的。因此,安全性原则是从投资的总体而言,即在保险资金的投资总额中,即使一部分资金投资于风险较大的项目且发生投资损失,但是,只要能从总体上确保投资收益,就无损于安全性原则。安全性原则只是要求保险公司必须遵循风险管理的要求,认真识别和衡量风险,避免高风险投资。

(2)收益性原则。收益性原则就是在保证资金安全的前提下,应尽可能地获取较高的收益。保险投资的主要目的就是营利。营利能给保险人带来企业效益,增强保险企业的偿付能力。这就要求保险投资中选择高效益的投资项目,在一定风险限度内力求实现收益最大化。

但现实中,安全性和收益性目标一般是相互矛盾的,风险越高的投资项目,其收益性往往也就越好。保险投资必须在两者之间找到平衡点。可采取分散投资或者组合投资策略,在地理位置、资产品种和产业行业中广泛地分散投资资金,避免风险的集中,以有效的投资组合确保保险资金的安全和收益。这样既可以保证资金本身的安全,也可以获得正常均衡的投资回报。

(3)流动性原则。流动性原则就是要求保险公司的投资具有较强的变现能力。由于保险的基本职能是经济补偿,而风险事故的发生又具有不确定性,这就要求保险公司在投资业务中必须保持足够的流动性,满足保险补偿或给付的需要。

保险人应根据不同业务对资金运用流动性的不同要求,选择恰当的投资项目。财产保险因大多是短期险种,一般不超过一年,且财产保险的风险损失受偶然性因素支配较多,难以准确估计损害的程度,同时还存在着巨灾风险,因此,其资金的投资运用需要强调流动性,以应付保险补偿的资金需要。而人寿保险期限长,从投保到给付存在几年甚至几十年的时间间隔,同时设定了预定利率,因此,人寿保险的投资比较重视收益性,宜作长期投资,而对流动性的要求相对于财产保险的要求要低。

上述三原则之间相互联系,相互制约,其中收益性原则是目标,安全性、流动性原则是基础。保险补偿是保险公司的首要任务，保险的特殊性决定了保险投资必须稳健，应该首先保证资金的安全性和流动性，在此基础上努力追求收益性。

2. 保险投资的特殊原则

对于保险公司而言，每一份保险合同都是一份承诺。保险公司必须按照合同的约定，在未来对保单持有人进行一定金额的给付。只有当给付顺利完成时，保险产品的功能才算真正实现。因此，对保险公司而言，保险投资的基本要义是"顺利履行未来的承诺"，这意味着保险资金的投资原则与证券投资基金等其他机构投资者并不一样，必须在收益和时间上与保险业务相匹配。为此，2018年1月，保监会发布的《保险资金运用管理办法》中明确规定："保险资金运用必须以服务保险业为主要目标，坚持稳健审慎和安全性原则，符合偿付能力监管要求，根据保险资金性质实行资产负债管理和全面风险管理，实现集约化、专业化、规范化和市场化"；且"保险资金运用应当坚持独立运作。保险集团（控股）公司、保险公司的股东不得违法违规干预保险资金运用工作"。

无论何时，保险资金都需秉承的原则是坚持长期投资、价值投资、多元化投资。保险资金的运用有一些基调性的主次关系：投资标的应当以固定收益类产品为主，股权等非固定收益类产品为辅；股权投资应当以财务投资为主，战略投资为辅；即使进行战略投资，也应当以参股为主。

（二）保险投资的形式

随着金融市场的不断发展完善，保险投资的形式越来越多样化，主要投资形式有以下几种：

1. 银行存款

银行存款的安全性和流动性都较高，但收益率相对较低。从国外保险公司的投资实践看，银行存款不是主要的投资形式。保险公司通常运用银行存款作为正常赔付或寿险保单期满给付的支付准备以及临时性的机动资金准备，而不是作为获取投资收益的投资形式。我国保险资金办理银行存款的，应当选择符合下列条件的商业银行作为存款银行：① 资本充足率、净资产和拨备覆盖率等符合监管要求；② 治理结构规范、内控体系健全、经营业绩良好；③ 最近三年未发现重大违法违规行为；④ 信用等级达到国家金融监督管理总局规定的标准。

根据国家统计局数据，21世纪初，我国保险资金运用规模较小，以银行存款为主，2004年银行存款占保险资金运用余额的比重达47.05%，近年来，随着保险资金运用规模的扩大，该比重呈下降趋势，2021年为11.27%。

2. 买卖债券、股票、证券投资基金等有价证券

（1）债券。债券是指政府、企业、银行等债务人为筹集资金，按照法定程序发行并向债权人承诺于指定日期还本付息的有价证券。根据债券发行主体，可以分为政府债券、金融债券和企业（公司）债券。政府债券包括国家和地方政府发行的公债，定期偿还本金和支付预定利息，信用等级高，并有税收优惠。金融债券是由金融机构（主要是银行）发行的债券。公司债券是公司为筹集资金而发行的债务凭证。

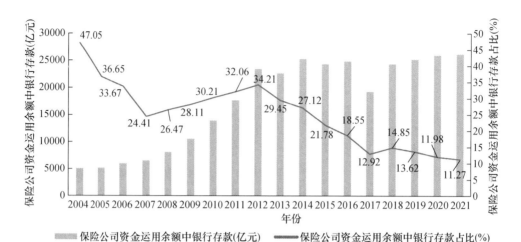

图 5-1 我国保险公司资金运用余额中银行存款及其占比分析
资料来源：国家统计局官网。

一般来说，债券的违约风险较低、流动性较高的特点使它成为合适的保险投资工具。各国保险公司都将它作为最重要的投资工具。根据美国人寿保险协会 2015 年发布的保险年鉴，美国寿险业 2014 年投资于债券方面的资金占其总投资额的近 40%，其中企业债占 32.2%，国债占 6.2%，外国政府债占 1.3%。国家统计局数据显示，2021 年末，我国保险资金运用余额中债券为 86321.2 亿元，占保险公司资金运用余额的 37.16%，其中国债、金融债券和企业债券的占比分别为 49.88%、23.9%、26.23%。

不过，债券投资存在着利率风险和信用风险。债券会由于市场利率变化导致交易价格反向变动，使保险公司面临债券出售价格波动的风险，且债券的利率是固定的，一旦市场利率上升，则债券的实际价值可能降低，从而影响收益性。国债一般没有信用风险，金融债券和公司债券存在一定的信用风险。

（2）股票。股票是股份公司发给股东的用以证明股东身份的所有权凭证。股票按其所反映的股东权利不同，可分为普通股和优先股。持有普通股的股东，其收益随公司经营状况的变化而变化。优先股持有者的收益则为固定收益，不因公司经营状况的变化而变化，而是获得股票票面规定的利息收入，与公司债券具有一定的相似之处。

股票是一种高风险、高收益、高流动性的金融资产。国外的保险投资中，股票一般占有较高的比例。例如，美国人寿保险协会网站数据显示，1997 年，美国寿险公司的投资资产中 70% 是股票，产险公司也有 20% 是股票；1996 年，日本的保险公司投资资产中 50% 是证券，其中股票占 34%；同年，英国的保险投资中有 60% 是股票。但这一比例在金融危机后有所下降，2015 年，美国寿险公司的投资资产中仅 32.4% 为股票。银保监会发布的数据显示，截止 2022 年第四季度末，人身险公司资金运用余额中，股票投资为 1.76 万亿元，同比增长 10.19%，占保险资金运用余额的 7.8%。

我国保险资金投资于股市主要包括公开发行并上市交易的股票和上市公司向特定对象非公开发行的股票。但我国股市波动性过大，资金收益率波动明显较大，股市投资风险超过世界上许多国家。据国家金融监督管理总局官网数据,我国的保险资金投资收益率由 2007 年的 12.17% 降至 2008 年的 1.89%,而同期美国寿险资金投资收益率仅从 2007 年的 6.01% 下降至 2008 年的 5.63%。我国个别年份投资收益率过低容易导致保险公司出现明显的利差损。

(3) 证券投资基金。证券投资基金是指通过发行基金证券集中投资者的资金,交由专家从事股票、债券等金融工具的投资,投资者按投资比例分享投资收益并承担风险的一种投资工具。证券投资基金把资金适当分散投资于各种有价证券和其他金融商品,具有风险小、流动性好、费用低、收益高的优点。其收益率一般高于债券和银行存款,而且能有效避免通货膨胀带来的损失。总体而言,证券投资基金能够较好地满足保险资金运用的要求。

1999 年 10 月我国保险资金获准进入证券投资基金市场,保险公司的基金投资不断增加。国家金融监督管理总局官网数据显示,截止到 2022 年四季度末,人身险公司资金运用余额中,证券投资基金投资额为 1.21 万亿元,同比增长 16.82%,占比 5.35%;财产保险公司资金运用余额中,证券投资基金投资额为 0.16 万亿元,同比增长 5.5%,占比 8.24%。

我国《保险资金运用管理办法》第 10 条规定:"保险资金投资证券投资基金的,其基金管理人应当符合下列条件:(一)公司治理良好、风险控制机制健全;(二)依法履行合同,维护投资者合法权益;(三)设立时间一年(含)以上;(四)最近三年没有重大违法违规行为;设立未满三年的,自其成立之日起没有重大违法违规行为;(五)建立有效的证券投资基金和特定客户资产管理业务之间的防火墙机制;(六)投资团队稳定,历史投资业绩良好,管理资产规模或者基金份额相对稳定。"

3. 投资不动产

投资不动产是指保险资金用于购买土地、建筑物或修建住宅、商业建筑、基础设施。不动产投资具有占用资金量大、投资期限长的特点,是比较适合寿险资金的一种投资方式,收益一般较高,但流动性差。投资期限长就难以预期经济形势和宏观政策变化对投资于不动产的影响,因此这种投资形式存在着价格风险。各国保险法对投资不动产有严格的比例限制。根据国家统计局数据,2019 年末,我国保险资金配置于投资性房地产的规模为 1894 亿元,占比 1.02%,收益率为 2.77%。

4. 投资股权

投资股权指保险资金投资在境内依法设立和注册登记,且未在证券交易所公开上市的股份有限公司和有限责任公司的股权。我国法律规定,保险集团(控股)公司、保险公司购置自用不动产、开展上市公司收购或者从事对其他企业实现控股的股权投资,应当使用自有资金。

投资股权与投资股票不同,股权投资是投到实体经济、投到企业,投资人变成企业长期股东,投资人把自己的资源和隐性能力嫁接到这个公司,为公司的长期发展做出持续性贡献。所以,股权投资有两个非常鲜明的特点:一是增量资金进入公司;二是投资人作为股东会持续使该公司增值或为其服务。此外,还有一种股权投资是通过并购的方式来持有一家公司,变成这家公司的第一大股东或者有重要持股比例的股东。这种情况下，投资者并不是通过股票交易获利，而是通过这家企业的发展获利。

自2010年《保险资金投资股权暂行办法》发布以来，保险机构按照依法合规、自主决策、风险可控、商业可持续原则开展股权投资，投资能力和运作水平持续提升。经过多年发展，企业股权已经成为保险资产配置的重要品种。国家金融监督管理总局网站数据显示，2022年末，人身险公司保险资金运用于长期股权投资的规模为2.32万亿元，占保险资金余额的10.27%，保险资金通过股权直接投资、股权投资计划、股权投资基金等方式，成为金融业可提供股权性资本的主要机构投资者。保险资金开展的股权投资在满足行业资产配置需要、分散投资风险的同时，为战略性新兴产业等现代产业体系发展提供了长期稳定资金，促进了产业整合和优化升级。

5. 贷款类投资

贷款也称为放款，是指保险公司直接向资金需要者提供资金的投资业务。在保险投资的实践中主要有两种贷款方式，即保单质押贷款和抵押贷款。贷款的安全性受抵押物变现能力的影响，收益性则取决于贷款利率的高低。

(1) 保单质押贷款。保单质押贷款是指保险公司以寿险保单为依据向保单持有人的贷款，贷款以寿险保单为质押，在保单现金价值一定比例内发放。保单贷款这种投资方式较为安全，但是收益潜力较差，贷款资产本身的流动性不足。实践表明，保单质押贷款业务实质上是一种赋予保单流动性质的措施。一方面，它可以给保险公司提供一定的投资收益；另一方面，保单持有人在获得必要资金支持的同时，不会失去保险保障。事实上，保险质押贷款的直接作用不在于投资生利，而在于增加合同条款的吸引力，促进市场销售。

(2) 抵押贷款。抵押贷款是指保险人将保险资金贷放给单位和个人，按期收回本金和利息，由贷款单位或个人提供抵押担保的投资活动，包括不动产抵押贷款、有价证券质押贷款和银团担保贷款等。抵押贷款是期限较长又较稳定的业务，由于有抵押担保，安全性较好，且收益也高于同期银行利率，因此特别适合寿险资金的长期运用。国外一些保险公司对住宅楼宇长期抵押贷款往往采取分期偿还、本金递减的方式，收益较为理想。

6. 其他资金运用形式

(1) 资产证券化产品。资产证券化产品是指金融机构以可特定化的基础资产所产生的现金流为偿付支持，通过结构化等方式进行信用增级，在此基础上发行的金融产品。

(2) 创业投资基金等私募基金。创业投资基金是指依法设立并由符合条件的基金管理机构管理，主要投资创业企业普通股或者依法可转换为普通股的优先股、可转换债券等权益的股权投资基金。

(3) 专业保险资产管理机构。保险资金可以投资设立不动产、基础设施、养老等专业保险资产管理机构，专业保险资产管理机构可以设立符合条件的保险私募基金。

此外，除国家金融监督管理总局另有规定以外，我国保险集团（控股）公司、保险公司从事保险投资，不得有下列行为：① 存款于非银行金融机构；② 买入被交易所实行"特别处理"和"警示存在终止上市风险的特别处理"的股票；③ 投资不符合国家产业政策的企业股权和不动产；④ 直接从事房地产开发建设；⑤ 将保险资金运用形成的投资资产用于向他人提供担保或者发放贷款，个人保单质押贷款除外；⑥ 保监会禁止的其他投资行为。

四、保险投资的组织模式及其选择

（一）保险投资的组织模式

国际上，保险投资的组织模式主要包括四种：专业化控股投资模式、集中统一投资模式、内设投资部门投资模式和委托外部机构投资模式。

1. 专业化控股投资模式

专业化控股投资模式是指在一个保险集团或控股公司之下，设立多个子公司，包括寿险子公司、产险子公司、投资子公司和其他子公司，在集团或控股公司的协调下，由投资子公司专门接受寿险子公司和产险子公司的委托在市场上从事保险投资活动的模式。如美国国际集团下设友邦保险有限公司与美亚财产保险有限公司，分别属于美国国际集团的人寿保险子公司与财产保险子公司，有多家投资子公司为它们进行投资。

专业化控股投资模式的优点是既有利于保险公司提高保险资金运用的效率，也有利于建立保险集团或控股公司总部的双重风险监管体系，在投资方面透明度高，对市场变化的把握迅速、准确，能有效避免子公司之间的内部交易。同时，它还有利于保险行业专业化投资队伍的建设。但这种组织模式对保险集团或控股公司总部的控制能力要求非常高。

2. 集中统一投资模式

集中统一投资模式是指在一个保险集团或控股公司之下，设立寿险子公司、产险子公司、投资子公司和其他子公司，寿险子公司和产险子公司都将其保险资金统一上划到集团或控股公司，再由集团或控股公司将保险资金下拨到专业投资子公司，并由专业投资子公司将寿险和产险子公司的资金分别设立独立账户进行投资。如英国RSA保险集团就采用这种保险投资组织模式。

集中统一投资模式的优点和专业化控股投资模式相似，能够很好地防范投资风险，投资的透明度高，有利于保险公司稳健经营，且通过资金的集中化可获取规模经济效益，能适应世界经济集团化、区域化和国际化的挑战。其不足是对技能、人才等方面的要求过高，还要求有先进的计算机通信系统等。

3. 内设投资部门投资模式

内设投资部门投资模式是指在保险公司内部设立专门的投资管理部门，具体负责本保险公司的保险投资活动。这种模式使保险公司能够直接进行保险投资活动，但是相对于以上两种投资模式而言，容易产生保险公司内部黑箱操作，投资经营透明度较低，给保险监管带来一定的困难，因此，实践中，运用该模式进行保险投资已不常见。

4. 委托外部机构投资模式

委托外部机构投资模式是保险公司自己并不设立投资部门，而是将全部的保险资金委托给外部的专业投资公司进行管理，保险公司支付相应的管理费用的模式。

委托外部机构投资模式的优点是能够使保险公司集中力量开展保险业务，但是该模式也使得保险公司不仅要承担投资失败的风险，还要承担外部投资公司的操作风险。因此，该投资组织模式容易使其他行业、其他性质的风险波及保险公司。

（二）保险投资组织模式的选择

1. 国际保险投资组织模式的选择

从国际经验来看，集中统一投资模式以及专业化控股投资模式更能够符合保险投资专业化管理和防范风险的要求，也有利于保险投资经营竞争力的提高。在全球保险业过去几十年的稳定发展中，保险公司的经营重点已经从专注于负债管理转向资产和负债管理相互配合。资产管理已经成为保险公司经营的主要内容，包括投资政策的确定、投资战略和战术的制定以及投资业绩评估，通过成熟的资产管理和稳健的投资回报支持保险业务的发展。内设投资部门投资模式逐渐难以适应管理专业化和服务多样化的要求。现在，取而代之的是保险公司全资或控股的子公司模式，特别是绝大多数的股份制保险公司都通过收购兼并或整合重组拥有自己的资产管理公司。设立单独的资产管理公司，有利于吸收资本市场的优秀人才；有利于明确保险公司与投资管理公司的责任和权力，加强对投资管理的考核，促进专业化运作；有利于保险公司扩大资产范围，为第三方管理资产，从而为公司争取更多的管理费收入；有利于通过其他机构理财及掌握市场新的发展趋势，促进产品的创新。

此外，合理的投资组合策略能够使保险公司规避风险，人才和技术是保险投资管理的两大支柱。目前，国际上保险机构都会根据各种资产的特点，结合各投资渠道的特点，选择合理的投资组合策略，除日本大和生命保险公司因投资组合策略的错误选择导致破产外，大多数保险公司都能应对金融危机的考验，可见，合理的投资组合策略对于现代金融一体化环境下的保险公司投资相当重要。通过选拔优秀的人才和运用尖端的技术手段，可提升投资管理的专业化水平。

2. 我国保险投资组织模式的选择

由于我国保险业起步比较晚，保险投资组织模式在较长一段时间内采取内设投资部门和委托外部机构结合的投资模式，比如1984—1988年，国内唯一的保险企业——中国人民保险公司在计划经济条件下采取的是各地分公司内设投资部门或委托外部机构的投资模式，既没有专业的投资人才，也没有抵御风险的能力，盲目投资，造成高额的呆账、死账。1990—1998年，国内相继成立了中国太平洋保险（集团）股份有限公司和中国平安保险（集团）股份有限公司，在成立之初采取的也都是内设投资部门和委托外部机构结合的投资模式。

近年来，政府不断放宽保险投资的范围，各个保险公司的投资规模不断扩大，选择多样化的投资管理方式和主体已经成为一种趋势。目前，我国保险投资的组织模式主要有以下四种：① 在保险公司内部设立投资部门，通过投资部门购买证券投资基金间接进入资本市场。② 委托理财。保险公司通过与受托人签订委托证券投资协议,将保险公司的资金交给受托人管理,从而实现保险资金的保值增值。③ 以私募形式设立证券投资保险基金。由几家保险公司以私募的形式共同发起设立封闭式的证券投资保险基金,委托专业的基金公司来管理,各个保险公司按其出资比例分享利润,共担风险。④ 设立保险资产管理公司,直接参与股市。例如,中国平安保险(集团)股份有限公司在组织模式上就成立了独立的平安证券、平安信托子公司,使得其在资本市场运作方面积累了宝贵的经验,拥有了大量的专业人才。

案例分析 投保需谨慎,退保讲原则

2016年12月,汪某在某保险公司购买XX赢家年金保险、XX福寿养老年金保险。2017年1月,保险公司对汪某就投保新单进行两次电话回访并录音,第一次汪某表示对"红利分配及万能险个人账户价值的最低保证年利率之上的收益不保证"不了解,故保险公司派工作人员上门进行再次沟通讲解,最后客户表示已清楚回访中提出的问题,并无异议,在纸质《新契约回访问题反馈表》中签字确认;第二次电话回访中,汪某确认对两份保单的"红利分配及万能险个人账户价值的最低保证年利率之上的收益不保证"了解清楚,对两份保单无疑问。2021年2月,汪某认为该保险产品现金价值较低、保障较低、收益较少,因销售过程存在误导,才购买了该产品,要求保险公司全额退还两份保单已缴保费20万元,以及赔偿损失87119元(客户以民间借贷最高赔偿方式15%年化利率计算);并表示,如未满足诉求,将以其家人记者身份在网上进行曝光,给保险公司施加压力;同时反复向12378投诉,导致公司客服压力较大。投保人诉求较高,双方协商无法达成一致,故申请到江西省保险合同纠纷调解委员会进行调解。

《保险法》第47条规定:"投保人解除合同的,保险人应当自收到解除合同通知之日起三十日内,按照合同约定退还保险单的现金价值。"保险合同约定,保单生效后,其保单现金价值处于变化状态,一般而言,保单生效时间越长,现金价值越高。在保单生效期内,投保人有权要求解除保险合同,退回现金价值。而本案中由于保单生效时间较短,现金价值低于所缴保费。

(案例来源:自编案例)

问题

投保人要求按照民间借贷赔偿损失是否合理?销售误导该如何判定,案件中的行为是否属于销售误导?

提示:保险合同基于双方平等自愿签订,签署前投保人已知晓保单价值变化,仅因现金价值较低为由要求全额退保无法律依据。

复习思考题

1. 简述保险股份有限公司和相互保险公司的特点。
2. 简述影响保险产品定价的因素。
3. 简述保险产品开发的步骤。
4. 简述人身保险和财产保险的核保要素。
5. 简述保单保全服务的基本内容。
6. 什么是保险理赔？保险理赔的原则有哪些？
7. 简述保险投资的一般原则和特殊原则。

第六章

保险创新

内容提要

随着人类生存空间与活动范围的不断扩展，社会经济的快速发展，人们对保险功能提出新的要求，保险创新则是应对人类保险诉求提升的重要措施。实践证明，保险创新是深化我国保险供给侧结构性改革，提升保险保障能力和水平，促进保险业高质量发展的必由之路。本章主要阐述保险创新的基本概念和内容，介绍保险创新的政策背景和主体，并进一步讨论保险服务创新、产品创新及模式创新等保险创新方面的主要内容。

第一节 保险创新概述

一、创新与保险创新

（一）创新

1. 创新的概念

"创新"一词的英文"innovation"起源于拉丁语单词"innovare"，原意有三层含义：第一，更新，即对原有的东西进行替换；第二，创造新的东西；第三，改变，即对原有的东西进行改造。《韦氏新国际英语词典（第二版）》中创新的含义为：引进新概念、新东西和革新[1]；《现代汉语词典（第7版）》和《辞海（第7版）》中均将创新解释为：抛开旧的，创造新的。1912年，美籍奥地利经济学家熊彼特（Joseph A. Schumpeter）在其成名著《经济发展理论》中提出"创新理论"，首次从经济学角度解释了"创新"的含义，他将创新定义为："生产函数的重新建立"或"生产要素新的组合"，认为创新包含开发新产品（或产品新特性）、引进新技术、开辟新市场、发掘新的原材料来源，以及实现新的组织形式和管理模式这五个层面的内容。自此，"创新"的概念被广泛地引入经济学、社会学等领域。

从不同的角度出发，会对创新有不同的理解。在本书中，创新是指人类为了特定

---

[1] 详见 http://www.merriam-webster.com/dictionary/innovation。

的目的，遵循事物发展的规律，对事物的整体或其中的某些部分进行变革，从而使其得以更新与发展的活动。其含义包括三个方面：第一，思维方面，只要思维方式、思维内容、思维结果是新的就属于创新；第二，过程方面，在过程中运用新的方法、新的手段、新的过程进行实践活动也属于创新；第三，结果方面，如果制造出的物品与原来的物品相比拥有了新的内容、功能、拓展等，也属于创新。简而言之，创新就是利用已存在的资源或已具备的条件创造新东西的一种手段。

2. 创新的特征

（1）实践性。从根本上来说，创新源自实践，也服务于实践。一方面，创新主要依赖人类思维，尽管创新包含了观念创新、思维创新、理论创新，创新过程和创新结果都依赖理论思维，但创新成果均是实践的产物，是在实践中形成和发展起来的。另一方面，创新的成果最终都将应用和服务于实践，否则就没有创新的价值和意义。因此，创新必须要坚持实事求是，坚持理论联系实际，尊重事物发展的客观规律，坚持在实践的基础上进行有实效的创新。

（2）目的性。从本书给出的创新的定义可以看出，创新是一种有目的的实践活动。任何创新活动都具有一定的目的，这个特性贯穿于创新过程的始终。创新是创新主体自觉进行的，凝结了主体的需要和动机、愿望和目的、意志和意识。需要指出的是，人类某些无意识的活动也能产生某种结果，但是这不属于创新。只有纳入了人类意识指导的活动，才是创新活动；只有凝结了人类目的和意识的成果，才是创新成果。创新的目的性使创新活动必然有自身的价值取向。

（3）价值性。创新有明显的、具体的价值，具有一定的效益。创新价值是对具体创新主体而言的，也是对整个人类而言的，但根本上是针对整个人类的。创新的价值标准是社会性的，是以不损害他人利益和社会利益为前提的。损害他人利益和社会利益、违背社会公德和法律的活动，都不能称为创新。如果个体主体价值与整个人类主体价值发生矛盾，则创新价值必须符合整个人类的利益，即符合社会发展规律，有益于人类社会的文明与进步。

（4）新颖性。创新是有新成果的活动，只有过程没有结果的活动不能称为创新。创新的"新"就是指有新的成果，能产生一定的经济效益或社会效益。创新成果可能是实物的，也可能是精神的，可能是器物的，也可能是制度的。创新的"新"还指对现有的不合理事物的扬弃，革除过时的内容，确立新事物。制造新产品是创新，发明新工艺是创新，发现新定律是创新，提出新理论是创新，建立新制度也是创新。从这种意义上说，创新就是人类开创出前所未有的、有一定积极意义的新思想、新事物和新成果。

（5）风险性。一方面，创新信息的获取具有灵活性，创新的条件具有可变性，创新的过程具有不确定性，创新的结果及其价值与目的具有不一致性，因此使得创新具有较高的风险性。另一方面，创新是他人未做过之事，是前所未有的，是对旧事物的突破和否定，因此必然会遇到很多新的困难和问题，遭遇挫折和失败的概率更大。但就人类整个创新历史而言，失败是创新不可避免的阶段，失败经验的积累有助于人类创新的成功。

（二）保险创新

1. 保险创新的内涵与外延

借鉴熊彼特从经济学角度对创新的解释，可以将保险创新定义为：保险创新是指在保险领域内建立新的生产函数，是各种保险要素的新的结合。而依据保险创新所包含内容的不同，可以将保险创新划分为广义保险创新与狭义保险创新。广义的保险创新一般是指在保险制度体系和保险市场中出现的所有新的事物，包括保险理论创新、保险制度创新、保险技术创新、保险业务创新等；狭义的保险创新即是指保险业务创新，主要包括保险产品创新、保险渠道创新和保险模式创新等。本书主要介绍狭义的保险创新，在参考借鉴相关概念的基础上，对保险创新作如下定义：

保险创新是指保险业务相关主体通过投入要素的变革，如制度调整、技术开发应用、服务拓展等，更好地满足消费者保险服务需求，实现保险服务的最优化供给，并产生一系列社会效益的良好活动。

2. 保险创新的主要内容

（1）产品创新。保险产品创新是保险行业发展的核心内容和重要方向，具体是指保险人对已有保险条款进行梳理、归纳、组合和转化，设计符合特定风险管理需求的保险新产品，拓宽保险业务范围，调高保险保障水平。一般而言，保险人主要围绕经济社会发展的新需求，通过优化保险险种结构、改造升级保险产品、完善保险产品条款等，开发出适应市场与客户需求的保险新产品。依据险种不同，产品创新可以分为财产保险产品创新和人身保险产品创新；进一步，人身保险产品创新还可以分为人寿保险产品创新、健康保险产品创新及意外伤害保险产品创新。

（2）渠道创新。保险渠道创新又可称作保险服务渠道创新，是保险公司除产品创新之外的另一项核心竞争手段，一般是指保险人通过强化保险服务理念和管理理念，创新或拓宽服务渠道和服务网络，优化服务手段和服务流程，转变服务方式，借此提升保险保障能力和服务质量，提高保险信誉，树立保险公司的社会形象，壮大实力，增强竞争力的一种行为。推动保险渠道创新，相关主体既要注重传统渠道的拓展与延伸，改进和提升传统服务渠道的运行效率，节约运行成本，同时还要充分借助和利用新兴科学技术，开发和设计新的保险服务渠道，打造更为便捷、普惠、高效的服务渠道网络。

（3）机制创新。保险机制创新是指保险业务主体通过强化保险业发展的顶层设计，在将保险业发展融入社会经济发展的同时，综合运用新兴技术手段，实现保险业与科学技术的有效融合。保险经营主体一般通过结合所在地区保险业发展的现状，吸收与借鉴发达国家与地区保险业机制构建的先进经验，积极探索建立服务自身发展的现代化长效机制，推动保险业的规范化、信息化发展。保险机制创新会进一步提升保险模式创新，具体内容详见本章第四节。

二、保险创新主体

（一）保险创新主体的构成

基于广义的保险创新概念，保险创新主体包括保险科研机构、保险教育机构、保险业务机构、保险监管机构，以及保险民间组织等；而基于狭义的保险创新概念，保险创新主体则主要是指保险业务机构，通常包括保险公司、保险中介公司、科技服务公司，以及物联网公司、互联网公司、医疗机构和汽车企业等相关上下游企业。（见图6-1）

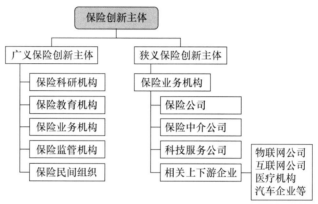

图6-1　保险创新主体构成

保险创新改变了保险业传统格局，使得更多相关业务主体参与到保险保障体系建设之中，这些业务主体在整个保险新生态系统中发挥着不同的作用，同时，也在保险创新发展过程中占据不同的地位，扮演不同的角色。

（二）广义保险创新主体的地位及作用

1. 保险科研机构

保险科研机构是指从事保险理论和政策研究的学术团体，一般是由保险业界、学界和相关领域的有关单位从事保险理论研究的专业人士自愿结成的非营利性社团组织。保险科研机构主要以保险理论研究以及相关理论与实践结合应用等作为研究内容，具体包括改进或创新保险相关理论模型，验证相关理论应用于实践的可行性，分析影响不同领域保险业发展的影响因素、潜在风险及其控制措施等。保险科研机构是保险理论创新的核心力量和主要渠道，保险科研机构的存在能够为保险业更好地发展提供理论支持和方向指导。

2. 保险教育机构

保险教育机构主要是指开办保险学及相关专业的高校，以及开展保险职业教育和培训的各类机构。保险教育机构以各类保险人才的培养和培训为主，是保险专业人才培养的重要渠道，而保险专业人才是保险事业发展的根本保证，是保险创新的根本动力。目前，我国开办保险学专业的高校有130所左右，主要集中在综合类和财经类院校，而随着我国医疗保障事业的发展，少数医学类院校也开始建立保险学专业，重点培养健康保险或医疗保险方向的保险专业人才，对我国健康保险业专业化发展起到了重要推进作用。

3. 保险业务机构

保险业务机构是指直接或间接从事保险及相关服务的各类机构，是保险发挥保障作用的最直接服务主体和责任主体，一般被看作狭义层面的保险创新主体。保险业务机构直接提供保险保障服务或相关服务，最大程度上决定和影响被保险人的保险保障效率和满意度，因此在保险创新主体中占据核心地位。保险业务机构在保险创新过程中具有不同的地位与作用，随后将详细介绍。

4. 保险监管机构

保险监管机构是指由国家政府设立的专门对保险市场的各类经营主体、保险经营活动进行监督和管理的机构。保险监管机构是保险业的监督管理者，通过行使监管权力和履行保险监管职能来实现国家和政府对保险业监管的行政职能。保险监管机构主要承担保险监管制度创新和保险监管手段创新等任务，尤其是在保险业发展面临新技术、新形势的情况下，保险监管要能及时随之调整。例如，随着我国互联网保险业务的快速发展，2020年12月，银保监会正式公布《互联网保险业务监管办法》，以规范互联网保险业务，有效防范风险，切实保护消费者合法权益。

5. 保险民间组织

保险民间组织是指由保险及相关领域机构或个人自发组织和自愿参加形成的非官方组织。例如，英国的劳合社承保人公会、美国的人寿保险协会、日本的损害保险协会、中国的保险行业协会等。保险民间组织虽然具有一定的业务性或学术性特征，但组织结构相对松散，主要在保险行业标准建设、教育培训认证、自律规则制定、行业经营评价等方面开展创新，是保险创新有益且必要的补充。

（三）狭义保险创新主体的地位及作用

1. 保险公司

保险公司即保险人是指经过国务院保险监督管理机构批准设立的、提供保险产品服务和承担风险损失补偿或给付责任的公司，是保险市场上产品和服务的主要提供主体。保险公司既是保险创新主体的核心，同时长期来看也是保险创新的受益者。不过，当前不同类型保险公司对待保险创新态度不尽相同。以综合人身险或财产险为主营业务的传统保险公司具有显著的线下渠道优势、深厚的产品设计经验以及丰富的经验数据积累，通常将渠道创新、产品创新和服务创新等作为保险创新的突破点与核心内容。但是，也正是因为这类保险企业长期以线下业务为主，有着相对固定的保险消费群体（或潜在客户群体），所以对机制体制保险创新过程制约较大，创新转变难度较大，同时考虑到保险创新过程中的风险性特征，因此这类保险公司对于保险创新的态度也就比较谨慎。

2. 保险中介机构

保险中介机构是指介于保险公司之间或保险公司与投保人之间,专门从事保险业务咨询与招揽、风险管理与安排、价值衡量与评估、损失鉴定与理算等中介服务活动,并从中依法获取佣金或手续费的机构。我国保险中介机构包括保险代理、保险经纪和保险公估三大类,在保险市场上主要发挥专业技术服务、保险信息沟通及风险管理咨询等方面的作用。由于保险中介机构主要依附于保险公司存在,抗风险能力弱,不能独立完成产品开发、保险给付等业务,因此,保险中介机构主要在保险客户服务领域发挥保险创新作用。

3. 科技服务公司

科技服务公司是指服务于保险公司和保险中介机构内部流程优化、风险管控体系建设等的第三方服务商。科技服务公司具有全面的技术优势,业务发展灵活,但是一般不具有保险相关业务资格,在保险领域主要受雇于保险公司、保险中介机构或相关上下游企业,给予相关技术服务支持、风险管控服务等,并获得相应技术服务、管理服务报酬,在业务发展上受制于雇主业务发展。因此,科技服务公司在保险创新方面,主要集中于协助或支持保险公司、保险中介机构以及相关上下游企业进行服务创新、渠道创新或模式创新等,在保险创新的过程中发挥着至关重要的技术支撑作用。

4. 其他相关机构

保险保障服务是一项综合性、系统性、完整性的保障服务,除保险业务机构,如果保险公司或保险中介机构等提供的保险保障、咨询与申诉、防灾防损、契约保全、附加价值服务等之外,还包括其他相关机构,如互联网公司、物联网公司、医疗机构、汽车维修机构等所提供的渠道提升、健康维护、汽车维修等专业化服务。不过,对于相关上下游机构而言,保险保障服务只是其自身产业链中的风险保障或消费环节,参与程度有限,因此,在保险创新过程中,积极性和主动性一般较低,多处于被动或从属地位,相应地,所发挥的保险创新作用也有限,需要有效引导。

三、保险创新发展背景

(一)保险创新起步阶段

中华人民共和国成立以来,伴随着我国经济发展和改革开放的历程,我国保险业发展环境随之发生变化,保险创新同样经历了曲折的发展历程。1949年10月,中国人民保险公司成立,标志着我国保险事业发展进入一个新的历史时期,我国政府开始针对社会主义事业建设的需要,对保险业进行全面清理、整顿和改造。1959年至1979年,我国保险业除保留部分涉外业务之外,一切国内业务停办,保险创新无从谈起。1979年4月,国内保险业务逐步恢复。1988年3月,平安保险成立,成为我国第一家股份制保险企业,在保险经营主体上打破国有独资的单一模式,开始在保险创新领域有所探索和实践。1992年,国务院批准在上海进行保险市场开放试点,同年10月,美国友邦保险获准在上海开业,成为改革开放后我国第一家外资保险公司。友邦保险的进入,不仅丰富了我国保险经营主体,同时所带来的代理人制度成为我国保险销售渠道创新的典型案例，在短时间内迅速提升了我国保险营销能力。

(二) 保险创新发展阶段

1995年6月，我国《保险法》颁布，并于同年10月1日起施行，标志着我国保险业进入有法可依、依法经营、依法监管的新阶段。同时，《保险法》确立了产险、寿险分业经营的原则，各保险公司开始实施产险、寿险分业经营体制改革。可以说，《保险法》提出的分业经营、专业化发展要求，既给我国保险业带来创新发展的压力，同时也创造良好的创新发展机遇。1998年11月，为深化金融体制改革，进一步防范和化解金融风险，国务院决定成立中国保险监督管理委员会，并逐步形成偿付能力、公司治理、市场行为监管三支柱的现代保险监管框架。2001年，中国加入WTO，并对保险业作出了"高水平、宽领域、分阶段"的开放承诺，保险业在金融业中率先开放，美国纽约人寿、美国大都会、日本生命人寿3家外资公司获得许可，中国保险业进入全面发展的阶段。

(三) 保险创新提升阶段

2006年6月，为加快我国保险业改革发展，促进社会主义和谐社会建设，国务院公布《关于保险业改革发展的若干意见》（国发〔2006〕23号，即"国十条"），明确提出"推进自主创新，提升服务水平"的发展要求，强调健全以保险企业为主体、以市场需求为导向、引进与自主创新相结合的保险创新机制。2007年3月，科技部、保监会联合印发《关于开展科技保险创新试点工作的通知》（国科办财字〔2007〕24号），提出通过政府的引导和推动，开展科技保险创新试点工作，进而推动科技保险事业的发展。2013年11月，中共十八届三中全会在北京召开，会议提出加快完善现代市场体系、宏观调控体系、开放型经济体系，加快转变经济发展方式，加快建设创新型国家。2014年8月，为全面落实党的十八届三中全会对保险业改革提出的新要求，进一步解放思想，创新体制机制，激发市场活力，国务院公布《关于加快发展现代保险服务业的若干意见》（国发〔2014〕29号，即"新国十条"），再次以"顶层设计"的形式明确了我国保险业在社会经济中的重要地位。其中提出，到2020年，基本建成保障全面、功能完善、安全稳健、诚信规范，具有较强服务能力、创新能力和国际竞争力，与我国经济社会发展需求相适应的现代保险服务业，努力由保险大国向保险强国转变。保险创新再次被提升至国家保险发展顶层设计的高度，并作为保险业发展的重要目标，我国保险创新发展提升明显。

(四) 保险创新规范阶段

2015年6月，国务院印发《关于大力推进大众创业万众创新若干政策措施的意见》（国发〔2015〕32号），提出"推进大众创业、万众创新，是发展的动力之源"，在整个社会营造了浓厚的创新氛围。2016年5月，中共中央、国务院印发《国家创新驱动发展战略纲要》，明确提出拓展互联网金融等新兴服务业，促进技术创新和商业模式创新融合。2016年6月，国务院批复同意《浙江省宁波市保险创新综合试验区总体方案》，宁波成为全国唯一经国务院批准的保险创新试验区。2016年8月，《中国保险业发展"十三五"规划纲要》(保监发〔2016〕74号)强调围绕服务经济社会发展的重点方向,创新保险服务机制和手段,提升服务水平。

随着新技术的快速兴起及保险科技的普及应用,我国保险行业转型升级速度加快。但是,保险科技应用尚处于初级阶段,与此同时,技术和业务的融合还不充分,在保险创新提速过程中还存在一定问题,因此,需要同步制定相应配套支持政策和监管政策,保证我国保险创新始终走在正确的道路上。2016年12月,保监会召开专题会议,指出保障是保险业根本功能,投资是辅助功能,是为了更好地保障,必须服务和服从于保障,决不能本末倒置,对保险业在产品设计、销售和服务等多方面的"无序创新"提出明确监管要求。2018年3月,根据国务院机构改革方案,中国保监会与银监会职责整合,组建中国银行保险监督管理委员会。同年4月8日,中国银行保险监督管理委员会举行揭牌仪式,中国保险业开启新的监管历程。

2019年12月,银保监会发布《关于推动银行业和保险业高质量发展的指导意见》(银保监发〔2019〕52号),指出要推动银行业和保险业高质量发展,必须要完善服务实体经济和人民群众生活需要的保险产品体系,在设计保险产品、构建保险产品体系的过程中,应当注重科技赋能保险,提高保险行业的创新能力。2020年6月,银保监会出台《关于规范互联网保险销售行为可回溯管理的通知》(银保监发〔2020〕26号),聚焦互联网保险销售页面管理与销售过程记录,明确互联网保险销售环节、页面内容与互动方式,创新销售页面版本管理机制,应对互联网背景下由于保险销售页面不断迭代更新带来的取证难等问题。2020年12月,银保监会公布《互联网保险业务监管办法》,以规范互联网保险业务,有效防范风险,保护消费者合法权益,提升保险业服务实体经济和社会民生的水平。

第二节 渠道创新

一、渠道创新概述

(一)保险渠道分类

保险渠道又称保险营销渠道,具体是指保险产品从保险公司向投保人转移过程中所经过的途径。根据保险营销过程中是否有中间商参与,可以将保险渠道分为直接营销渠道和间接营销渠道两大类。

1. 直销渠道

直接营销渠道即直销渠道,也称作直销制,是指保险公司不借助中间商,而是由自有业务人员和分支机构向消费者提供保险产品及服务的模式。我国保险业发展早期,直销渠道一直是保险公司渠道建设的重点工作,因为直销渠道具有销售中间环节少、产品价值传递性好、营销达成度高等优势,有利于维护保险公司形象,但同时受到保险公司人员和机构渗透能力等方面的限制,直销渠道获得客户能力较弱,经营范围具有局限性。

2. 中介渠道

间接营销渠道即中介渠道或中介制，是指保险公司通过个人代理人或保险中介机构等推销保险商品的方法。保险中介人不能真正代替保险人承担保险责任，只是参与、代办、推销或提供专门技术服务等，从而促成保险商品销售的实现。保险中介渠道又可细分为个人代理人渠道、专业中介渠道、兼业代理渠道和互联网保险平台等具体形式。

（1）个人代理人渠道。个人代理人是指根据保险人委托，向保险人收取代理手续费，并在保险人授权的范围内代为办理保险业务的个人。随着我国保险业的蓬勃发展，目前又出现了独立个人保险代理人的概念。独立个人保险代理人[①]是指与保险公司签订委托代理合同，不参加营销团队，自主独立开展保险销售的个人保险代理人。个人代理人渠道具有保险服务针对性强、渗透性好的优势，同时有助于保险公司节约人力资源成本，但同时由于个人代理人进入门槛低，人员素质参差不齐，加上多数情况下，个人代理人的利益诉求与保险公司利益目标及投保人利益诉求往往不一致，导致个人代理人难以客观中立地提供高质量的保险营销服务，容易产生销售误导和保险纠纷。

（2）专业中介渠道。专业中介渠道即根据保险公司的委托，向保险公司收取佣金，专门代为办理保险业务的机构，主要包括保险代理公司、保险经纪公司和保险公估公司等。专业中介渠道具有相应的专业资质，专业化程度较高，能够以第三方身份为客户提供相对独立的、客观的、专业化的保险服务。不过，目前专业中介渠道在资金规模、渠道渗透、产品种类等方面无法与规模较大的保险公司相提并论，渠道综合能力和优势还需进一步提升。

（3）兼业代理渠道。兼业代理渠道是指受保险公司的委托，在从事自身业务的同时，指定专人为保险公司提供保险产品销售代办保险业务、向投保单位和个人提供保险销售服务的形式。兼业代理渠道又包括金融机构兼业代理（如银行、邮政储蓄所、信用社、证券公司等）、行业兼业代理（如旅行社、民航、铁路、汽车销售企业等）、企业兼业代理和社会团体兼业代理（如工会或某些协会等）这四种形式。兼业代理渠道主体多、分布广、渗透性好，在保险产品销售方面具有一定的场景优势，方便客户投保。但是，兼业代理渠道专业性相对较差，由于其自身主营业务关系，参与保险产品服务的程度有限。

（4）互联网保险平台。互联网保险平台是指保险公司或新型第三方保险网以互联网和电子商务技术为工具来支持保险销售的经营管理活动的模式。互联网保险平台是随着电子信息技术快速发展与应用普及而兴起的。互联网保险平台节约了客户搜索保险产品的时间成本，方便客户对保险产品进行比较分析，同时也显著降低了保险公司的销售成本。但是，由于缺乏直接面对面的沟通，使得客户对保险产品和服务的信任度下降，同时线上线下资源整合不足，渠道冲突现象比较严重，还存在信息安全问题。

---

① 银保监会 2020 年 11 月公布的《保险代理人监管规定》中提出了"独立个人保险代理人"概念。

(二)保险渠道演进

中华人民共和国成立后,我国保险渠道经历了保险公司直销为主,个人保险代理人,"专业＋兼业"代理和互联网保险四个发展阶段。

1. 直销为主阶段(1949—1992年)

1949年,中国人民保险公司成立后,我国保险市场上保险产品以保险公司直接销售为主,同步发展保险代理业务,依靠专业银行、公安、交通等行业构建兼业代理服务体系,后期通过发展行业代理与农村代办等形式拓展业务。1992年之前,我国保险渠道之所以采取保险公司直销为主的模式,是因为这一模式与当时市场上保险需求的特点紧密相关,是一种无意识、被动的选择。当时,我国改革开放已经对社会经济生活产生较大影响,但是这种影响还未对我国消费者的保险需求产生根本性改变,大部分消费者仍处于传统社会保障体系的覆盖之下,尚未形成适应市场经济发展的保险理念。当时的保险公司所关注的客户也主要是与国家财政密切相关的企事业单位,一般采取比较被动的"等客上门"的方式进行直接营销。

2. 个人保险代理人阶段(1992—2000年)

1992年,美国友邦保险在上海设立分公司,将个人保险代理人制度引入中国,改变了我国传统的保险展业模式。1996年,泰康保险等企业开始借鉴友邦保险展业模式,推动个人代理人制度在我国的普及与发展。1992年开始,随着改革开放步伐的加快,传统计划经济体制快速向社会主义市场经济体制转型,保险对社会经济生活的影响愈发明显。在经济转型过程中,一方面,产生了一批先富群体,其财富积累迅速增加;另一方面,在两种经济体制的转移接续下另一批群体出现,这类人群既缺乏市场化的风险保障,又脱离了传统的保障体系。因此,社会上形成了大量分散的、有购买能力和购买欲望的潜在保险客户。这时,我国保险市场已经具备个人保险代理人产生和发展的社会环境和经济环境。个人保险代理人能够有效帮助有保险客观需求但保险意识较低的客户消除关于保险的困惑,选择保险产品。但传统的个人代理人模式是我国保险营销粗放式经营的产物,是适应保险业发展初级阶段的一种模式,在消费者保险意识较低、保险需求差异不显著时才能获得较好的业绩效果。而当消费者保险意识提升、保险需求差异化程度加大,并且保险消费更加理性时,这一模式就难以适应了。

3. "专业＋兼业"代理阶段(2000—2012年)

2000年6月,江泰保险经纪有限公司注册成立。自此,专业保险中介机构、银行保险渠道以及电商渠道陆续出现,强化保险公司与消费者之间的业务联系,以第三方身份提供保险营销服务。保险专业和兼业代理渠道的出现,是我国保险业专业化、规模化发展的必经过程。保险市场存在严重的信息不对称和不完全,使得各参与主体不能进行最优决策,保险资源无法进行优化配置。而保险专业代理和兼业代理制度通过建立公平、合理的市场规则,制定保险中介机构管理制度和规则,有效节约保险交易成本和提高保险业务效率,为投保人提供更为及时、全面的服务,从而提升和促进保险业创新发展。例如,兼业代理渠道中,银行代理渠道就是通过银行与保险公司之间的相互学习、相互支持与深度合作，结合双方优势，创新开发符合银行业务经营要求和特点的银行保险产品，除满足客户养老、意外、消费信贷等多样化保障需求外，还丰富了保险渠道形式。

4. 互联网保险阶段（2012年至今）

2012年，随着互联网技术的普及，保险公司借助互联网投放产品、获得客户的比例快速增长，与传统线下营销模式形成互补，同时，原本从事互联网流量服务的企业逐渐转向保险业务，新型数字中介平台涌现。我国互联网保险产品逐渐丰富，已经从最初的车险、意外险等条款、费率标准化程度较高的险种，逐步扩展到货运险、信用险、万能险、健康险等一系列条款相对复杂的险种。互联网保险渠道正以低成本、高保障、场景化、高频化、碎片化的独特优势强力冲击着现有格局。

二、渠道协同

（一）渠道协同概述

1. 渠道协同的定义

渠道协同，又称全渠道融合，是指保险公司通过搭建全渠道协同服务平台，打破原各分渠道之间营销信息、营销人员和营销资源流转配置壁垒，为客户提供全方位、一体化、效率高的保险保障服务的模式。长期以来，保险销售以分渠道营销为主，导致客户数据分散、信息不一致、管理混乱、管理难度大和成本高等一系列问题出现，难以适应客户在保险全流程中的统一体验需求。而渠道协同让客户能够在最方便的触点获得最方便的服务，同时有助于各个渠道共同开发客户价值链，实现对客户的深度经营。因此，实现各渠道互联互通，打造全渠道融合体验，是保险业创新发展的主要方向之一。

2. 渠道协同产生背景

在分销渠道背景下，直销渠道与中介渠道之间，以及专业代理渠道、兼业代理渠道与互联网平台等不同中介渠道之间相互割裂、相对独立，产生一系列问题。首先，长期以保单为中心的经营管理模式，导致不重视客户信息收集、整理、分析工作，客户信息分散且质量差，无法建立统一的客户信息透视图。其次，客户信息数据在不同渠道中存在重叠现象，且同一客户在不同渠道的信息不一致，导致企业无法提供一致性服务，客户体验较差。再有，由于保险公司缺乏相应的机制体制建设，缺乏内部统一的客户信息质量标准和业务标准，不能对客户信息进行统筹管理，碎片化的、局部化的信息管理导致全局的失调和混乱。最后，客户信息的过度分散，渠道之间缺乏互联互通和及时响应，无法形成全渠道的合力优势，造成保险公司管理难度大和成本高等问题。

3. 渠道协同的优势

相对分渠道营销，渠道协同具有以下优势：

第一，客户画像准。渠道协同模式将分散在不同渠道的客户信息数字化，并通过渠道协同平台进行汇总、综合分析，显著提升客户信息质量，从而有效建立起统一的、全方位的客户信息视图,准确描绘客户画像,进而提供针对性的保险服务。

第二,服务效率高。在渠道协同状态下,借助互联网信息技术和渠道协同平台,能够保证客户在不同时间、不同渠道、不同触点下的服务需求第一时间得到响应;同时,渠道融合能够打破原有各渠道之间的信息壁垒,准确把握客户需求,及时提供精准服务,节约客户等待的时间成本和保险公司服务成本,提高服务效率。

第三,客户体验好。正是由于全渠道融合能够准确把握和满足客户保险需求,并且能够及时响应客户在不同触点下的服务诉求,能够带给客户高质量的保险服务,所以客户体验好、满意度高。

(二)渠道协同要点

1. 建立渠道协同机制

由于长期的分渠道营销模式影响,要推动渠道协同与融合发展,首先要建立健全协同机制,推动以客户为中心的保险文化建设。一方面,建立统一的管理标准,即统一不同渠道的资源投入、队伍建设、客户服务、业绩考核、质量评价、文化导向等标准,消除不同渠道之间的制度衔接障碍。另一方面,在全面深入分析不同渠道客户触点经验数据的基础上,掌握企业和客户的每一个触点,建立客户保险需求触发机制、全渠道协同机制和快速响应制度,在客户接触任意渠道的第一时间,确保能够得到准确、有效的回应,不断增加客户黏性。再有一方面就是,打破现有的利益分割格局,建立不同渠道的利益协同机制和良好的利益分配体系,综合评价不同渠道在客户获得、协同管理和服务过程中的地位和作用,进行科学合理的利益分配,激发渠道协同活力。

2. 改革渠道组织结构

随着保险公司前端组织功能由获客接单向客户价值经营与管理转变,保险公司前端组织的功能会变得综合化,现有渠道分割、相互独立的组织结构和运营模式无法有效满足客户需求。因此,需要打破渠道之间的隔阂与壁垒,对分渠道组织结构进行改革和调整。改革重点是以客户为中心重新定义组织结构,依据客户类型与消费场景等视角进行组织划分。例如,将原个险产品和渠道业务统一划归个人客户中心,原有团险产品和渠道业务统一划归团体客户中心,逐渐淡化分渠道组织结构概念。改革后的渠道组织结构,能够有效强化以客户为中心的组织与功能建设,关注客户全生命周期,为客户提供综合服务。

3. 打造渠道协同服务平台

打造渠道协同服务平台是实现渠道协同的基本前提和重要基础。渠道协同服务平台是指保险公司为实现传统渠道和数字渠道中无缝衔接、质量一致的用户体验,而借助电子信息技术打造的以客户为中心的服务平台。传统保险公司的分渠道之间的数据分割情况普遍,导致客户数据流通、共享不畅,难以在不同渠道间形成面向客户的服务协同。保险公司将不同渠道信息数据引入平台,重点做好传统价值渠道和数字化主流渠道的整合,将后台的不同产品和渠道资源打通,依靠后端的大数据平台,汇总信息后进行加工和分析,为客户推荐和提供一体化、个性化的产品和服务。同时,保证平台的灵活性与可拓展性，方便以后接入新的渠道。

三、渠道专业化

（一）渠道专业化的概述

1. 渠道专业化的定义

保险渠道专业化即保险产销分离，是指保险公司将保险销售业务完全转移至保险代理公司、保险经纪公司等中介机构，自身则专注于保险产品的开发设计，通过保险产品生产和销售的分离，推进保险渠道专业化分工，进而实现保险服务专业化水平和服务能力的提升。渠道专业化是保险业细化分工、优化产业结构的必然产物，日益成为提升全社会风险管理水平、促进和谐稳定不可或缺的力量，最能代表产销分离的发展趋势。保险渠道专业化变革包括三个层面：一是销售人员的专业化，即提高销售人员素质，明确销售人员身份，这需要依靠市场力量逐步推动；二是兼业代理专业化，包括车险和银邮代理专业化，实现组织体系的重大变革；三是专业机构大型化，依靠市场和资本力量，拓展专业平台，降低运行成本，提高服务质量。

2. 渠道专业化的发展背景

近年来，随着消费者对高质量保险服务诉求的增加，国家及相关职能部门连续发布保险渠道专业化发展相关政策，鼓励保险公司与中介机构合作，通过保险经营模式和营销渠道创新，提升保险营销服务专业化水平和质量。2010年9月，保监会印发《关于改革完善保险营销员管理体制的意见》（保监发〔2010〕84号），鼓励保险公司加强与保险中介机构的合作，设立专属保险代理机构或者保险销售公司，共同探索新的保险营销模式和营销渠道。2013年2月，保监会印发《关于进一步发挥保险经纪公司促进保险创新作用的意见》（保监发〔2013〕16号），同样提出鼓励保险公司与保险经纪公司积极合作，进一步发挥保险经纪公司的作用，推动保险创新。2015年9月，为落实《国务院关于加快发展现代保险服务业的若干意见》（国发〔2014〕29号）战略部署和保监会深化保险业改革的总体要求，保监会发布《关于深化保险中介市场改革的意见》（保监发〔2015〕91号），再次鼓励推动保险渠道变革创新，提升中介服务能力，大力推进"产销分离"，促进保险中介更好地发挥对保险业的支撑作用。2016年8月，保监会制定发布《中国保险业发展"十三五"规划纲要》，强调稳步推进保险中介市场发展，建立多层次、多成分、多形式的保险中介服务体系，鼓励保险销售多元化发展，探索独立个人代理人制度。2019年，银保监会办公厅印发《关于加强保险公司中介渠道业务管理的通知》（银保监办发〔2019〕19号），要求保险公司建立权责明晰的中介渠道业务管理制度体系，加强对合作中介渠道主体的管理，完善中介渠道业务合规监督。

一系列政策的发布和实施显示，产销分离、保险渠道专业化是未来保险业发展方向之一，尤其对中小型保险公司而言，强化与中介机构的深度合作，推进专业化分工，实现产销分离，才能够更好地实现保险业平稳、持续运营和发展。

（二）授权承保代理与渠道专业化

1. 授权承保代理的概念

授权承保代理（managing general agent）是指保险公司将承保权限授予一家代理机构，代理机构经授权后代理保险公司签订保险合同。保险公司的授权内容可以涵盖保险营销、核保、承保、理赔、支付，以及定价管理、风险控制、产品定制，甚至保险精算和再保险业务。与传统的保险代理和保险经纪等中介渠道相比，授权承保代理具有更为灵活的定价优势和佣金结构，能够快速扩大业务量，有效约束中介机构的道德风险。

2. 授权承保代理的作用机制

一般情况下，若干承保代理机构可以形成一个承保代理联盟，承保代理联盟主要负责承保代理机构的任务分配和管理工作。保险公司在向承保代理联盟支付手续费用后，由承保代理联盟选择并分配合适的承保代理机构。保险公司与承保代理机构签订授权协议，之后由授权的承保代理机构代表保险公司签订保险合同。通常情况下，承保代理机构对于一类保险产品只选择一家保险公司进行代理，同时承保代理机构代表着不同保险公司某一特定险种的承保能力。授权承保代理机构有效衔接保险公司与专业分销渠道，能够帮助保险公司在不需要设立分销渠道的情况下，进入专业的小众保险市场。

3. 授权承保代理的发展情况

近些年，授权承保代理在欧洲和北美洲保险市场中发挥着重要作用。例如在英国，授权承保代理主要专注于中小企业市场及特殊团体客户业务拓展；而在美国，授权承保代理还可以开发新产品，以及将不同的保险产品进行组合等，所授权的代理内容更为宽泛。目前，在我国授权承保代理尚处于空白阶段，不过未来将成为我国保险渠道创新发展的新方向。尤其是随着授权承保代理逐渐引入中国市场，加上保险科技的快速兴起，我国保险行业价值链重构与集约化发展将会进一步深入，我国保险渠道创新发展将得到质的提升。

第三节 产品创新

一、财险产品创新

（一）财险产品创新的必要性

随着我国经济社会的快速发展，新业态层出不穷，愈来愈多的生产、生活和消费场景被创造出来。相应地，风险也随之产生。再加上中央政府的产业、扶贫等政策的加持，新兴科技的加速应用等诸多因素刺激，加速激发了潜在的保险需求，对满足其风险保障的新保险产品需求愈发强烈。此外，随着消费的迭代升级和监管政策的变化，一些老产品也需要相应进行迭代升级。谁拥有较强的产品创新力，及时推出满足消费者新需求的创新保险产品，谁就能获得先发优势，跑赢市场竞争。

2020年，银保监会发布《推动财产保险业高质量发展三年行动方案（2020—2022年）》，这是银保监会成立以来首次出台关于财产保险业发展和监管的规划，具有重要的指导意义。规划提出："推动行业从以车险为主向车险、非车险发展并重转变，从销售驱动向产品服务驱动转型，从传统经济补偿向风险管理和增值服务升级，鼓励互联网保险、相互保险、自保等创新发展，激发高质量发展动力和活力。推动财产保险公司实现专业化、精细化发展，改进业态模式，深耕细分市场，开发多元化产品，推动服务创新，打造围绕保险的生态圈服务体系。"财产保险公司加大产品创新力度，既是时代的需要，也是政策的要求。

（二）财险产品创新的实践

1. 车险创新

自20世纪80年代我国恢复国内保险业务以来，市场主体尚处于形成阶段，车险作为涉及社会公众利益的保险产品，费率受行政指导程度较高。在此背景下，我国车险市场呈现两大主要现象：一是车险行业普遍实现承保盈利，车险综合成本率普遍优于海外成熟市场；二是渠道费用过高，部分消费者利益被渠道吞噬，行业成本结构尚有改善空间。在此背景下，监管部门自2015年起提出商业车险费率改革，赋予保险公司一定的商业车险费率厘定自主权，实现浮动化的车险条款。

面对费率市场化改革后的车险市场，陆续有多家保险公司推出创新产品。如安盛天平保险公司此前推出"中国好车主车险"，将车损险的保险责任划定为机动车之间的互碰，可为驾驶习惯良好的车主节约最高50%的车损险保费；众安保险、平安保险此前联合推出的"保骉车险"，利用大数据技术全面分析车主在不同场景中的风险保障需求，将前端的购车环节、后端的汽车美容等行业、以旧换新等业务中的细分化市场需求纳入其中，对传统的车险内容进行扩充，增加了退车险、膜换保等责任险；中保协对于投保了机动车第三者责任保险的家庭自用汽车，设计了附加法定节假日限额翻倍险，在保险期间内，被保险人或允许的驾驶人在法定节假日期间使用被保险车辆时发生三者险范围内的事故，并经公安部门或保险人查勘确认的，被保险车辆国内三者险所适用的责任限额在保险单载明的基础上增加一倍。

大数据、人工智能等新技术的应用，也慢慢体现在车险领域。2017年5月，蚂蚁金服保险数据科学实验室发布了"车险分"以及"定损宝"这两个关于车险的保险科技产品。"车险分"通过人工智能等技术对数据进行挖掘，从而对车主进行精准画像和风险分析，并对车主的风险程度进行量化评分，分数从300—700不等，分数越高，风险越低，以此提升车险的风险识别能力。而"定损宝"可以通过部署在云端的算法识别事故照片，在几秒钟之内就给出准确的定损结果，包括受损部件、维修方案及维修价格。

2. 农业保险创新

我国自1982年恢复农业保险，主要以传统成本保险为主，该方式在一定程度上转移了农业风险，但保障程度有限。为解决这一问题，中共中央、国务院印发《关于加快推进农业科技创新持续增强农产品供给保障能力的若干意见》（中发〔2012〕1

号),其中多次强调探索开展重要农业保险创新。2019 年,我国农业保险保费收入 672.48 亿元,同比增长 17.4%;提供风险保障 3.6 万亿元,同比增长 4.1%;2008 年以来,累计向 3.6 亿户次支付赔款 2400 多亿元。至 2018 年,中央财政已将水稻等主要粮食作物及能繁母猪等 16 种涉及国计民生的品种纳入保费补贴目录,此外,还有 200 余种地方财政补贴的地方特色农作物保险。[①]

(1) 完全成本保险和收入保险。2018 年 1 月,中共中央、国务院发布《关于实施乡村振兴战略的意见》(中发〔2018〕1 号),首次提出要探索开展完全成本保险和收入保险试点,加快建立多层次农业保险体系。2018 年 8 月底,我国开展对稻谷、小麦、玉米三大粮食作物的完全成本保险和收入保险试点。试点地区为内蒙古、辽宁、安徽、湖北、山东和河南;试点周期为 2018—2020 年,现已取得阶段性成果。如 2019 年,内蒙古在托克托县、扎鲁特旗试点玉米完全成本保险,在喀喇沁旗、莫力达瓦达斡尔族自治旗试点玉米收入保险,总投保面积达 322.08 万亩,保费收入 16650.66 万元。[②]

(2) 指数保险。指数保险包括天气指数保险、价格指数保险和区域产量指数保险。我国最早的天气指数保险是在农村农业部等部门的支持下,由安徽国元农业保险于 2009 年在安徽省长丰县推出的"水稻种植天气指数保险"。此后,天气指数保险又在蔬菜(棉花)、水产(海参、大闸蟹)等方面开始试点,产品设计也逐渐从单一气象指数向多种气象指数转变,形成综合性气象指数保险。我国最早的农业价格指数保险是蔬菜价格指数保险,于 2011 年在上海首次试点,随后推广至北京、江苏、四川等地。目前,我国价格指数保险在保险标的上有了很大的扩展,拓展至生猪、蔬菜、粮食作物和地方特色农产品四大类 73 种。对区域产量指数保险而言,相较天气指数保险,"产量指数"数据更难准确获取;相较收入保险,保障内容又不够全面,因此并未得到广泛的发展。目前仅有瑞再企商在售区域产量指数保险——吉林省玉米产量指数保险(中粮专用)。

(三) 财险产品创新的发展方向

1. 科技赋能,发展推行 UBI 车险

UBI(usage-based insurance)是一种基于驾驶行为的车辆保险形式,指通过车载设备搜集驾驶员驾驶行为和习惯的数据并将其通过车联网传至云端。保险公司利用这些数据对驾驶员的行车风险作出较为精准的度量,通过大数据的进一步处理,评估驾驶员的驾驶风险,从而实现保费的个性化定价。目前 UBI 车险在欧美国家已得到推广,技术较为成熟,在英国、日本等国家也得到了较为全面的发展。相比较之下,UBI 车险在国内成长缓慢。2015 年,我国 OBD(车载诊断系统)技术逐步成熟,成为 UBI 车险在中国发展的契机,商业车险费率市场化改革也为 UBI 的推行提供了良好的政策背景。多年来,众多保险公司纷纷进行 UBI 车险业务摸索,但至今没有获得明显成效,中国 UBI 车险仍处于发展初期。随着区块链、大数据等技术逐渐成熟和普及,UBI 车险的发展在技术层面上将具备更可靠的技术支撑。此外,我国于 2020 年 9

---

① 王绪瑾、王翀:《我国农业保险创新实践》,载《中国金融》2020 年第 13 期,第 73 页。
② 同上。

月进行了第四次车险改革，银保监会首次在改革文件中提及"探索在新能源汽车和具备条件的传统汽车中开发机动车里程保险（UBI）等创新产品"，也明确提出要加强人工智能、大数据等科技手段的使用，加强对车联网等新技术的研究，促进车险创新发展。技术和政策的成熟都为我国 UBI 车险发展打开了新窗口，注入了新机会，UBI 车险发展有光明前景。

2. 探索农业"保险＋期货"创新模式，支持三农发展

"保险＋期货"模式是农业保险在保险公司端，针对经营模式的创新。保险公司承保农作物价格保险后，再通过期货市场来分散风险，对冲价格波动带来的不确定损失，能够较好地维持农业生产的稳定、转移农产品价格风险。我国"保险＋期货"模式是在大连商品交易所推动下于 2015 年首次提出的，并于次年开始由大连商品交易所、郑州商品交易所相继开展试点。该模式试点至今，已形成较成熟的运作模式。越来越多的收入类、指数类保险与"保险＋期货"模式相结合，这依赖于可交易的期货、期权商品。但目前，我国期货、期权市场上可交易的农产品种类仍十分有限，若通过国外市场转移风险，又会增加农业保险的成本，因此未来需要进一步完善期货、期权等金融市场，促进"保险 ＋ 期货"等农险创新模式的应用和探索。

3. 加快非车险创新发展，寻求增长新动能

当前，无论是服务国家重大发展战略，支持社会治理体系建设，还是保障国民经济产业发展都为非车险市场发展提供了广阔空间。针对新型基础设施建设、新型城镇化建设和重大工程建设的"两新一重"建设将在工程建设期间带动工程险、责任险、货运险等一系列商业险种保费的增长。国家治理也给责任险业务带来发展机会。近年来，信用保证保险也成为增长速度最快的险种之一，但因为其超高的风险水平，经营该险种的企业多面临亏损。还有家财险和企财险，从保费收入看占比都不高，和发达国家相比相差甚远，说明非车险领域还有广阔的发展空间，只有不断加快产品创新，深挖客户需求，才能把握住当今时代经济社会发展需要，构建财险发展新格局。

二、寿险产品创新

（一）寿险产品创新的发展演变

1. 起步阶段（1982—1992 年）

1990 年之前，我国市场上仅有中国人民保险公司经营人身险业务。1981 年，中国人民保险公司开始修订人身保险条款；1982 年，在部分省市试办简易人身保险，同年，制定并试办了团体人身保险、团体人身意外伤害保险及旅客意外伤害保险；1983 年，制定和试办城镇集体经济组织职工养老保险；1984 年，城镇个人交费的养老保险开始。但由于市场上仅中国人民保险一家经营人身险业务的保险公司，且受经济发展水平和人们保险意识所限，加之精算技术的缺乏，寿险业务的需求很少，团体保险占绝大多数，产品主要以简易人身保险和统筹养老保险为主。

由于受当时发展条件所限，相关人身保险的产品设计都是由中国人民保险公司首创，以致在很长一段时间内，新成立的寿险公司对于产品的设计都沿用中国人民保险公司的保单设计。中国人民保险公司对于寿险相关产品的创新在我国寿险发展的初期

阶段起到重要的示范作用和指引作用。

2. 个人寿险产品发展阶段（1992—1999年）

1992年，友邦人寿保险代理人营销模式的引入，促进了寿险公司对于个人寿险产品的开发和创新，终身寿险、定期寿险、两全保险和年金保险等普通寿险产品相继创新出现；同时，重疾险产品也开始发展。相应的人身保险的保费收入也不断提高。较1991年，中国人民保险公司的寿险业务在1992年均出现不同程度的增长。1996年之后，随着寿险公司的主体不断增多，为了抢占市场份额，寿险公司纷纷开始传统产品创新，但多数都是对美国、中国台湾等发达寿险市场产品的模仿，产品同质化现象严重，寿险公司普遍缺乏对产品开发核心技术的掌握，而且对于创新产品的风险防范意识不强。

3. 新型寿险产品发展阶段（1999—2013年）

受国家储蓄存款利率下调的影响，保监会对传统寿险产品的预定利率进行下调，相对的传统寿险产品的费率提高，退保现象频发，给寿险公司的现金流及持续稳定经营带来了很大挑战。为突破发展困境，寿险公司开始积极开发新的寿险产品，投连险、分红险、万能险等新型产品相继出现。1999年，平安寿险推出我国第一款新型寿险产品——平安世纪理财投资连结保险；2000年，太平洋保险推出我国第一款万能险产品——太平盛世两全保险；2001年，新华人寿推出我国第一款分红寿险产品——吉庆有余两全保险（分红型）。这类新型寿险产品主要以期限较短、保障程度较低的分红型寿险产品为主，侧重于满足储蓄和投资需求。

到2008年，新型寿险产品占我国寿险总保费收入的比例已达85.23%，分红险、万能险和投连险的占比分别为57.06%、21.79%和6.38%。① 2008年，随着经济危机的爆发，国际金融市场上的投资风险增大，为了保持我国寿险市场的稳定性，保监会开始加强对相关新型寿险产品的监管和调控。相对于国际资本市场，我国国内的投资收益较好，所以消费者对于新型寿险产品的偏好有增无减，进而激发了寿险公司对于新型寿险产品的新一轮改进和创新。

这一时期寿险产品的创新之处在于：一是条款制定较之前更加规范；二是产品创新速度加快，以平安寿险公司为例，仅2009年就推出近10款新型寿险产品；三是产品的类型更加趋于集中，万能险、分红险等投资型新型寿险产品成为各寿险公司创新的主力，自2009年起，平安寿险推出的36款新型终身寿险产品中，有18款为万能险，有10款为分红险。然而由于经济危机，2008—2011年保险业投资收益率持续走低，2011年行业投资收益率仅为3.39%，根本无法覆盖寿险成本。2011年底，满期给付风波出现，5年期趸交产品到期，收益率远低于当年同期的5年期利率，分红险退保率和投诉率日益高涨。②

4. 费率市场化改革时期（2013—2017年）

由于2012年分红保险引发的群体性事件非常多，故监管部门采取了一系列措施，

---

① 马玉秀、曾虎：《我国人身保险产品创新发展演变及存在的问题》，载《未来与发展》2017年第10期，第38页。

② 徐静：《"保险姓保"与寿险产品创新》，载《保险职业学院学报》2019年第6期，第17页。

提出费率市场化改革。2013年8月，保监会发布《关于普通型人身保险费率政策改革有关事项的通知》（保监发〔2013〕62号），标志着普通型人身保险费率改革启动，明确提出普通型人身保险预定利率由保险公司按照审慎原则自行决定，2013年8月5日及以后签发的普通型人身保险保单法定评估利率为3.5%。长达14年之久的人身险2.5%的预定利率上限从此成为历史。

政策开启后不到一个月的时间里，保险公司快速反应，纷纷推出了费改后的新产品，预定利率均升至3.5%。2015年2月，保监会取消万能险不超过2.5%的最低保证利率，将产品定价权交还给保险公司。2015年10月1日起，取消此前分红险不超过2.5%最低利率的限制，保险公司对于开发的分红险产品预定利率不高于3.5%的，只需报送保监会备案即可发行；高于3.5%的，报送保监会审批。

在费率市场化环境下，各公司在产品定价上比较激进，不约而同推出高现价、高回报的产品，尤其是万能险产品销售进入高潮期，不少中小公司依靠万能险弯道超车，行业竞争呈现新的格局。

5. 回归保障时期（2017年至今）

2017年5月，保监会出台《中国保监会关于规范人身保险公司产品开发设计行为的通知》（保监人身险〔2017〕134号），叫停即交即返型的年金产品和两全保险产品，规定首次生存金给付必须在保单生效满5年后，同时对投连险和万能险的产品设计也作出了新的规定。受该规定影响，2018年之后，年金类产品销售热潮逐渐冷却，保险产品回归保险本源，以保障型产品为主的时代到来。主打高净值人群的增额终身寿险和以价格低廉、性价比高为主要特点的定期寿险产品逐渐发展起来，有了一席之地。

（二）寿险产品创新中存在的问题

1. 产品同质化严重

新型寿险产品开发周期长，需投入大量人力、物力、财力，同时开发出的新产品极易被竞争对手模仿，因此寿险公司从成本收益角度考虑，往往选择更改现有寿险产品的部分条款或结构，导致市场上寿险产品同质化程度严重，无法满足日益多元化的市场需求。此外，寿险行业的竞争维度较单一，在销售渠道和推广方式上，多数保险机构采取的策略相似，使得客户体验难以得到提升，产品背后的服务也无法得到相应的体现。

2. 产品性价比较低

我国长期以来对寿险产品定价采取了较为严格的监管，自2013年8月将普通寿险法定评估利率统一调整为3.5%以来，各家保险公司产品定价可浮动的空间很小，导致长期储蓄型、养老年金型等产品价格普遍偏高。保险资金投资渠道的限制导致资金收益率较低，也制约了寿险投资型产品的创新。

3. 销售渠道单一

寿险行业的销售人员渠道单一，过度依赖保险代理人，但代理人群体流动性极大，素质参差不齐，具备极强专业能力的人员少之又少，不利于寿险业实现高质量转型。

(三)寿险产品创新的发展方向

1. 与时俱进,大力发展商业养老保险

随着社会消费水平提高、保障意识增强,以及人口老龄化加剧,传统社会养老保险已经不能满足未来发展的需求,商业养老保险的重要性日益提升。当前保险市场上,绝大多数商业养老产品都是限期缴费的年金保险。除了传统年金保险外,近年来,政策持续规范和促进养老保险发展,并鼓励保险企业推出更多具有更高保障属性的保险。

2017年6月,国务院办公厅发布《关于加快发展商业养老保险的若干意见》(国办发〔2017〕59号)。2018年5月,个人税收递延型养老保险试点启动,标志着我国开始探索运用税收优惠政策引导个人进行养老金积累。截至2021年10月底,共有23家保险公司参与试点,累计实现保费收入近6亿元,参保人数超过5万人。

在税延型养老保险试点运行基础上,2021年5月,银保监会印发《关于开展专属商业养老保险试点的通知》(银保监办发〔2021〕57号),成为养老保险第三支柱建设探索的一个方向。专属商业养老保险是以养老保障为目的,领取年龄在60周岁及以上的个人养老年金保险产品。产品设计分为积累期和领取期两个阶段,领取期不得短于10年。产品采取账户式管理,账户价值计算和费用收取公开透明。根据银保监会数据,自2021年6月1日起,在浙江省和重庆市启动专属商业养老保险试点,截至2021年10月底,专属商业养老保险累计保费收入约2亿元,承保人数超过1.7万人。

虽然当前养老保险日益受到重视,且发行种类也逐渐丰富,但整体来看,养老保险市场活力仍有所欠缺。从需求端看,由于人们过于依赖社会基本养老保险的保障,制定养老规划的主动性普遍不高,仍需进一步补齐相关"短板"。从供给端看,应进一步创新发展各类有政策支持和商业性的养老保险产品。

2. 科技赋能,开发动态定价的寿险产品

随着科技的进步,智能设备和可穿戴设备的普及,保险公司可以基于健康大数据对寿险产品进行动态定价,督促客户养成良好的生活习惯,改善健康状况。目前,国内已有部分保险公司开始试水,例如,阳光保险推出定期寿险"悦动保",按照"越运动,越健康,保费越便宜"的设计理念,让运动步数更多、健康习惯更优的人群,获得更便宜、更公平合理的费率优惠。利用科技手段获取客户数据,从而实施动态定价机制已经成了一种趋势。以客户每天的运动步数和所消耗的能量等作为保费的定价依据,比传统的定价风险因子(年龄、性别)有了很大的突破,这将是未来保险行业转型和创新的方向。

三、健康险产品创新

(一)健康险产品创新的发展历程

1. 商业健康保险的萌芽起步期(1982—1997年)

1982年,经上海市政府批准,中国人民保险公司试点开办"上海市合作社职工医疗保险",并于1983年1月正式实施,这是我国第一个健康保险产品。随后,中国人民保险公司加速健康险试水:1985年,中国人民保险公司在部分地区开展附加医疗保险和母婴安康保险,当年保费收入 1178 万元,占人身险业务的 3%。1987 年 1 月,中国人民保险公司上海分公司与上海市卫生局合作开展"上海市郊区农民医疗保险"。根据《中华人民共和国中外合资经营企业劳动管理规定》(国发〔1980〕199 号)和《上海市中外合资经营企业劳动人事管理条例》的规定,合资企业中方员工福利保障责任包括门诊和住院医疗。1990 年,为配合计划生育政策,中国人民保险公司推出人工流产安康保险、分娩节育保险和母婴安康保险等系列产品。1991 年 10 月,中国人民保险公司开始开展中小学生和幼儿园儿童住院医疗保险,当年底近 200 万中小学生、儿童参保。1992 年,全国在售的医疗保险产品 70 多种,保费收入 3.1 亿元。

进入 20 世纪 90 年代,成立伊始的平安保险公司入局健康险:1993 年,平安保险公司推出 24 款团体医疗保险产品;1994 年,又推出 5 款个人医疗保险产品;1996 年,在国内率先成立医疗保险部(后改名为健康保险部);1997 年推出保费低廉、保障程度高和理赔手续简便的住院安心保险。因广受市场欢迎,2000 年平安保险公司保费超过 3 亿元。

纵览这一时期的健康险发展,重大疾病保险的出现当算一大创新。1995 年,我国引入重大疾病保险,最初作为寿险产品的附加险,一般保障 7 种重大疾病(恶性肿瘤、心肌梗死、脑中风、冠状动脉搭桥术、尿毒症、瘫痪和重大器官移植术),1996 年推出保障终身责任的主险产品。

总体而言,这一时期保险市场处于起步阶段,实力较弱,业务以财产保险为主,健康保险没有作为主要的业务板块来经营,商业健康保险的有效供给能力有限。从销售产品来看,精算定价能力差,风险管控能力有限,一般以附加险销售,大多是医疗保险产品,责任比较简单,保障水平低。以这一阶段引入的重大疾病保险产品为例,销售初期各保险公司都比较谨慎,承保额度较低,核保政策较严。但是重大疾病保险的独特保障内容很快得到市场认同,各保险公司也全面升级产品,扩大病种范围,变附加险为主险,将定期保障延长至终身。随着个人营销模式的推广,产品得到较快发展,销售量直线上升。1997 年,全国商业健康保险的保费收入为 15 亿元。

2. 商业健康保险的专业化探索时期(1998—2008 年)

1998 年 12 月,《国务院关于建立城镇职工基本医疗保险制度的决定》(国发〔1988〕44 号)颁布,新的城镇职工基本医保制度建立,这标志着在中国实行 40 多年的公费、劳保医疗保障制度被新的社会医疗保险制度所取代。社会医疗保险改革为商业健康保险留下了广阔的发展空间。2000 年后,失能收入损失保险、护理保险产品先后面世,健康险产品类型多样化,需求急剧增加,"保证续保"、非传统门诊医疗保险产品开始出现,有的寿险公司开始推出分红型重大疾病保险,有的公司开始通过银行渠道销售健康保险产品,有的寿险公司还开始与社会医疗保险进行衔接,开展补充医疗保险业务,并开拓农村健康保险市场。

为统一人身保险新型产品的技术标准,2003 年 5 月 16 日,保监会印发《人身保险新型产品精算规定》,明确规定分红保险可以采取终身寿险、两全保险或年金保险的形式。保险公司不得将其他产品形式设计为分红保险。规定发布之后，我国的分红健康保险推出健康险市场。停办分红健康保险，开发非分红健康保险有利于促进健康保险回归保障的本义。

2006年8月，《健康保险管理办法》出台，这是我国第一部健康保险专业化监管规章，对健康保险产品的具体类型提出了具体要求。如费用补偿型医疗保险产品必须区分被保险人是否拥有公费医疗、社会医疗保险的不同情况，在保险条款、费率以及赔付金额等方面予以区别对待，为健康保险产品的开发提供了有力的支持。同时叫停了正在火热销售的返还型健康险，注重保障、凸显人性化的新版健康险走上舞台。

2006年8月，保险行业协会与中国医师协会合作开展重疾定义工作。2007年4月发布《重大疾病保险的疾病定义使用规范》，对最常见25种疾病的表述进行统一和规范，并要求2007年8月1日之后销售的重疾产品必须使用统一的重疾定义。

在失能收入损失保险方面，2008年11月，人保健康推出"金福利"团体失能收入损失保险，保障企事业单位中因疾病、意外伤害而致残人员的收入损失，使他们能维持失能后的生活水平。在长期护理保险方面，2005年，国泰人寿推出"康宁长期护理健康保险"，针对的是18—55周岁的青中年人士。通过购买这种产品，投保者可以在经济能力宽裕、身体健康的时候为老年护理做保障。

3. 商业健康保险的快速发展时期（2009年至今）

2009年，中共中央、国务院印发《关于深化医药卫生体制改革的意见》，启动中国医改大幕。2016年，《"健康中国2030"规划纲要》施行，健全了以基本医疗保障为主体，其他多种形式保险和商业健康保险为补充的多层次医疗保障体系。多重政策利好下，健康险发展进入快速增长时期。

（1）重疾险更新迭代速度快。重疾险一直都是健康险市场的热门产品，目前各保险公司的重疾险产品在病种数量设计上普遍遵循"越多越好"的做法（其中25种标准重疾的发生率超过95%），重疾数量在70—100种间的产品比例明显提升。同时，各公司纷纷推出可多次给付的重大疾病保险产品。在重症之外，推出轻症、中症等责任险。2020年11月，《重大疾病保险的疾病定义使用规范（2020年修订版）》正式发布，首次引入轻度疾病定义，将原有25种重疾定义完善扩展为28种重度疾病和3种轻度疾病，并适度扩展保障范围。截至2021年1月31日，基于旧规范开发的重大疾病保险产品全部停售。

（2）百万医疗险保证续保时间加长。近年来商业健康保险市场的一个重大创新当属百万医疗险，以较低的保费提供较高的保额，对于满足人民群众医疗保障需求，完善健康保险产品市场结构具有重要意义。百万医疗险产品设计简单，产品责任清晰，主要通过互联网平台销售，符合互联网时代的消费习惯，这也是其快速发展的原因之一。

为进一步推动和规范健康保险发展，2019年12月，银保监会发布新修订的《健康保险管理办法》，明确长期医疗保险可以进行费率调整，以应对疾病谱变化、医疗技术进步带来的医疗费用上涨，并支持健康保险产品结构向长期化方向发展。之后，平安保险公司顺势推出可以保证续保20年（费率可调整）的"平安e生保"，这也是目前市场上保证续保时间最长的百万医疗险产品。

（3）惠民保以井喷之势迅速发展。惠民保是由地方政府牵头、保险公司承保，面向医保参保人员的普惠型补充医疗保险，2015年在深圳首创，并于2020年呈井喷式发展，成为"网红"产品。根据银保监会、各地医保局、保险公司以及地方惠民保官方运营平台统计，2021年全国约有1.4亿人参加惠民保，比2020年的4000万人增加了1亿人。惠民保的发展速度可见一斑。"低保费、高保额、宽门槛"是惠民保最大的特点。相较于百万医疗险，惠民保增添了新特色，如基于当地的人群数据计算产品的年保费，保费大多不超过100元，不限制投保人年龄，无须健康告知，非标准体可保。

（4）税优健康险试点推进。2015年5月6日，国务院常务会议研究决定试点对购买商业健康保险给予个人所得税优惠，运用更多资源更好保障民生。2016年1月，保监会办公厅下发《关于开展个人税收优惠型健康保险业务有关事项的通知》《关于商业健康保险信息平台正式上线的通知》，明确开展个人税优健康险的有关事项，正式启动税优健康险试点工作。2016年2月以来，保监会先后公布6批共30家获得税优健康险资质的保险公司名单。获得经营资质的保险公司积极开发专属产品，推进税优健康险政策试点实施。截至2019年底，税优健康险累计生效保单42万件，累计保费15.7亿元。其中，2019年当年有效保单342601件（新增有效保单101304件），实收保费5.77亿元（新增有效保单保费3.04亿元）。[①]

（二）健康险产品创新的问题

1. 产品结构失衡，专业化不足

目前，我国健康保险市场依然以疾病保险和医疗保险为主，从在售产品数量来讲，这两种产品占比将近99%，而失能收入损失保险和护理保险发展滞后，占比仅为1%，产品结构严重失衡，与老龄化、慢病化日益严重的社会背景不相适应。

我国健康保险产品的专业化仍然不足，产品开发和设计依然建立在寿险产品的基础之上，健康保险产品的独特性未能完全体现。由于保险产品的开发需要大量的统计数据，长期护理险和失能收入损失保险的费率制定过程并不完善，保险公司在数据收集、理赔调查和费用控制等各个环节经验均有所不足，如果没有充足详尽的数据资料，制定出来的保费就不准确，设计出来的产品也不完善，市场反响就不会很好。

2. 产品同质化严重，创新性不足

由于影响健康保险产品定价公式的是有关人体生理健康状况的疾病发生率和医疗费用支出情况两大因子，这两大因子不仅波动性大，且变化规律非常不规则，在短时间内人们难以掌握其规律，经营健康保险的公司要研发出高品质的健康保险产品需要花费的人力物力成本较高，比起付出高成本开发新产品，保险公司更倾向于采取简单粗暴的产品设计方式。另外，由于我国缺乏相应的产品专利保护的法律和政策，导致

---

① 钱林浩：《"掉队"的税优健康险能否迎来春天》，载金融时报—中国金融新闻网，https：//www.financialnews.com.cn/bx/bxsd/202203/t20220323_242366.html，2022年3月23日发布，2022年3月24日访问。

健康保险合同条款极易被模仿和替代，其他产品模仿者不需要在产品开发和推广上耗费大笔成本，只需将现有产品稍微改动便可发行出售，部分保险公司甚至采用故意降低保险费率等不正当的策略抢夺消费者，使得原产品开发公司在竞争中无利可图，经营落后，直接损害了产品创新开发者的切身利益和创新热情。

3. 税优健康险发展不理想，健康产业链融入程度不够

税优健康险自推广以来，发展一直不及市场预期，主要问题一是税收优惠额度偏低，消费者投保积极性不高，激励效果不明显；二是产品推广力度不够，消费者缺乏认知；三是税收实际操作流程尚未顺畅，相关细化配套政策不明确。大部分商业保险机构还未建立起联结健康产业上下游的完整产业链，当前，尽管已有阳光保险自建医院、平安集团搭建"平安好医生"平台等探索，但与真正的"保险＋医疗"管理式医疗模式还有差距。保险产业与健康管理、初级保健、养老等机构的合作尚未铺开。

4. 信息技术应用及产品智能化不足

目前，互联网技术对健康险业务的推动作用还不够，相关应用以线上产品销售为主，智能核保、智能理赔的深度和个性化程度不够，其他辅助服务浮于形式；保险公司与医疗机构、医保部门之间尚未实现数据共享，健康险不能实时报销；行业内未建立不同疾病发病率、医疗服务费用、生活行为监测等大数据平台，难以实现基于大数据的产品精准开发定价，在控制产品设计风险上缺乏抓手；基于远程医疗、可穿戴设备的健康险客户服务落后于发达国家，客户的健康追踪和健康管理服务不够全面。

（三）健康险产品创新的发展方向

1. 满足社会需求，实现多层次产品开发

2020年3月，中共中央、国务院印发《关于深化医疗保障制度改革的意见》，提出"加快发展商业健康保险，丰富健康保险产品供给，用足用好商业健康保险个人所得税政策，研究扩大保险产品范围"。针对国内当前健康险产品同质化现象，可创新开发疾病险、医疗险、长期护理险、医疗意外险等产品。例如，在基因分析前提下开发更精准的疾病险，开发针对不同疾病家族史高危人群的产品；单病种疾病险可以癌症、心脑血管疾病为重点，丰富保障责任，使产品更加个性化；研究建立长期医疗险精算模型，开发长期可调费的保证续保产品，为消费者提供长期保障；创新长期护理险的赔付方式；将2019年底首次纳入健康险的医疗意外险作为新的产品开发方向。另外，我国团体健康险还有很大发展空间，可利用其减轻个人投保负担的优势，以企业福利为突破口，增加供给。

2. 注重专业经营，转变产品的开发思路

具体而言，推动实现健康险的专业化经营，独立核算、运营健康险业务；培养、引进具备金融、医学、法律等知识的复合型专业人才，逐步建立专业化的健康险人才队伍，实现精算定价、营销渠道、核保核赔和风险控制的专业化；同时，转变目前主要参考人身险的开发思路，建立我国疾病发生率、医疗服务利用、医疗费用数据库，深入分析医保政策和不同地区、不同收入人群可承受的保险费用，以此作为精算定价的基础，解决健康险产品开发的数据支撑难题。

3. 促进融合发展，聚焦产品的服务创新

一是推进"医—保"数据的交流与共享，建立医疗险大数据平台，实现保险行业内部以及保险行业与医疗机构、医保机构之间的数据共享；支持商业保险公司对接医疗机构诊疗系统，提高医疗风险控制能力，建立实时报销系统，简化健康险报销流程，提升赔付体验。二是深度融入健康产业链，推进专业健康险公司与医疗机构的深度合作，以获得稳定、健康状况可追踪的优质客户，激发医疗机构主动参与客户健康管理的能动性；鼓励保险公司自建或入股（投资）医疗机构、健康管理中心、疗养院等，参与社会保险经办，优化健康险产品的开发、运营，使产品更好地服务于社会需求；将健康管理与医疗机构合作融入健康险产品中，利用大数据、可穿戴设备等技术精准管理客户，以拓展产品内涵、提高产品的吸引力和稳定性。

4. 突破政策壁垒，优化产品的外部环境

我国需从供需双方优化健康险税优政策，通过提高个人购买健康险的个税抵扣额度、对经营税优健康险的保险公司实行部分收入免税等措施，激发双方动力；加大医疗、保险数据共享政策的执行力度，探索建立商业健康保险信息平台，并实现与国家医疗保障信息平台的数据共享，为健康险产品的开发提供大数据支撑；同时，出台更为宽松、具有可操作性的商业健康保险公司与医疗机构合作政策，鼓励发展管理式医疗，联合开发共享保费、共担风险的健康险产品。另外，合理划定政府、市场边界，明确社会医疗险与商业健康险的开发界限和业务领域，为商业健康险预留发展空间。

第四节 模 式 创 新

一、服务模式创新

2021年3月5日第十三届全国人民代表大会第四次会议上，原国务院总理李克强在作《政府工作报告》，阐述2021年重点工作时，提出应在深化财税金融体制改革方面"提升保险保障和服务功能"，这是《政府工作报告》首次提出保险的服务功能。而随着科技发展的日新月异，电子商务的主流化和快递物流的高度普及，消费者对于购买过程的便捷性、客户服务的响应速度等消费体验的要求大幅度提高。消费者的预期迫使保险行业在保险服务方面必须不断创新以适应时代的需要，而人工智能、大数据分析、物联网等技术手段的升级，以及移动通信的普及化也为保险企业实现这些创新提供了技术基础。构建"保险＋科技＋服务"模式，是保险业发展的必然趋势，也是对接政策和社会需求的现实需要。

（一）服务模式创新的实践

1. 基于外部技术平台联动的服务模式

该模式主要是保险主体与政府部门、安全服务平台、移动定位、气象监测等外部平台合作，借助第三方技术支持实现"保险＋科技＋服务"是目前应用较为广泛的模式。以"安责险"为例，保险公司与科技公司合作搭建安全生产管理平台，借助政府、安全服务公司和安全生产专家库等专业技术力量，打造涵盖安全生产"发现隐患

→现场检查→问题整改→检测评价"的全流程服务模式。该模式主要依托第三方安全监控技术,在收取保费和出险理赔传统模式上,为投保安全生产责任险的企业提供安检、风控、风险预警、风险管理档案建设和安全生产宣传教育培训等增值服务,最终达到防灾减损目的。

2. "保险＋健康管理"服务模式

随着健康险的快速发展,"保险＋健康管理"成为众多保险企业布局的重点方向之一。从健康管理的方式来看,一种形式是保险公司自建健康管理公司,如泰康保险搭建的大健康生态圈、平安健康自建的医疗团队;另一种形式则是和专业的第三方管理机构合作,通过采购优质的健康管理,强调产品的服务属性。部分数字化精准健康管理企业通过数字化手段让复杂健康管理落地,并嵌入保险产品的各个环节中。基于健康大数据模型,通过持续行为数据和医疗数据监测,对被保险人风险水平变化进行有效识别,提前预警高风险人群,以及对后期的健康进行干预,让智能核保变得更加可行,从而实现产品差异化定价以及控制保费支出。

(二)服务模式创新存在的问题

1. 观念转变不到位

保险公司传统的"人海战术"和"事后补偿"经营理念仍占主导地位,风险减量管理的经营理念和"防重于赔"的观念体系尚未形成,对以保险科技推动服务模式创新缺乏技术认知和战略重视。创新理念上,现阶段还较缺乏市场化风险管理、跨界式市场开拓和赋能型业务发展的创新思维,围绕"科技＋"和"服务＋"的行业性头脑风暴、理论研究还需深入开展。

2. 科技融合不到位

目前,"保险＋科技"手段以风险实时监控为主,风险感测和信息交互技术有待提升,5G、车联网、家联网、智能终端等新技术还未涉及,跨行业、跨领域数据交互还不够顺畅。现有服务模式多以第三方、外部科技力量为依托,核心技术自主产权较少,保险机构科技主导权不足。此外,各主体尚未将商业模式变革提升到经营战略高度,特别是传统保险机构的费用资源、人力资源投入还不足以支撑技术革新的需求。

3. 产品创新不到位

各主体在开发新险种、新模式、新业态的应用方面存在"产品创新少"问题,仅局限于安责险、农险、商业健康险等领域,覆盖范围有限,未形成带动效应,民房养护、电梯维保、养老责任、网络安全等新领域尚未开发。同时,同一领域的模式创新同质化现象严重,主要表现为保险责任、目标客户群体、合作模式基本一致,甚至个别项目出现以费用竞争"代替"技术竞争、服务竞争的苗头。

(三)服务模式创新的发展方向

1. 转变观念,做好顶层设计

具体而言,站在全行业的角度,由保险学会、协会或监管部门牵头组织,采取集中研讨、论坛交流等形式,引导行业主体转变思维观念,从人海战术向科技赋能转变,从事后补偿向事前防控转变,从风险等量管理向减量管理转变,营造顺应趋势、对接需求、科技赋能、创新求变的良好氛围。把"保险＋科技＋服务"模式纳入行业高质量发展和各大主体经营管理的范畴，明确目标方向、路径措施、时间节点和配套的激励政策。

2. 试点先行，提升服务治理的能力水平

在加快推动国家治理现代化建设，依法保护民事权利进入"民法典时代"和数字科技不断进步的大背景下，保险业作为社会和市场的风险管理制度安排，参与社会治理的前景更加广阔。对此，保险企业应突出重点、抓住关键，在安全生产、建筑安全、环境治理、电动车保险和电梯保险等领域勇于探索、先行先试。

3. 创新引领，强化科技赋能的技术体验

当前，科技在保险行业的应用已从单纯性的流程优化提升至前瞻性的风险辨别、风险量化与对风险的深度掌握。根据技术发展趋势，未来各主体应积极引入物联网、生物科技、供应链金融、卫星遥感和区块链等新技术，以技术力量的改进提升服务效率和质量。例如，"智能可穿戴设备＋健康险"，通过与智能穿戴设备提供方和专业医疗机构对接，保险主体能够整合投保人健康体征、健康风险和生活习惯等数据，对客户个人健康、慢性病管理和其他日常生活场景等提出建议、加强管控，从而降低医疗健康风险。

二、管理模式创新

保险公司传统的"金字塔"形等级制架构，管理层次多，信息传递慢，准确性差，对市场变化的反应不敏感，公司运转效率低下，无法适应现代保险公司管理的要求和市场竞争的需要。面对经济新常态和保险新需求，保险业必须要有新思维和新突破，敢于突破传统模式，积极探索及构建扁平化的管理模式，才能走出一条极具特色、持续健康的发展之路。

（一）扁平化管理的优势

扁平化是相对"层级结构"（金字塔结构）出现的一种管理模式，通过减少管理层次和强化一线人员，建立起一种紧凑、干练、合理的组织架构，其主要优势有以下五点。

1. 信息传递优势

当今社会已进入信息化时代，信息既是资源也是财富，谁能及时准确掌握信息，谁就可以在市场上处于主导地位。扁平化管理缩短了上下级之间的距离，信息纵向流通加快，传递面积随之扩大，可以更加迅速地对包括客户需求在内的环境变化作出反应，对于知己知彼和科学决策都大有益处。

2. 服务一线优势

当保险企业规模不断扩大时，原有的办法往往是不断增加管理层次，结果因层次过多而增加了处理问题的难度，甚至出现"肠梗阻"。扁平化管理则通过增加管理幅度，加强和一线的联系沟通，在最短时间内获得最真实有效的信息，可以更加从容地解决基层一线遇到的各种困难和问题。

3. 吸引人才优势

扁平化管理可以发挥灵活、民主、互动性强等优势，使人的主观能动性得到释放。在这种管理模式下，主管人员工作压力加大，就更乐于让下级分享职权，从而结成较为稳固的群体关系。由于管理幅度的扩大，管理者和被管理者增加了良性互动，可以从多个层面调动积极性，增加员工的荣誉感和获得感，对各类人才也极易形成磁场效应。

4. 管理流程优势

扁平化管理对每个岗位进行科学设计，形成管理模块，员工拿到流程图就能知道自己该干什么，有什么样的工作要求和考评标准，整个管理呈现具体、简洁、公平等特点，可以达到顺畅高效的目的。扁平化管理还打破了原有的部门界限，减少了中间管理层次，直接面对客户并向公司总体目标负责，完全可以通过快速高效的群体协作赢得市场。

5. 经营效益优势

扁平化管理可以有效降低沟通成本，借助现代信息技术整合内部资源，分析市场变化，工作指令可以同时传递到不同层级的员工，使公司的经营目标和发展思路得到广泛落实，通过现代化管理手段增加员工聚合力，有效降低各种管理费用，直接促进公司综合经营效益的稳步提高。

（二）保险公司扁平化管理的实现条件

保险公司扁平化并不意味着简单地精简管理机构和人员，重要的是必须贴近市场、面向客户，转换各级机构的职能，重新调整组织结构和配备人员，减少管理层次，改进保险公司的销售体系、客户服务和业务管理系统，使公司在提高市场反应速度和运转效率的同时，把经营管理推向一个更高的水平。有效的扁平化组织架构，还必须在信息技术支持的平台下，按照扁平化管理的要求，对业务流程进行重组，同时针对公司内部面向市场决策权力的下移，重新设计相应的业绩评估系统和奖励系统。只有这样，才能真正实现公司组织结构变革和机构职能转换的目的。

二、营销模式创新

保险营销是指保险企业为了满足消费者转嫁风险的需求，实现自身的经营目标，以保险这一特殊商品为客体，运用各种营销手段，将保险商品转移给消费者的一系列与市场有关的经营销售活动。保险营销是保险公司生存和发展的基准红线，是保险企业的核心基础。对保险公司来说，建立科学合理的保险营销模式至关重要。因而，如何构造、创新保险营销模式就成为保险界关注的焦点。

传统的保险营销包括直销、电话销售、个人代理、专业中介和兼业代理等形式，随着社会经济的发展和信息化水平的提高，国民的保险意识不断增强，保险需求更加多样化，传统保险营销模式弊端凸显，因此迫切需要发掘拓展新的营销渠道。

（一）EA门店营销模式

起源于美国的EA模式，又称为"专属代理人"模式，美国全国保险EA门店超

15万个，美国个人保险过半的业务份额通过EA门店销售，该渠道业务占比在50%—60%，个人财险有近90%的业务通过EA门店销售，前10大车险保险公司都采用了EA门店销售的模式。鉴于这种模式的优越性，大部分普通民众习惯通过EA门店购买保险。

（二）"互联网＋保险"营销模式

互联网时代为保险营销带来了革命性变化，它从根本上解除了投保人在时空上的限制，更加全面快捷的信息获取使得消费者能够基于知情权和自主权，根据自己的风险偏好来选择互助组合和对象。截至2020年12月，我国网民规模达9.89亿人，与此相比，我国互联网保险用户只有2亿多人，可见目前互联网保险触达的人群相对有限，未来仍有巨大的成长空间。根据中国保险业协会发布的《2020年互联网财产保险市场分析报告》，互联网财险销售渠道主要分为第三方网络平台、专业中介机构和自营渠道，分别占据财险网络销售渠道的42.02%、32.33%和24.89%。

1. 第三方网络平台

第三方网络平台目前由各大互联网巨头把持。公开数据显示，蚂蚁集团2020年上半年促成保费达520亿元，成为我国最大的互联网保险销售平台。[1] 与蚂蚁为多家险企产品导流、代理的模式不同，腾讯更加趋向于精品路线，即腾讯微保和头部保险企业合作，从每个险种中挑选2—3个产品进行销售，用户挑选的过程更加简单明了。大型互联网公司还深入布局"场景化"营销模式，充分利用生活场景，围绕用户需求开展业务，如淘宝网的退货运费险、携程网的航班延误险等。以蚂蚁金服为例，阿里巴巴在垂直领域拥有数百个生活电商场景，涉及衣食住行玩，从这数百个生活电商场景中提炼出特定人群的保险需求，与保险公司合作，保险公司按照需求提供相应的保险服务方案，共提供了2000余款互联网保险产品的销售。

2. 专业中介机构

专业中介机构的代表有慧择网、大童、悟空保、小雨伞、中民保险网、梧桐树保险等，如同一个个保险超市，一个险种下面包含几十个甚至上百个产品，供用户悉心挑选。随着互联网技术日臻成熟，规模排名靠前的保险中介网站已经由原来单一的B2C产品大集合与网销渠道模式，转向在产品设计、理赔流程、细分用户群体和资本支持等方面进行全面挖掘探索。越来越多的保险中介网站会将用户需求收集归纳，并包装成产品设计方案提供给保险公司。例如，中民保险网联合保险公司在热门事件时间节点或者特定用户群体的细分需求中，与保险公司一同包装特定险种，如"电梯意外险""签证拒签险"及"海岛旅行险"等。

3. 自营渠道

保险行业是一个典型的"产销分离"的行业，当下保险企业多采取"双管齐下"

---

[1] 《互联网保险销售市场三分天下：第三方网络平台手握流量雄踞一方 专业中介机构缺乏生态仍在亏损》，载中国保险网，http://www.china-insurance.com/hyzx/20210506/56496.html，2021年5月6日发布，2022年3月24日访问。

的方式，即以第三方渠道为主，但大力发展自己的自营渠道的模式。在战略上，多数保险企业都成立了电商事业部，中国人寿保险、中国太平洋保险、新华保险等保险企业则直接设立电子商务有限公司，将电商业务独立出来。而泰康人寿设立了全资互联网保险子公司——泰康在线，拥抱互联网转型。根据数据显示，保险公司官网投保客户量在这几年出现迅猛增长的态势，从2016年的494.7万人增长到2020年的1824.2万人。现在，保险公司均采用各种运营手段，希望将客户留在APP、微信小程序、公众号等自营渠道中，比如举办走路获得保额、领取奖品等活动，增加用户黏性，为后续的客户经营、价值转化提供平台。

目前来看，大型保险公司开始加强自营渠道业务以提升业务掌控力，中小保险公司和新建保险公司则更倾向于与第三方网络平台合作，以期快速实现规模化增长，平台也逐步开始后端服务。

（三）"人工智能＋保险"营销模式

在"2018世界人工智能大会"上，中国太保集团推出的智能保险顾问"阿尔法保险"作为"人工智能＋大数据"模式的示范产品，成功入选"人工智能＋金融"应用体验区参展项目。"阿尔法保险"作为保险行业首款人工智能保险顾问，依托"人工智能＋大数据"模型，为客户量身打造个性化的保险组合，同时可对家庭已有的保障进行专业诊断，分析保障缺口并为其制定合理的保障规划。"阿尔法保险"仅上线一周，其访问量就达到500多万，这一保险业巨额访问量的背后是阿尔法机器人高效便捷的服务，通过对算法模型和具体技术的深度学习，机器人可在与客户交流过程中，根据其个人需求和家庭状况，提供所需保险险种及实时产品报价，降低了用户的时间成本，提高了保险营销效率和客户的消费体验。

众安保险公司作为保险科技的先行者，一直致力于提升科技手段在保险经营环节的创新力度、拓展保险服务手段，并于2018年5月推出了"众安精灵"智能保险顾问，在定制保险条款和保险金额、语音场景识别、家庭全面风险保障等方面取得了突破性进展，进一步推进了人工智能技术在智能保险顾问领域的纵向发展。

案例分析 环境污染责任保险

"一带一路"倡议以政策沟通、设施联通、贸易畅通、资金融通、民心相通这"五通"为核心，全力打造政治互信、经济融合、文化包容的利益共同体、命运共同体和责任共同体，已成为全球最为激动人心的经济增长极和互利共赢的合作新平台。不过"一带一路"沿线多为发展中国家或新兴市场，地区差异性很大，风险复杂多样，存在政治风险、社会风险、法律风险、违约风险和自然灾害风险等诸多风险。保险业作为管理风险的特殊行业，保险组织作为一种历史悠久的"命运共同体"，保险机制作为国际经济事务中通行的风险防范工具，其自身特点决定了保险服务"一带一路"建设具有天然优势,理应在"一带一路"建设中发挥更大作用,为"一带一路"跨境合作提供全面风险保障与服务,减轻企业参与"一带一路"建设的后顾之忧,为加快推进"一带一路"建设提供有力支撑。

环境污染责任保险是以企业发生污染事故对第三者造成的损害依法应承担的赔偿责任为标的的保险。跨国企业在"一带一路"投资过程中,应了解当地国家相关生态环境和环保法律法规,确保自身投资的绿色环保、环境合规和可持续营利。

举例来看,在中海外(中国海外工程有限责任公司)波兰高速公路项目投资案例中,中国中铁股份有限公司旗下的两家全资子公司中海外和中铁隧道联合上海建工集团及波兰德科玛有限公司(DECOMA),于2009年9月中标波兰A2高速公路中最长的A、C两个标段,总报价13亿波兰兹罗提(约合4.72亿美元/30.49亿元人民币),报价低于政府预算一半以上。然而,工期过去一大半,工程量只完成不到20%。原因之一是,根据C标段环境影响报告,该路段沿途一共生存七种珍稀两栖动物,施工准备时需要妥善处理"蛙"的问题,在高速公路通过区域为蛙类和其他大中型动物建设专门的通道。为了避免可能的生态破坏,践行绿色环保要求,工程费用和工期都较此前大幅提高。

2017年以来,以中国为代表的"一带一路"沿线多国曾就利用保险工具开展环境风险管理并提出倡议,鼓励在环境高风险领域的跨境投资企业积极使用环境责任保险作为环境风险管理的工具,充分发挥保险公司在监督企业降低环境风险、减少环境事故方面的作用。跨境投资企业应遵循项目所在国关于在环境高风险领域(如采矿、石油、化工、危险品运输等)对环境污染责任保险的投保要求,积极使用国际保险机构提供的环境责任保险来管理环境事故可能导致的法律和财务风险。

(资料来源:亚洲金融合作协会"一带一路"金融合作委员会:《深度丨保险服务"一带一路"五大创新险种及典型案例》,载中国一带一路网,https://m.thepaper.cn/baijiahao_14293450,2021年8月31日发布,2022年3月24日访问)

问题
1. 案例中的保险创新具体体现在哪些方面?
2. "一带一路"倡议推进过程中,还有哪些领域可以开展保险创新?

复习思考题

1. 保险创新包含哪些主要内容?
2. 在保险创新过程中,互联网信息技术扮演怎样的角色和发挥怎样的作用?
3. 保险种类不同,其保险产品创新有何差异?
4. 如何理解保险模式创新的内涵与外延?
5. 当前,保险创新过程中存在哪些困难和挑战?

第七章

保险科技

内容提要

近年来,随着我国经济社会的快速发展,大数据、云计算、人工智能、物联网、区块链等高科技越来越受各级政府和企业重视。这些先进科技在引领社会经济发展过程中起到的强引擎作用有目共睹。它们不仅重新塑造了大部分企业的结构和形态,同时也给国家竞争力整体跃升和跨越式发展带来了巨大能量。加快大数据、云计算、人工智能、物联网、区块链等高科技发展,将这些先进科技投入到保险行业中去,实现高科技与保险的深度融合与有机发展,既是时代的诉求,又是现代保险业发展的迫切需要,对于推动整个行业的转型升级并实现高质量发展具有十分重要的现实意义。

第一节 大数据与保险

一、大数据概述

(一)大数据及其基本特点

2011年6月,麦肯锡公司发布《大数据:创新、竞争和生产力的下一个前沿》报告,对"大数据"的影响、关键技术和应用等内容进行了详尽分析,"大数据"这一概念开始进入公众视野。具体而言,大数据技术就是指通过研究海量的、价值密度低的、快速流转的、多样的数据,关联数据散点间的联系,从点到线、从线到面地进行深度挖掘,从而发现尚未展现和被研究的热点、难点,并辅助企业和政府进行战略布局。不过值得注意的是,迄今为止,人们对于"大数据"的概念和认知并不统一,但是越来越多的企业开始通过"大数据"分析,开发拓展新业务,创新运营模式。

大数据具有4V特点,即volume、velocity、variety、value。具体而言,一是数据体量巨大。以百度资料为例,其首页导航每天需要提供的数据超过1.5 PB(1 PB=1024 TB),这些数据如果打印出来将超过五千亿张A4纸。到目前为止,人类生产的所有印刷材料的数据量仅为200 PB。二是处理速度快。数据处理遵循"1秒定律",可从各种类型的数据中快速获得高价值的信息。三是数据类型多样。现在的数据类型不仅是文本形式,更多的是图片、视频、音频、地理位置信息等多类型的数据,个性化数据占绝对多数。四是价值密度低。以视频为例,一小时的视频,在不间断的监控过程中,可能有用的数据仅仅只有一两秒。

(二)大数据技术及其优势

处理大数据的方式称为"大数据技术",是指从各种各样类型的数据中,快速获得有价值信息的能力。一般而言,处理大数据通常必须借用计算机对其进行统计、比对、解析,方能促成更强的决策能力、洞察力,并得出客观结果。具体而言,大数据技术包括大规模并行处理(massively parallel processing,简称MPP)数据库、数据挖掘电网、分布式文件系统、分布式数据库、云计算平台、互联网和可扩展的存储系统等。对大数据的处理,通常包括八个步骤,分别为:数据采集、数据存取、基础架构、数据处理、统计分析、数据挖掘、模型预测和结果呈现。

相对传统技术而言,大数据技术通常具有三方面的明显优势。一是可以采用所有数据,大大扩大了样本范围。大数据分析不再使用传统的抽样调查方法,而是采用对所有数据进行处理的方法,即"样本=总体",对数据进行深度分析,挖掘出海量数据中潜藏的价值。二是通过关联关系,实现"预测"的功能。通过采用不同的数据挖掘方法,对结构化和非结构化的数据进行整合,分析、探索、发现、挖掘数据之间潜藏的关联关系,以此实现"预测"功能。三是能够实现数据的再利用,充分发挥数据价值。改变传统数据资源的"一次性"使用方式,多次使用数据,发挥更大的作用。全球零售业巨头沃尔玛的"啤酒+尿布"促销手段,就是沃尔玛通过对消费者购物行为数据的重复使用、分析得出的结果,是大数据分析的成功应用案例。

(三)大数据的作用

大数据的作用十分广泛,具体而言,主要体现在以下四个方面:

第一,对大数据的处理分析正成为新一代信息技术融合应用的节点。移动互联网、物联网、社交网络、数字家庭、电子商务等是新一代信息技术的应用形态,这些应用不断产生大数据。云计算为这些海量、多样化的大数据提供存储和运算平台。通过对不同来源数据的管理、处理、分析与优化,将结果反馈到上述应用中,将创造出巨大的经济和社会价值。毫不夸张地说,大数据具有催生社会变革的巨大能量。

第二,大数据是信息产业持续高速增长的新引擎。面向大数据市场的新技术、新产品、新服务、新业态将会不断涌现。在硬件与集成设备领域,大数据将对芯片、存储产业产生重要影响,还将催生一体化数据存储处理服务器、内存计算等市场。在软件与服务领域,大数据将引发数据快速处理分析、数据挖掘技术和软件产品的发展。

第三,大数据利用将成为提高核心竞争力的关键因素。各行各业的决策正在从"业务驱动"转变为"数据驱动"。对大数据的分析可以使零售商实时掌握市场动态并迅速作出应对;可以为商家制定更加精准有效的营销策略提供决策支持;可以帮助企业为消费者提供更加及时和个性化的服务;可以为患者提供诊断的准确性和药物的有效性;同时还可以在促进经济发展、维护社会稳定等方面发挥重要作用。

第四,大数据时代科研方法将发生重大变革。例如,抽样调查是社会科学的基本研究方法。在大数据时代，可通过实时监测、跟踪研究对象在互联网上产生的海量行为数据，进行挖掘分析，揭示事物的规律性，提出研究结论和对策。

二、大数据在保险中的运用

近年来，伴随我国经济的快速发展，人们的生活水平及需求层次日益提高，尤其是需求层次正朝着个性化方向发展。在此背景下，保险的需求也必然朝着多样化、个性化方向发展。相对应地，保险行业传统的产品驱动模式也必将朝着定制化、智能化方向发展，这对保险行业而言，既是机遇又是挑战。机遇是因为变革带来了很多新的场景和新的保险需求，挑战则是因为新形势下保险风险特征与以往相比更加复杂多样，风险的传播速度也在加快。这就要求保险业既要抓住机遇，继续发挥经济"助推器"和"稳定器"的作用，同时又要以新思维、新技术来加强对风险的控制。与此同时，保险业自身也处在发展和变革过程中。在风控层面，我国保险第二代偿付能力监管制度体系的实施预示着监管部门对保险公司的风险管理提出了更高的要求；在业务发展层面，中小保险公司在传统业务领域很难与大型保险公司抗衡，必须通过模式创新、产品创新、服务创新等方式走创新发展的道路。在此背景下，大数据等先进科技必然成为保险发展的内在要求和新的驱动力。具体而言，大数据将在保险领域的以下几个方面得到较好的运用。

（一）驱动产品开发

依托大数据技术收集到的消费者行为习惯等非结构化数据，使得保险公司有能力敏锐地预知市场需求，进而提早研发能够给消费者带来满足体验的保险产品。在精确预测消费者的产品需求与消费行为的基础上进行产品开发与改进，必然会将保险公司的风险成本降至最低。在互联网助力下，产品开发更加重视客户消费体验，事件驱动成为互联网思维下保险产品开发的一大特征。其中具有代表性的一类创新性产品就是通过微信等方式开展产品营销，即将社交与娱乐元素融为一体。例如，永安保险的"雷锋无忧"微信保险产品，针对的就是"老人摔倒扶不扶"这一热点话题；此外还有泰康人寿的"微互助"癌症疾病保险、意时网的手机碎屏险等产品。从这些大胆的尝试中，我们看到了将大数据与互联网结合，在推动保险产品创新、创造和引导消费者需求等方面有巨大的发展空间。

（二）协助精确定价

保险服务可持续的基本条件是能够精确定价。而精确定价的基础是具备大量面临同质风险的标的。有了大数据，保险公司就可以开展准确地筛选、归类、计算和分析，从供给和需求两个角度为面临各种不同风险的标的提供准确的保险产品；并根据风险状况的变动持续地开展相应的定价调整，甚至可以依据过去的统计分析开展精确的防灾防损工作，在降低自身承担的风险的同时为客户提供增值服务。

（三）推动精准营销

保险公司可以借助大数据从两个层面实施精准营销。一个层面是实现精准定向营销。传统保险的营销主要通过传统媒体与保险代理人来实现。在大数据与移动互联网融合的浪潮下,通过对潜在客户线上线下一系列行为和需求的追踪、研究、分析,预测消费者的真实或可能需求,从而精准锁定目标,聚焦客户痛点,精准推送保险产品与服务信息,实现定向营销。即做到在恰当的时机,通过恰当的渠道,接触恰当的客户,销售恰当的产品。保险公司根据客户需求推送相关保险产品与服务信息,不仅可以有效节约营销成本,同时还可以提高交易成功和客户留下的概率,从而带来营销效率的飞跃式提升。二是实现"脱媒"。把以大数据为基础在互联网上开展精准营销上升为保险营销的主渠道,而在一定程度上边缘化现时普遍采用的各类中介营销方式,使其成为主渠道的一个补充。这样不仅可以大大降低保单成本,还可以弱化中介营销机构对保险公司的渠道垄断、消费者屏蔽、服务不到位等影响,减少供需之间的环节,显著提高供需双方的信息对称性,为保险业提升服务质量、切实保护好消费者利益创造条件。

在实现精准定向营销时,保险公司应当注重挖掘"场景"的潜在力量。特定场景会促使客户自发联想到未来的风险场景,进而产生担忧。基于此情景的销售可及时引导并满足客户需求。例如,保险公司可以在客户网购时推送退货运费险,在客户预订飞机票时推送航空意外险,在客户搜索热门景点时推送旅游意外险等,甚至可以根据特定的场景积极开发相应保险产品,如中秋赏月险、七夕爱情险、六一熊孩子险等便是在这方面富有创新性的探索,虽然这些保险产品目前仍饱受争议,但不可否认这些积极尝试为后来者提供了行业经验与发展方向的引导。

(四)实施精细管理

有了大数据,保险公司无论是对内部的管理,还是对外部客户和外包服务的管理,每一次决策的制定,每一项工作的部署,每一个问题的解决,都可以做到数字化、实时化、科学化,从而实现精细化管理。同时,由于数据处理系统具有计算、分析和提醒功能,其效率要比人工处理高得多,而成本却会低得多,这将为公司不断降低营运成本、集中资源服务客户创造积极条件。

(五)提供精准服务

基于大数据分析技术实现精准客户服务的本质,就是将客户的海量行为数据转化为信息流,通过提供高质量的售后服务,留住老客户,在提高续保率的同时挖掘客户的更高价值。在发生保险事故时,保险公司可以通过交通管理系统、医院等第三方平台及时核实客户出险情况,尽量减少索赔时的烦琐流程,为客户提供贴心优质的服务。具体而言,就是保险公司在精确定价、精准营销、精细管理的基础上,把宝贵而有限的精力和资源尽可能集中到把握外部发展趋势、整合内部经营效率、组织完善服务体系上来,随时向客户提供精准周到、无微不至的各类服务,实现把客户紧紧围住、牢牢粘住的目标。同时,努力实现"一传十,十传百",积极通过客户的社交网络和熟人圈子传递公司的品牌和口碑,尽最大可能提高美誉度,把品牌做大做强。

(六)预测承保风险

随着移动互联网、云计算、搜索引擎、大数据等技术的不断发展,保险公司对于消费者的实时行为已逐步实现可记录、可分析、可预测。传统定价方法根据风险标的基本信息将其归类，统一制定基础保费与费率。通过采集客户多维度行为数据，应用文本挖掘、语音识别等技术，分析客户性格特征、思维习惯、行为方式等，保险公司可以真正做到以客户为中心，为其制定个性化解决方案。保险公司可以对传统的保险产品进行费率分解，对风险因子进行精细化处理，为不同的客户制定差别费率与保障内容，实行主动、高效、前瞻性运营。这也将同时促进保险市场展开差异化竞争，推动行业整体进一步完善与发展。

三、大数据给保险行业发展带来的机遇

（一）大数据可以实现产品创新

一方面，大数据可以提升保险公司在传统领域的风险控制能力，优化传统产品；另一方面，可以将以前无法管理或者无法有效管理的风险纳入保险公司风险保障范畴，推动产品创新。例如，华泰推出的退货运费险、众安推出的众乐宝和网络保证金保险等产品都是基于淘宝大数据研发定制的。

（二）大数据可以提升精算质量

保险行业是最早建立科学、完善的数据统计体系，并且以数据统计运算为立业根本的行业。大数据时代，尤其是物联网的发展，赋予保险公司更强大的数据收集、分析和处理能力，通过分析更多的样本数据，甚至是全样本数据，对海量数据进行提炼、总结和判断，从而实现准确预测和精准定价。例如，人身险承保最重要的是需要判断投保人的身体状况，传统做法是对投保人进行某些特定项目的体检，一方面给投保人造成诸多不便，另一方面保险公司成本高昂且很可能存在遗漏。而基于个体的日常生活习惯和身体数据特征，则可以通过互联网以低成本的方式收集到投保人足够多的身体信息，并据此精确定价。未来，保险精算必定是大数据的精算，大数据必将改变传统的统计分析和保险精算的理论基础。

（三）大数据可以有效防范保险欺诈

保险欺诈是保险公司普遍面临的难题。目前，保险欺诈案件呈现出团伙化、专业化、流程化等特点。整个保险欺诈案件所有手续的造假都非常缜密，而受人力物力、业务模式和IT系统架构所限，保险公司通常是在理赔流程即将结束时才能发现存在欺诈的可能性；一些保险公司甚至是在赔款支付后，通过对已赔案件的稽查才能发现保险欺诈。大数据时代的信息技术和创新应用可以开创保险反欺诈的新局面。保险公司通过建立信息共享机制，开发保险反欺诈分析模型，对大量理赔数据进行整理和分析，从而发现异常数据、锁定关键证据，提高保险反欺诈的质量和工作效率。同时还可以根据长期积累的历史数据，对保险欺诈的显著特性及其取值区间进行分析，由此建立预测模型，考察各类理赔案件的风险程度，对可能出现的保险欺诈进行及时监控与防范。

大数据在防范保险欺诈中的应用，具体包括以下三个步骤：

第一，获取海量的数据作为分析的基础。众多案例表明，要想在防范保险欺诈中使用大数据分析方法，首先需要采集海量的数据。这需要保险公司汇总、收集所辖不同层级、不同分支机构在经营中产生的所有相关数据。层级越高效果越好，总公司层级的数据采集，能够有效避免因层级、分支机构造成的数据不准确问题。如果保险行业之间共享数据，会使得分析结果更加精准。

第二，对数据进行加工整理，统一标准、口径。由于采集到的海量数据包含文本、语音记录、图片等半结构或非结构数据，容易出现数据混杂的问题，甚至对于同一种问题，由于分属不同的分支机构，涉及地域、人文差异，也会出现多样化的描述。需要利用文本挖掘、图片挖掘等数据分析工具，对数据、文本、照片格式等内容进行特征抽取、分类、聚类等操作，统一标准、口径，为深入分析做准备。

第三，进行数据分析，构建动态的欺诈风险模型。首先，对获取的数据抽取关键风险场景要素，如出险时间、出险地点、驾驶人员、报案人电话号码、事故类型、损失部位、赔偿金额、领款人账号、电话等要素，获得基础数据。其次，对于上述数据进行多维度分析，发现关联关系。可以以领款人、损失部位、修理地点、事故地点、同一组照片等维度进行分析，发现关联关系。最后，风险聚合，构建动态的欺诈风险模型。传统的风险控制体系，由于涉及不同的层级、不同的分支机构，欺诈风险从每一个分支机构所获得的信息来看，可能并无异常，大数据分析方法实现了风险聚合，结合数据分析所发现的关联关系构建出欺诈风险模型，及时向分支机构发出欺诈风险预警；同时结合分支机构的实际运用结果，及时修改、完善，真正实现模型的动态调整，反欺诈能力必然大幅提升。

（四）大数据为保险业提供宣传与销售平台

传统的保险产品往往通过电视、广告或者平面媒体等进行传播，且主要依靠业务员的销售量来获得相应的利润收入。这种宣传模式受信息传播的速度制约，针对性较弱，且销售成本比较高，销售误导常常伴随其中。与传统的销售模式相比，大数据时代的保险产品销售更多的是通过网络宣传。此方式的优点在于：首先，网络信息传播迅速，信息传播量大。我国网民人数众多，通过网络平台进行保险产品的销售，可以让客户自由选择和搜索需要的险种及相关产品，减少销售误导。其次，互联网客户群体非常庞大，网络销售保险产品的前景非常可观。再次，可以通过网络来改善保险公司与客户之间的关系，让客户得到更好的体验。例如，美国好事达保险通过 Facebook 主页与互联网用户进行在线互动与沟通，这种互动与沟通方式不仅提升了该公司保险产品的品牌知名度，而且还间接地吸引了更多潜在的客户群体。最后，利用网络平台进行保险产品销售，可以减少不必要的人力成本及广告投放费用。

第二节 云计算与保险

一、云计算概述

(一) 云计算的概念

云计算是分布式计算的一种,指的是通过网络"云"将巨大的数据计算处理程序分解成无数个小程序,然后通过多部服务器组成的系统,处理和分析这些小程序,得到结果并返回给用户。云可以分为公有云、私有云、混合云和行业云。云计算早期是简单的分布式计算,实现任务分发,并进行计算结果的合并。通过这项技术,可以在很短的时间内(几秒钟)完成对数以万计的数据的处理,从而提供强大的网络服务。当前所说的云服务已经不单单是一种分布式计算,而是分布式计算、效用计算、负载均衡、并行计算、网络存储、热备份冗杂和虚拟化等计算机技术混合演进并跃升的结果。

"云"实质上就是一个网络,狭义上讲,云计算就是一种提供资源的网络,使用者可以随时获取"云"上的资源,按需求量使用,并且可以将其看成是无限扩展的,只要按使用量付费就可以。"云"就像自来水厂一样,我们可以随时接水,并且不限量,按照自己家的用水量付费给自来水厂就可以。从广义上说,云计算是与信息技术、软件、互联网相关的一种服务,这种计算资源共享池叫作"云",云计算把许多计算资源集合起来,通过软件实现自动化管理,只需要很少的人参与,就能快速提供资源。也就是说,计算能力作为一种商品,可以在互联网上流通,就像水、电、煤气一样,可以方便地取用,且价格较为低廉。

总之,云计算不是一种全新的网络技术,而是一种全新的网络应用概念,云计算的核心概念就是以互联网为中心,在网站上提供快速且安全的云计算服务与数据存储,让每一个使用互联网的人都可以使用网络上的庞大计算资源与数据中心。云计算是继互联网、计算机之后信息时代又一次新的革新,是信息时代的一个大飞跃。云计算虽然有很多含义,但概括而言,其基本含义是一致的,即云计算具有很强的扩展性和需要性,可以为用户提供一种全新的体验;其核心是可以将很多计算机资源协调在一起。因此,用户通过网络就可以获取无限的资源,同时获取资源不受时间和空间的限制。

(二) 云计算的产生背景

互联网自 1960 年开始兴起,主要用于军方、大型企业等之间的纯文字电子邮件或新闻集群组服务,直到 1990 年才开始进入普通家庭。随着 web 网站与电子商务的发展,网络已经成为目前人们离不开的生活必需品之一。云计算这个概念首次在 2006 年 8 月的搜索引擎会议上提出,成为互联网的第三次革命。

近几年来,云计算也正在成为信息技术产业发展的战略重点,全球的信息技术企业纷纷向云计算转型。举例来说,每家公司都需要进行数据信息化,存储相关的运营数据,进行产品管理、人员管理、财务管理等,而进行这些数据管理的基本设备就是计算机。

对于一家企业来说,一台计算机的运算能力是远远无法满足数据运算需求的,那么公司就要购置一台运算能力更强的计算机,也就是服务器。而对于规模比较大的企业来说,一台服务器的运算能力显然是不够的,那就需要购置多台服务器,甚至演变成一个具有多台服务器的数据中心,而且服务器的数量会直接影响这个数据中心的业务处理能力。除了高额的初期建设成本外,计算机的运营支出要比投资成本高得多,再加上计算机和网络的维护支出,总费用是中小型企业难以承担的,于是云计算的概念便应运而生。

(三)云计算的发展历程

云计算这个概念从提出到今天,已历经十年多的时间,期间,云计算飞速发展产生了翻天覆地的变化。现如今,云计算被视为计算机网络领域的一次革命,因为它的出现,社会的工作方式和商业模式也在发生巨大改变。

追溯云计算的根源,它的产生和发展与并行计算、分布式计算等计算机技术密切相关,都促进着云计算的成长。但追溯云计算的历史,可以追溯到1956年,克里斯托弗·斯特雷奇(Christopher Strachey)发表了一篇有关虚拟化的论文,正式提出了虚拟化的概念。虚拟化是今天云计算基础架构的核心,是云计算发展的基础。而后随着网络技术的发展,云计算逐渐萌芽。

20世纪90年代,计算机网络出现了"大爆炸",出现了以思科为代表的一系列公司,随即网络进入"泡沫"时代。2004年,第二代移动互联网大会召开。Web2.0成为当时的热点,这也标志着互联网"泡沫"破灭,计算机网络发展进入了一个新的阶段。在此阶段,让更多的用户方便快捷地使用网络服务成为互联网发展中亟待解决的问题。与此同时,一些大型公司也开始致力于开发大型计算能力技术,为用户提供更加强大的计算处理服务。2006年8月9日,Google首席执行官埃里克·施密特(Eric Schmidt)在搜索引擎大会(SES San Jose 2006)首次提出"云计算"的概念,也是第一次正式提出这一概念,有着巨大的历史意义。2007年以来,"云计算"成为计算机领域最令人关注的话题之一,同样也是大型企业、互联网建设着力研究的重要方向。2008年,微软发布其公共云计算平台(Windows Azure Platform),由此拉开了微软的云计算大幕。同样,云计算在国内也掀起一场风波,许多大型网络公司纷纷加入云计算阵列。2009年1月,阿里软件在江苏南京建立首个"电子商务云计算中心"。同年11月,中国移动云计算平台"大云"计划启动。到现阶段,云计算已经发展到了较为成熟的阶段。2019年8月17日,北京互联网法院发布《互联网技术司法应用白皮书》。发布会上,北京互联网法院互联网技术司法应用中心揭牌成立。

二、云计算在保险中的应用

近年来,随着金融科技蓬勃发展,保险行业与云计算的结合正在逐步加深,众多保险机构正在积极部署企业上云实践。在当前金融科技"重构"保险业态的阶段,云计算对保险行业具有重要意义,云计算等先进技术正在深刻改变保险行业的生态。发展云计算是保险企业实现数字化转型及科技驱动的第一步。具体而言,云计算将广泛运用于保险的以下领域。

(一)应用于保险公司信息化

第一部分是 PaaS(platform as a service,平台即服务)服务体。它至少包括以下基础软硬件服务:一是核心数据库服务。核心数据库用来存储保险公司的重要数据,这些数据包括经营数据、保单数据、客户信息、财务报表、偿付能力报表、风险管理报表等。核心数据库除了具备基本的数据库功能外,还具备完善的权限机制、完善的备份机制、完善的二次开发的能力,特别是附带完善的数据挖掘功能。二是衍生数据库服务。衍生数据库是由核心数据库通过各种计算产生的。它的产生,一般是某部门或者某分支机构通过需求服务器根据某种需求进行计算后的结果,这些结果除了能够被此部门或者分支机构使用外,还很有可能被其他部门使用,在权限安全保护前提下,任何部门都可以使用这些结果,避免了重复计算,同时也避免了人力物力的浪费。三是数据库维护和权限控制服务。对保险公司来说,应该对 PaaS 服务提供商提出更适合保险公司要求的权限控制和数据库维护方面的需求。例如,对精算师赋予足够高的权限,对核心业务数据有完善的重复备份,并构建远程备份机制。

第二部分是 SaaS(Software as a Service,软件即服务)和 IaaS(Infrastructure as a Service,基础设施即服务)打包服务。SaaS 服务由保险公司直接向云计算提供商购买,主要包括行政支持系统,如视频会议、邮件服务、协作办公、员工福利等相关业务。这些业务并非公司的核心机密,并且琐碎复杂,可以由专业的云计算提供商提供服务。IaaS 服务由保险公司根据公司规模向云计算服务提供商购买,主要是为了完成无法在本地完成的即时计算。监管层或者管理层对某些计算要求反馈及时,这部分计算在经过需求服务器后被分配到 IaaS 服务中,以迅速获得结果。

第三部分是需求服务器。需求服务器在整个体系中处于核心位置,它至少要完成以下任务:接受有效需求,并对需求进行有效鉴别和认证,剔除来自远程的恶意、伪造和越权需求,对需求进行有效分类;根据不同的需求,将计算分配到不同的体系;记录需求结果,根据结果的不同可以在需求服务器内存储或者进入衍生数据库,对重复需求进行有效合并和记录;对于已经有结果的需求再次被提请时,直接调用结果,而不必分配计算;具备良好的用户界面,方便任何人访问和使用;具备良好的安全措施,至少能够对以下信息进行有效加密:需求结果的回馈、远程需求的交换、IaaS 服务的数据传输、SaaS 服务的数据往来;具有多重备份功能。需求服务器并非一台服务器,而是一个体系,作为所有云计算的入口,需求服务器能够安全有效地保证需求分配和回馈,并能够在一定程度上优化分配结果,保证需求回馈时间。

(二)应用于保险消费者服务平台

1. 自助服务云

自助服务云借鉴电信运营商等用户自助服务的先进经验,在用户经过身份验证,取得用户名和密码后,可通过电话语音、手机短信、互联网和智能终端接入等方式查询保险状态,自助办理大部分保险业务。这在为保险消费者提供方便的同时,也降低了保险公司的服务成本。

2. 车险服务云

车险服务云能够实现与车险信息共享平台的对接,通过云端全面采集的车险承保和理赔信息,解决当前各保险公司理赔自主查询信息不全面、标准不统一的问题,实现保险公司内部理赔流程信息的全面公开。它通过消费者全流程透明监督、行业透明监管、保险公司透明服务等手段解决车险理赔难的问题。

3. 寿险服务云

寿险服务云利用云技术的强大辐射力和主动推送服务,实现风险云提示、产品云激活和客户身份云验证,解决寿险销售误导等问题。风险云提示是指通过云技术向投保人主动推送风险提示短信、邮件和语音,并由投保人进行确认,主要解决当前寿险新型产品销售人员代替投保人抄录风险提示语等行为妨碍保险消费者了解产品风险的问题。产品云激活是指投保人在犹豫期通过云端进行保单信息确认和激活,充分保障保险消费者行使犹豫期内的权利。身份云验证是指借鉴信用卡激活时身份验证的经验对保单信息和客户身份进行云端验证,从根本上保证保险消费者的合法权益不被侵害。

4. 咨询服务云

在云计算环境下,保险咨询服务的模式将会发生变化。保险服务机构借助统一的云平台开展咨询服务,在相应的激励机制下,保险服务机构都将参与到咨询服务中来,积极解答保险消费者的问题,充分体现了 PaaS 的模式。云服务平台把参与到服务中的保险服务机构有效地组织起来,共同为保险消费者提供咨询服务。保险消费者不必再考虑找谁解答问题,而保险服务机构也不必思考如何吸引用户,只需充分发挥自身优势解答用户问题即可。

(三)运用于保险业务运营中

云具备六大优势:第一,减少前期云建设成本投入,缩短建设周期;第二,减少后期云运维和云服务人工成本;第三,兼具弹性计算、增值服务、安全等优势;第四,可根据行业特点和业务要求灵活定制所需专有云模式;第五,基础设施专用,安全合规,可靠有保障;第六,统一云管平台,一站式运维管理,方便、高效、易用。

在基础设施建设上,云计算能够帮助保险企业消除大量的 IT 挤压,解决 IT 技术投入问题。云计算以其灵活的基础架构,降低自建底层设施的成本,并提供快速部署支持,以低成本快速实现系统及应用平台的优化升级。减少一个领域的资源意味着将它们分配到其他领域,让保险企业专注于扩大业务,并快速适应市场需求。

在产品设计与定价上,通过云计算强大的计算能力和大数据技术提供的海量数据支持,按需提取和分析用户与交易数据,实时计算,提供更精准的风险管控方案和定价模型,评估和防控风险,打破传统保险产品定价模式,推动保险精算水平和精算效率的提升。

在承保理赔上,云计算具有海量数据处理能力。依托大数据和云计算,保险企业能够建立具备数据挖掘、处理、存储的核心业务系统,以提高运营效率和服务针对性。

云计算为保险行业的科技变革提供了重要的基础技术支撑。随着保险行业数字化转型需求的日益突出,云计算也将持续发力,为保险行业信息化保驾护航。

第三节 人工智能与保险

一、人工智能概述

人工智能作为新一轮产业变革的核心驱动力,将催生新的技术、产品、产业、业态和商业模式,从而引发经济结构的重大变革,实现社会生产力的整体提升。

(一)人工智能的概念

人工智能(artificial intelligence,AI),是利用数字计算机或者数字计算机控制的机器模拟、延伸和扩展人的智能,感知环境、获取知识并使用知识获得最佳结果的理论、方法、技术及应用系统。人工智能可简单分为计算智能、感知智能和认知智能,计算智能顾名思义,就是通过大量数据进行学习和积累,如围棋界赫赫有名的AlphaGo;感知智能层次的计算机可以与用户进行互动,如无人驾驶汽车;当计算机达到认知智能时,能够进行类人类的推理和预测,如智能医生等。而根据人工智能是否能真正实现推理、思考和解决问题,又可以将人工智能分为弱人工智能和强人工智能。

弱人工智能是指不能真正实现推理和解决问题的智能机器,这些机器表面看是智能的,但是并不真正拥有智能,也不会有自主意识。迄今为止的人工智能系统都还是实现特定功能的专用智能,而不是像人类智能那样能够不断适应复杂的新环境并不断涌现出新的功能。目前的主流研究仍集中于弱人工智能,并取得了显著进步。如在语音识别、图像处理和物体分割、机器翻译等方面取得了重大突破,甚至可以接近或超越人类水平。

强人工智能是指真正能进行思维的智能机器,并且认为这样的机器是有知觉的和自我意识的,这类机器可分为类人(机器的思考和推理类似人的思维)与非类人(机器产生了和人完全不一样的知觉和意识,使用和人完全不一样的推理方式)两大类。从一般意义来说,达到人类水平、能够自适应地应对外界环境挑战、具有自我意识的人工智能称为"通用人工智能""强人工智能"或"类人智能"。强人工智能不仅在哲学上存在巨大争议,在技术上的研究也具有极大的挑战性。强人工智能当前鲜有进展。

(二)人工智能的特征

人工智能由人类设计,为人类服务,本质为计算,基础为数据。从根本上说,人工智能系统必须以人为本,在理想情况下必须体现服务人类的特征。具体而言,人工智能具有两大特征。

第一,人工智能能感知环境,能产生反应,能与人交互,能与人互补。人工智能系统具备借助传感器等媒介对外界环境(包括人类)产生感知的能力,可以像人一样通过听觉、视觉、嗅觉、触觉等接收来自环境的各种信息，对外界输入产生文字、语音、表情、动作等必要的反应，甚至影响到环境或人类。借助于按钮、键盘、鼠标、屏幕、手势、体态、表情、力反馈、虚拟现实/增强现实等方式，人与机器间可以产生交互，使机器设备"理解"人类并与人类共同协作、优势互补。这样，人工智能系统能够帮助人类进行人类不擅长、不喜欢但机器能够完成的工作；而人类则适合去做更需要创造性、洞察力、想象力、灵活性、多变性乃至用心领悟或需要感情的一些工作。

第二，人工智能有适应特性，有学习能力，有演化迭代，有连接扩展。人工智能系统在理想情况下应具有一定的自适应特性和学习能力，即具有一定的随环境、数据或任务变化而自适应调节参数或更新优化模型的能力，并能够在此基础上广泛深入扩展数字化连接，实现机器客体乃至人类主体的演化迭代，以使系统具有适应性、灵活性、扩展性，来应对不断变化的现实环境，从而使人工智能系统在各行各业得到丰富的应用。

（三）人工智能的战略定位

人工智能作为计算机学科的一个分支，自20世纪70年代以来，被称为世界三大尖端技术（空间技术、能源技术、人工智能）之一，也被认为是21世纪三大尖端技术（基因工程、纳米科学、人工智能）之一。其研究领域包括机器人、语言识别、图像识别、自然语言处理和专家系统等。人工智能可以模拟人的意识、思维，从诞生以来，理论和技术日益成熟，应用领域不断扩大，并在诸多领域取得丰硕的成果。

作为新一轮产业变革的核心驱动力，人工智能在催生新技术、新产品的同时，对传统行业也具备较强的赋能作用，能够引发经济结构的重大变革，实现社会生产力的整体跃升。据麦肯锡公司预测，到2025年，全球人工智能应用市场规模总值将达到1270亿美元，人工智能将是众多智能产业发展的突破点。

人工智能作为一项引领未来的战略技术，世界发达国家纷纷出台规划和政策，对人工智能核心技术、顶尖人才、标准规范等进行部署，争取在新一轮国际竞争中掌握主导权。

2017年，我国出台了《新一代人工智能发展规划》（国发〔2017〕35号）、《促进新一代人工智能产业发展三年行动计划（2018—2020年）》（工信部科〔2017〕315号）等政策，推动人工智能技术研发和产业化发展。《新一代人工智能发展规划》中提出，到2030年，人工智能理论、技术与应用总体达到世界领先水平，核心产业规模超过1万亿元。

中共十八大以来，习近平总书记在不同场合多次谈及人工智能的重要性与人工智能的发展路径。在2017年《政府工作报告》中，人工智能被正式高调提及，随后写入十九大报告。2018年4月，习近平总书记在出席全国网络安全和信息化工作会议时，再次强调要推动互联网、大数据、人工智能和实体经济深度融合，加快制造业、农业、服务业数字化、网络化、智能化。由此看出，我国已将人工智能的发展上升到国家发展战略的高度。

二、人工智能在保险中的运用

人工智能目前可以解决的行业痼疾主要集中在需要运用大量人力进行处理,但极易产生委托代理问题和信息不对称问题的领域。保险行业丰富的数据资源为人工智能的应用提供了诸多场景,相应地,人工智能也在保险业价值链重构方面发挥着重要的作用。具体而言,人工智能及其相关技术将主要运用于保险行业的五个方面。

(一)在产品设计开发中的运用

在产品设计和开发方面,人工智能的运用主要体现在两方面:一方面,人工智能可以帮助保险公司设计新产品。保险产品的设计必须基于大数法则,对工作量、工作强度和专业性要求都很高。人工智能可以为这些高强度、高专业性的工作提供必要的帮助。人工智能技术可帮助或替代精算师分析海量数据,从而设计出适销对路且精确、特征鲜明的保险产品。另一方面,人工智能可以协助保险公司开发个性化产品。在我国经济高速发展的大背景下,人们的生活需求水平逐渐提高,保险的需求也在朝着专业化、个性化的方向发展。与此相适应,保险业势必要从传统的产品驱动模式向定制化、智能化方向发展。以广泛大量的数据为依托,通过数据分析,人工智能技术可以形成客户画像,实现对客户的个性化分析,并针对个性化需求找出最适合的保险产品和增值服务;同时,也可以根据客户的特殊需要,进行个性化专属产品定制,从而满足客户个性化需求。个性化定制模式下,保险产品将被分解成更细微的保障元素(如手机电池保险、家庭烘干机保障险等不同的覆盖范围),客户可以根据自己的特殊需要进行个性化定制,并能马上比较不同保险公司的价格。随着实物资产多人分享模式的实现,高度动态化、基于使用情况付费的保险产品(UBI)将会成为标准保险范式,如汽车共享可以按公里或按次收费,而房屋短租共享也可以按次提供保险保障。此外,在厘定费率的过程中,人工智能和其他科学技术的结合,能够个性化评估风险,提高精算和实际风险水平的契合度,并使部分过去不可保、不愿保的风险转化成可保、能保、愿保的实际产品,扩大了保险人的服务范围。

(二)在产品销售中的运用

在产品销售环节,一方面,人工智能可以变革保险销售模式,标准化销售流程,简化产品购买方式,使得购买保险的流程更快,保险公司和客户无须密集参与即可完成。只要拥有足够的个人行为信息,人工智能算法就可以了解风险概况,从而将投保汽车、商业或人寿保险的时间周期缩短为几分钟甚至几秒钟。当前,很多寿险保险公司正在尝试简化产品分销流程,但是大多数还只是局限于健康状况良好的申请人,而且比需要完全承保的类似产品定价更高。随着人工智能技术向寿险承保领域渗透,保险公司能够以更先进的方式辨别风险,新的即时核保和快速分销产品将进入大众市场。另一方面,人工智能还能够帮助营销员筛选客户信息、查询保单和查询费率等,从而提高客户存留率、降低投保人退保率,实现客户价值最大化,并极大地降低营销的人力成本。与此同时,人工智能还可以为客户提供最适合的营销活动并定向、精准地投放给客户。特别是,因智能交互机器人可与客户进行交互,所以能够通过运用知识图谱,进行知识推理,高效且相对准确地了解客户,实现"以客户为中心"的目标,使客户获得更好的用户体验,进而避免销售误导。与此同时,智能机器人对保险中介的替代可以在一定程度上降低渠道费用、提高营销团队专业性,同时还能够促使消费者在场景中主动思考自身风险,对自身风险进行积极管理。

(三)在保险承保中的运用

智能识别技术中的人脸识别、语音识别技术也可应用于保险承保环节。保险公司业务员足不出户即可办理保单保全,或协助投保人或被保险人直接拍照上传,不用到保险公司现场就能进行变更、修改地址、退保等操作。这不仅可以使得大多数针对个人和小企业的寿险、财险将不再使用人工承保,而且随着承保的自动化,基于技术驱动的承保工作效率将大大提高,只需数秒时间,就可完成承保。此外,人工智能还可协助监管机构做好承保审核工作。基于人工智能模型,监管机构可采用公开、透明的方法来确保风险评分的可追溯性;同时对各种模型输入参数进行评估,来验证承保所使用的数据是否合理。

(四)在保险投保中的运用

在投保环节,一方面,人工智能可通过优化核保环节,提升投保人的投保体验。在核保环节,保险机构可根据筛查规则先进行在线核保,再对筛查后的保单进行人工核保。这既可以简化核保流程,提高核保效率,又能相对使承保条件更宽松,这不仅有利于提升常见非标人群的投保便捷度,同时更有利于增强投保人员的投保体验。另一方面,人工智能还能发挥智能决策作用,帮助投保人实现投保价值最大化。智能投顾的核心是充足的数据积累与算法模型,可以根据客户的风险承受能力、风格偏好或自身理财需求,运用智能算法及投资组合优化等理论模型,为客户提供最合适的投资参考,指导客户更恰当地购买保险。这能够提高客户需求的响应程度,实现客户价值最大化。

(五)在保险理赔中的运用

主要有三种人工智能技术可应用于保险理赔中,分别为:智能识别技术、智能定损技术和智能数据风控技术。一是智能识别技术。智能识别技术中的人脸识别、语音识别等生物特征识别技术可用于理赔时确认身份。通过人脸识别技术和语音识别技术,可以准确地识别被保险人的面部特征和语音特征,从而确认是否为被保险人。这不仅有利于快速查勘、核损、定损和反欺诈,同时比传统的人工核损流程更为节省时间,能明显提升理赔效率,降低骗保概率。光学字符识别技术可用于证件识别,在传统的保险理赔过程中,工作人员在理赔、审查等环节需要人工对照证件材料审核信息,而通过光学字符识别技术可以快速精准地抓取证件上的数据信息,轻而易举地完成用户个人信息识别,大幅提升效率和准确度。二是智能定损技术。智能定损技术是利用保险公司内部的大量理赔案例,结合以往有效的理赔案件,利用深度学习技术挖掘出一套动态的定损、计算模型。当客户提出索赔申请或为客户定损时,系统可以通过算法模型自动输出定损、赔付方案,从而大大减少理赔定损过程中冗余繁复的人工流程，使大部分案件都能自动定损核赔，提高保险理赔的时效及服务质量，同时也降低了理赔成本。三是智能风控技术。智能数据风控模型可以提高反欺诈打假的效率，运用大数据模型和风控模型生成风控规则，对客户的征信数据及出险数据进行筛选排查，同时与数据库中大量的案件数据进行对比。对排查到的风险案件进行人工审查，从而缩小人工排查范围，降低无效工作量，提高疑案调查的精度及广度。除上述三种技术外，人工智能客服系统也可以使保险理赔等工作流程透明化、可视化，提高客服工作效率，实时提供咨询服务。

总之，将人工智能技术运用于理赔业务流程，实现无纸化操作，不仅可以减少重复性人工，大大节省人工成本，加快环节流转，提高正确率，减少保险欺诈，同时还能够有效提高保险理赔服务质量，由被动受理客户服务转变为主动服务客户。

（六）在客户服务中的运用

人工智能运用于客服的主要方式，就是替代传统客服人员，解决客户的大部分常规问题。保险行业的服务流程主要包括产品设计、销售、承保、投保、理赔、售后服务等，在这些服务流程和工作环节中，人工智能正逐渐找到自己的位置，替代保单生命周期的多个处理环节。传统保险业仍属于劳动密集型行业，保单生命周期的完成需要大量的人力来支撑，而人工智能则可以代替诸如保单契约录入、核保、收费、出单、保全、理赔、付费等很多简单重复性的人工操作。这些操作可以通过机器学习实现智能处理，而不用进行人工干预。人工智能的语音识别及智能分析技术、人脸识别技术还可用于智能客服领域，以替代人工客服。摄像头、红外线、压力传感器、体积传感器等技术能够清晰地识别客户，可以感知客户购买保险的过程，进而为客户提供高效贴心的标准化服务，增强客户的服务体验。而在智能查询方面，人工智能甚至比人工客服更准确、更高效。实践证明，智能客服不仅可以大幅度减少耗时费力的重复性人力工作，降低运营成本的同时，还可以提高客户服务效率。

（七）在风险管控中的运用

在风险控制环节，人工智能可基于大数据基础，在身份核实、征信及反欺诈方面达到人力所无法达到的程度。如借助基因检测、可穿戴智能设备等技术和手段，搜集被保险人各方面的健康数据，并将收集来的信息与人们生活变化的规律相结合，推算出被保险人的身体健康状况和生命周期特征，从而有利于对被保险人的健康状况进行主动有效的管理，让寿险产品的融资功能和保障功能实现有机融合。此外，通过人工智能，还能提高信息搜索、流转效率与准确度，自动识别场景中的风险，对保险操作风险进行积极管理，提升服务时效和服务质量。

尽管人工智能在保险业中的运用十分广泛，但目前的人工智能技术仍具有很大的局限性，许多技术还处于弱人工智能阶段，还不能像人类一样互相沟通、主动学习、有自己的思想，一些专业性的操作还需要专人来完成。未来，随着人工智能技术的进步，智能化程度的加强，人工智能在保险各个领域运用的深度和广度必将增大。可以预见的是，未来有人工智能技术加持的保险公司无论在基层服务领域还是高层运营管理方面，都会进一步选择用机器代替人工，人工智能对保险业人力资源的冲击已不可避免。

三、人工智能运用于保险业面临的若干问题

虽然人工智能在保险行业中的运用前景十分广阔，但就目前来看，其具体运用还存在诸多障碍，具体而言可归纳为以下五个方面。

（一）政策监管问题

众多保险公司、科技公司都在涉足人工智能保险相关领域，但整个行业没有统一的标准。在监管层面，目前暂时没有对人工智能在保险行业的运用制定明确的监管法规，监管的空白使得人工智能在保险行业的运作秩序得不到保障。

（二）数据不足和数据割裂问题

一方面，存在数据严重不足问题。目前，保险行业的数据库缺乏广度和深度，历史数据在质量和数量上远远达不到大规模运用人工智能的程度，数据孤岛现象严重，产品销售端和服务端的数据往往无法获取。另一方面，还存在数据严重割裂的问题。对于保险公司而言，由于数据一直以来都被认为是核心机密，共享性较弱。即便是从已经有多年业务历史的传统保险公司层面看，依旧存在着割裂性的问题，几乎没有哪家公司拥有完整的用户数据。上述问题的存在，必然会影响人工智能质量。

（三）市场接受度问题

首先，人工智能将会对保险代理人群体产生冲击，这个群体十分庞大，利益相关者在短期内可能会阻碍人工智能与保险的结合。以车险为例，当人工智能的发展较为完善时，市场上人为因素引起的事故必将减少，而这也使得保险业面临市场份额被蚕食的问题。例如，针对当前无人驾驶汽车技术的出现，一个普遍的观点是其会对财险市场产生较大冲击。其次，传统保险公司的经营理念桎梏也是一个潜在问题。我国保险行业本身的潜在市场还很大，大众接受正常的保险产品尚且不易，接受人工智能保险产品则更难。最后，人工智能技术的应用深度不够，除了特定领域，比如语音识别、人脸识别等方面，在其他领域的运用并不广泛，只有全行业广泛应用的风潮到来，保险行业才会迎来质的发展。

（四）研发或技术问题

人工智能目前处于发展初级阶段，技术研发成本高、周期长，虽然目前人工智能在感知智能层面越来越成熟，但与其真正运用到实业，和保险深入契合，还存在一段距离。同时，保险是一个多学科知识结合的学科，需要全方位的知识，而目前的人工智能只能支持单方面的智能化，还难以做到和人类一样多方面思考。

（五）复合型人才短缺问题

人工智能作为一个处于发展中的新兴技术，到目前为止和保险行业的结合还不够成熟。例如，我们目前所能看到的大部分系统还停留在规则的引擎阶段，人工智能最大的优势在于深度学习，需要大量的案例和经验来对人工智能系统进行训练，这就需要相关的人才，但就当前来看，精通软件的工程师不了解保险，而保险业又缺少精通人工智能的软件工程师。

此外，信息安全、社会伦理等方面的问题，也必定会影响到人工智能在保险行业中的深度运用。不过可以肯定的是，随着国内政策红利的浮现，行业对新技术的关注度不断提升，在可预见的未来，人工智能必将在保险领域实现应有价值。

第四节　物联网与保险

一、物联网概述

（一）物联网的概念

物联网（internet of things，IOT）起源于传媒领域，是互联网的应用拓展，是信息科技产业的第三次革命；同时也是基于互联网、传统电信网、有线电视网、电网等信息承载体，让所有能行使独立功能的普通物体实现互联互通的网络。简言之，物联网就是把所有物品通过信息传感设备与互联网连接起来，进行信息交换，即物物相联，以实现智能化识别和管理。物联网的应用领域主要包括运输和物流、工业制造、健康医疗、智能环境（家庭、办公、工厂）等，具有十分广阔的市场前景。

（二）物联网的技术特征

物联网是一种非常复杂、形式多样的系统技术。从结构上看，根据信息生成、传输、处理和应用的原则，通常可以将物联网分为四层，即感知识别层、网络构建层、管理服务层和综合应用层。

（1）感知识别层，解决前端感知这一核心问题，是联系物理世界和信息世界的纽带。感知设备为信息自动生成设备，目前常见的有GPS、智能设备、RFID（射频识别）、各种传感器等。

（2）网络构建层，解决把下层（感知识别层）数据接入互联网，包括广域网、城域网、个域网和局域网等。

（3）管理服务层，其背后是一个数据中心的概念，包括搜索引擎、智能决策、信息安全和数据挖掘等功能。

（4）综合应用层，解决集成应用问题，核心是提供一个基于应用的解决方案，具体可以根据需求体现为智能电网、智能交通、智能物流和智能监测等。

从技术上看，物联网技术在应用层面具有以下特点：

第一，感知识别普适化。作为物联网的前端，感知识别核心是将长期分离的物理世界与信息世界联系起来，将物理世界信息化。而物理世界是广泛和多样的，这就要求感知识别具有广泛性和普适性。

第二，异构设备互联化。由于客观和历史的因素，物联网的设备存在硬件与协议的差异，因此，通过网关技术实现异构网络之间的互联互通是前提。

第三，联网终端规模化。物联网的重要特点是"物"的广泛联系，因此，未来每一件物品均应当具有通信功能，并成为网络终端。当各类"物"被广泛终端化之后，物联网就"水到渠成"了。

第四，管理调控智能化。物联网将大规模的信息终端高效地联系起来之后，通过海量存储和搜索引擎，就为各种上层应用提供了可能，并实现智能化。

第五，应用服务链条化。物联网应用的一个重要特征是能够提供"链条型"服务，即可以按照价值链、产业链、生活链展开管理和服务，最典型的应用是物流管理，实现了对商品流通过程中各种状态的动态管理。

综上，物联网技术的主要特征可以归纳为三个方面：一是普通对象设备化。即赋予生产和生活中的各种普通物品感知功能，使其成为感应的前端，成为终端设备。二是自治终端互联化。即通过各种网络，采用不同的方式，将以往各自独立和孤立的各种终端设备有机地联系起来，并按照一定的规则，使其能快速地被发现和联系。三是普适服务智能化。智能化是物联网的一个核心价值，通过信息的大规模集成，为数据挖掘和模型建立与应用奠定了良好的基础。与此同时，需要解决的是基于各类实际需求的智能化应用问题。

（三）物联网的实践方向

全球范围内物联网的产业实践主要集中在三大方向。

一是"智慧尘埃"。该方向主张实现各类传感器设备的互联互通，形成智能化功能的网络。

二是基于RFID技术的物流网。该方向主张通过物品物件的标识，强化物流及物流信息的管理，同时通过信息整合，形成智能信息挖掘。

三是数据"泛在聚合"意义上的物联网。该方向认为互联网造就了庞大的数据海洋，应通过对其中每个数据进行属性的精确标识，全面实现数据的资源化，这既是互联网深入发展的必然要求，也是物联网的使命所在。所谓"泛在聚合"，就是要实现互联网造就的无所不在的浩瀚数据海洋，实现彼此相识意义上的聚合。这些数据既代表物，也代表物的状态，甚至代表人工定义的各类概念。数据的"泛在聚合"，能使人们极为方便地任意检索所需的各类数据，在各种数学分析模型的帮助下，不断挖掘这些数据所代表的事务之间普遍存在的复杂联系，从而实现人类对周边世界认知能力的革命性飞跃。

（四）物联网的用途范围

物联网的用途十分广泛，涉及国民经济和人类社会生活的方方面面，具体而言，主要涉及以下十大领域。

1. 交通

物联网与交通的结合主要体现在人、车、路的紧密结合方面，使得交通环境得到改善，交通安全得到保障，资源利用率在一定程度上也得到提高。具体应用在智能公交车、共享单车、车联网、充电桩监测、智能红绿灯、智慧停车等方面。例如，我们最熟悉的共享单车智能锁系统，利用"北斗＋GPS＋格洛纳斯"多模卫星定位芯片和物联网芯片，对每一辆共享单车进行精准定位，通过这样的方式收集人们出行的大数据，为缓解城市交通拥挤做出了巨大贡献。

2. 物流

在物联网、大数据和人工智能的支撑下，物流的各个环节已经可以体现系统感知、全面分析处理等功能。而在物联网领域的应用，主要是仓储、运输监测、快递终端。结合物联网技术，可以监测货物的温湿度和运输车辆的位置、状态、油耗、速度等。从运输效率来看，物流行业的智能化水平得到了提高。

3. 安防

传统的安防依赖人力，而智能安防可以利用设备，减少对人员的依赖。最核心的是智能安防系统，主要包括门禁、报警、监控，视频监控用得比较多，同时该系统还可以传输存储图像，也可以进行分析处理。

4. 能源环保

在能源环保方面，与物联网的结合包括水能、电能、燃气以及路灯、井盖、垃圾桶等环保装置。智慧井盖可以监测水位，智能水电表可以远程获取读数。将水、电、光能设备联网，可以提高利用率，减少不必的损耗。

5. 医疗

利用物联网技术可以获取数据，可以完成人和物的智能化管理。在医疗领域，物联网的运用体现在医疗的可穿戴设备方面，可以整合数据，形成电子文件，方便查询。可穿戴设备通过传感器可以监测人的心跳频率、体力消耗、血压高低。利用RFID技术可以监控医疗设备、医疗用品，实现医院的可视化、数字化。

6. 建筑

建筑与物联网的结合，体现在节能方面，与医院医疗设备的管理类似，智慧建筑能感知建筑设备，可以节约能源，同时减少运维人员成本，具体用在电照明、消防监测、智慧电梯、楼宇监测等方面。

7. 零售

零售与物联网的结合体现在无人便利店和自动售货机方面。智能零售对零售领域的售货机、便利店进行数字化处理，形成无人零售的模式，从而可以节省人力成本，提高经营效率。

8. 家居

家居与物联网的结合，使得很多智能家居类的企业走向物物联动。而智能家居行业的发展首先是单品连接，物物联动处于中间阶段，最终阶段是平台集成。利用物联网技术，可以监测家居产品的位置、状态、变化，进行分析反馈。

9. 制造

制造领域涉及的行业范围较广。制造与物联网的结合，主要体现为数字化、智能化的工厂，机械设备监控和环境监控。环境监控主要利用温湿度和烟雾感应器。利用物联网技术，设备厂商能够远程升级维护设备，了解使用状况，收集其他关于产品的信息，利于以后的产品设计和售后。

10. 农业

农业与物联网的融合,表现在农业种植、畜牧养殖方面。农业种植利用传感器、摄像头、卫星来促进农作物和机械装备的数字化发展。如温湿度传感器能准确地感知周围环境的温度和湿度情况,可用手机 APP 随时观察。

二、物联网在保险中的运用

传统保险业在产品开发、风险管理和客户服务等方面已经远不能适应社会发展的需要,而物联网等新兴科技的应用为保险业的创新发展提供了技术可能,能深入优化保险公司的风险控制和运营模式,提高产品开发和客户服务能力,推动公司降本增效,提升客户体验。

(一)物联网带给保险业的各种机会

物联网时代商业模式对保险业的影响将是颠覆性的,将极大地冲击现在的经营理念、经营领域、经营方式等;将突破原有保险产品设计,改变作业流程,开辟新的领域,展现新的风险管理状态。从发展趋势看,随着保险消费者行为的变化和保险科技的应用,将重塑一个与以往大不相同的保险市场。具体而言,物联网将给保险业的未来发展带来以下机会。

1. 使定制保险成为主流

物联网时代是基于情景感知的个性化定制的体验时代。在社群经济发展的背景下,风险单位呈现出微型化及细分趋势,原有的大而全的保险产品必然要随之变革,个性化定制保险将成为新的保险产品提供方式和保险服务方式。个性化定制保险,首先,要分解、细化原有保险产品,从全时型向短时型转变,从突出多功能向突出专一功能转变,从面向多方位朝着面向单一方位转变,预测、估算风险要更精确。其次,要无缝对接各消费平台、消费场景,直接获取用户行为和场景数据信息,尤其要了解碎片化消费可能发生的风险。最后,运用保险科技高效筛选并精确分析市场需求数据,准确判断用户需求,及时推送保险产品和服务。

2. 使按需保险成为可能

随着物联网保险服务的深化,用户投保后,可以依据实际情况对重要的保险参数进行调整(诸如免赔额等),进而对保费作出调整。保险公司利用信息技术手段可以使投保时间精确到秒,实时计算、结算保费。

3. 提高保险产品与用户的匹配性

新兴技术使保险公司不再需要烦琐的用户信息、资料的录入、查询等,通过大数据和人工智能等技术的辅助,可以便捷地充分获得个性化的保险报价信息,再依据个性化的报价信息进行用户方案分析,提高保险产品与用户的匹配性。

4. 创新各保险业务形态

物联网背景下,保险业务形态将在以下十个方面实现有效创新:

(1)利用车联网定价保险产品。车联网是物联网技术的分支,保险业运用车联网的具体功能技术(诸如 GPS 定位系统、监控系统等),通过收集车辆行驶状况的信息数据（包括前装数据和后装数据），进行综合评定，建立相应于驾驶者驾车行为习惯的定价模型，为其提供保险产品和服务。车联网有助于打破传统"保险随车走"的模式，创新发展出"保险从人、保险从用"的方式用于进行费率厘定，使保险定价更为精准、风险管控更加到位、信息不对称得到控制、理赔成本逐渐减少，也能使消费者拥有更多的选择，创造车险市场的细分子市场。

（2）"保险＋智能物流"。物流公司调度中心通过数据传输通路与物流车载终端实现通信，可以进行远程车辆调度、自动化货仓管理。保险公司加大与物流公司合作，为智能物流提供更好的保险服务方式，智能物流也将促进保险产品创新。

（3）智能化管理用户家庭风险。物联网正在推进家财险产品与智能家居、信息家电等合作，对家庭风险进行智能化管理，使得家庭风险进入智能化管理时代。

（4）通过穿戴式设备管理被保险人健康。利用物联网等新技术可以更精准地了解被保险人的身体健康状况，保险公司通过发放穿戴式设备收集被保险人身体数据，监控、跟踪被保险人的身体状态，当被保险人身体指标出现某种异常时就会收到医疗保健中心的提醒，督促其作出改善，降低健康风险。穿戴式设备对被保险人健康的管理实现了消费者和保险人的双赢局面，可降低发病率和死亡率，减少赔付，并加强了保单主体间的联系，无形中提高了客户对保险人的品牌忠诚度。

（5）利用物联网加大与医疗机构的合作。保险公司利用物联网与医疗机构加强合作，可以将被保险人以往病史、医院电子病历信息数据、日常体征监测数据、身体检查检验报告信息等传递给医生，使医生更准确地诊断病情并给出最合适的医疗方案，既可以减少误诊的可能性，又节省了不必要的开支。利用物联网的实时连接技术，还可以节约被保险人的挂号预约时间，降低成本。

（6）随声佩戴物件助防意外事故。保险公司将智能手表或智能手环类随身佩戴物件配发给被保险人使用，可在被保险人发生意外事故时监测到数据异常，能及时通过数据信息传递采取相应的针对性救援措施。

（7）衔接校园一卡通。校园一卡通管理模式不仅使校园管理更高效、方便和安全，而且具有公共信息服务类、金融服务类等功能。保险可与该管理系统进行良好衔接，实现保险风险管理与校园安全管理的密切结合，为师生提供所需的保险服务。

（8）深化与环保监测方面的合作。保险与环保监测方面深化合作，可以高效获得各种环境监测信息。当传感器将采集的环境信息通过无线传输设备传输到环保监控中心时，可使保险机构利用这些信息，提高对风险的实时监控水平和快速反应能力。

（9）提高农业保险的科技含量。农业保险在种植业保险上将与农业标准化生产监测系统紧密结合，在养殖业保险上将与动物标识溯源系统紧密结合。农业标准化生产监测系统通过实时采集关键数据信息，可以实时掌握农业生产的天气、土壤等各种数据。动物标识溯源可以形成一体化全程监控，使养殖、防疫、检疫等有效结合，实现快捷、精准地溯源和处理家畜疫情以及产品安全事件。这将改变现有的农业保险风险管理方式，使农业保险服务的科技含量更高。

（10）创新更多领域服务功能。保险业还将在移动电子商务、供电质量信息及用电负荷远程控制、机场安防功能、远程医疗、智能平安城市建设和城市管理等许多领域创新服务功能,而这些领域也将深刻改变保险业务形态。

(二)物联网带给保险业的诸多风险

虽然物联网对于促进保险业的创新发展有着非常明显的助推作用,但同时也会给保险业带来各种意想不到的新风险。具体而言,主要包括以下四个方面的风险。

1. 安全风险

由于物联网依靠互联网支撑,互联网的安全隐患也就成了物联网的风险所在。病毒、黑客的攻击可能使物联网保险系统瘫痪。再有就是物联网的关键技术即 RFID 技术存在缺陷,有信息泄露的可能,威胁到个人隐私安全,这对保险机构保护被保险人隐私权是个较大的挑战。

2. 诈骗风险

物联网 RFID 技术可以追踪和定位某个特定用户,获得其相关信息。这就存在非法追踪、盗取保险人或被保险人机密信息,进行保险诈骗的可能。要充分考虑物联网通用技术怎样满足保险机构的特性需求,避免蓄意诈骗行为造成损害。

3. 传媒风险

传媒是物联网的重要支持,传媒是代表大众化和信息化的一种载体,而物联网又使得万事万物进入信息互联网络当中。一些被消费者诟病的保险业务和环节的负面影响长期无法消除,一旦某种保险弊病发生或被消费者误解,负面影响将借助物联网迅速广泛传播,这必然会损害保险机构甚至保险业的形象。

4. 统一标准体系缺失风险

物联网需要形成统一的标准体系,才能实现顺畅互通。目前,由于标准尚未统一,各领域之间的沟通和协调受到一定阻碍,使物联网的不同技术融合产生了一定困难,这也对物联网保险的发展有一定的不利影响。

总之,物联网的发展给保险业带来了巨大的机遇与挑战,将改变保险业的思维方式,给保险业注入创新活力,推进保险机构传统经营模式加快转型,使保险机构更科学、更技术化地进行风险管理,更好地发挥保险服务价值。

第五节　区块链与保险

一、区块链概述

区块链起源于加密货币。世界上第一个区块链数据库是中本聪(Satoshi Nakamoto)为创造比特币而创建的,该数据库是一个算法的结果,该算法最终改进了金融机构的运作。

(一)区块链的概念

有关区块链的概念,目前并没有统一的看法。有研究认为,区块链是一个分布式的账本,区块链网络系统无中心地维护着一条不停增长的有序的数据区块,每一个数据区块内都有一个时间戳和一个指针，指向上一个区块，一旦数据上链之后便不能更改。[①] 该概念中，将区块链类比为一种分布式数据库技术，通过维护数据块的链式结构，可以维持持续增长的、不可篡改的数据记录。

中国区块链技术与产业发展论坛则指出，区块链是分布式数据存储、点对点传输、共识机制、加密算法等计算机技术的新型应用模式。

数据中心联盟认为，区块链是一种由多方共同维护，使用密码学保证传输和访问安全，能够实现数据一致存储、无法篡改、无法抵赖的技术体系。典型的区块链是以块链结构实现数据存储的。其核心也就在于通过分布式网络、时序不可篡改的密码学账本及分布式共识机制建立交易双方之间的信任关系，利用自动化脚本组成的智能合约来编程和操作数据，最终实现信息互联向价值互联的进化。

（二）区块链的特征

区块链技术通过建立电子信息、加密、确认交易、实时广播、添加区块和网络复制记录这六个步骤完成工作，通过这些步骤，区块链传递和储存的信息具有了去中心化、开放性、匿名性、数据不可篡改性和自治性五大特征，这些特征使得过去信息安全性低、信息连续性差、信息采集成本高、信息推广渠道限制多、信息不对称问题突出等状况有了一个可靠的解决途径。

1. 去中心化

所谓去中心化，是指由于区块链使用分布式核算和存储，不存在中心化的硬件或管理机构，任意节点的权利和义务都是均等的，系统中的数据块由整个系统中具有维护功能的节点来共同维护。也就是说，区块链数据的存储、传输、验证等过程均基于分布式的系统结构，与传统集中记账方式不同，整个网络不依赖一个中心化的硬件或管理机构。区块链的账本既不存储于某一个数据库中心，也不需要第三方权威机构来负责记录和管理，而是分散在网络中的每一个节点上，每个节点都有一个该账本的副本，全部节点的账本同步更新。作为区块链的一种部署模式，公有链中所有参与节点的权利和义务都是均等的，系统中的数据块由整个系统中具有维护功能的节点来共同维护，任一节点停止工作都不会影响系统整体的运作。

2. 开放性

所谓开放性，是指区块链系统是开放的，除了对交易各方的私有信息进行加密，区块链数据对所有人公开，任何人都能通过公开的接口对区块链数据进行查询，并能开发相关应用，整个系统的信息高度透明。

3. 匿名性

所谓匿名性，是指节点之间的交换遵循固定算法，其数据交互是无须信任的，交易对手不用通过公开身份的方式让对方对自己产生信任，有利于信用的累积。

4. 不可篡改性

所谓数据不可篡改，是指一旦数据经过验证并添加到区块链，就会被永久地存储

[①] 《什么是区块链》，载上海对外经贸大学商务大数据实验中心网站，https：//www.suibe.edu.cn/sdblab/2018/0616/c7046a60079/page.htm，2018年6月16日发布，2022年5月1日访问。

起来,除非同时控制系统中超过51%的节点,否则单个节点上对数据库的修改是无效的。正因为如此,区块链数据的稳定性和可靠性都非常高,区块链技术从根本上改变了中心化的信用创建方式,通过数学原理而非中心化信用机构来低成本地建立信用,出生证、房产证、婚姻证等都可以在区块链上进行公证,拥有全球性的中心节点,得到全世界的信任。

5. 自治性

区块链的自治性特征建立在规范和协议的基础上。区块链采用基于协商一致的规范和协议(如公开透明的算法),使系统中的所有节点都能在去信任的环境中(不需要借助第三方权威机构信用背书)自由安全地交换数据,使得对"人"的信任变成对机器的信任,任何人为的干预都无法发挥作用。

(三)区块链的应用

在以信息技术为主要特征的第四次产业革命中,保险业作为数据服务的一大子领域,区块链在其中的应用意义非凡。

1. 数字货币

相比实体货币,数字货币具有易携带存储、低流通成本、使用便利、易于防伪和管理、可打破地域限制,能更好整合等特点。比特币是在技术上实现了无须第三方中转或仲裁,交易双方可以直接相互转账的电子现金系统。2019年6月,互联网巨头Facebook也发布了其加密货币天秤币(Libra)白皮书。无论是比特币还是Libra,其依托的底层技术都是区块链技术。

2. 金融资产交易结算

区块链技术天然具有金融属性,它正在使金融业产生颠覆式变革。支付结算方面,在区块链分布式账本体系下,市场多个参与者共同维护并实时同步一份"总账",短短几分钟内就可以完成现在两三天才能完成的支付、清算、结算任务,降低了跨行跨境交易的复杂性和成本。同时,区块链的底层加密技术保证参与者无法篡改账本,确保交易记录透明安全,监管部门可方便地追踪链上交易,快速定位高风险资金流向。在证券发行交易方面,传统股票发行流程长、成本高、环节复杂,区块链技术能够弱化承销机构的作用,帮助各方建立快速准确的信息交互共享通道,发行人通过智能合约自行办理发行,监管部门统一审查核对,投资者也可以绕过中介机构进行直接操作。数字票据和供应链金融方面,区块链技术可以有效解决中小企业融资难问题。目前的供应链金融很难惠及产业链上游的中小企业,因为它们跟核心企业往往没有直接贸易往来,金融机构难以评估其信用资质。基于区块链技术,可以建立一种联盟链网络,涵盖核心企业、上下游供应商、金融机构等。

3. 数字政务

区块链可以让数据跑起来,大大精简办事流程。区块链的分布式技术可以让政府部门集中到一个链上,所有办事流程交付智能合约,办事人只要在一个部门通过身份认证以及电子签章,智能合约就可以自动处理并流转,顺序完成后续所有审批和签章。区块链发票是国内区块链技术最早落地的应用。税务部门推出区块链电子发票"税链"平台,税务部门、开票方、受票方通过独一无二的数字身份加入"税链"网络，真正实现"交易即开票""开票即报销"——秒级开票、分钟级报销入账，大幅降低了税收征管成本，有效解决了数据篡改、一票多报、偷税漏税等问题。扶贫亦是区块链技术的另一个落地应用。利用区块链技术的公开透明、可溯源、不可篡改等特性，实现扶贫资金的透明使用、精准投放和高效管理。

4. 存证防伪

区块链可以通过时间戳证明某个文件或者数字内容在特定时间存在，加之其公开、不可篡改、可溯源等特性为司法鉴证、身份证明、产权保护、防伪溯源等提供了完美解决方案。在知识产权领域，通过区块链技术的数字签名和链上存证可以对文字、图片、音频视频等进行确权，通过智能合约创建执行交易，让创作者重掌定价权，实时保全数据，形成证据链，同时覆盖确权、交易和维权三大场景。在防伪溯源领域，区块链跟踪技术可以被广泛应用于食品医药、农产品、酒类、奢侈品等各领域。

5. 数据服务

区块链技术将大大优化现有的大数据应用，在数据流通和共享上发挥巨大作用。未来互联网、人工智能、物联网都将产生海量数据，现有中心化数据存储将面临巨大挑战，基于区块链技术的边缘存储有望成为未来的解决方案。再者，区块链对数据的不可篡改和可追溯机制保证了数据的真实性和高质量，这成为大数据、深度学习、人工智能等一切数据应用的基础。最后，区块链可以在保护数据隐私的前提下实现多方协作的数据计算，有望解决"数据垄断"和"数据孤岛"问题，实现数据流通价值。未来区块链技术还会在慈善公益、保险、能源、物流、物联网等诸多领域发挥重要作用。

二、区块链在保险中的运用

（一）区块链与保险业的关系

多年来，传统的保险业务模式已被证明具有惊人的弹性。然而，随着新兴技术的发展，改变了消费者与企业的互动方式以及产品和服务的提供方式，传统保险业已开始受到数字化的影响。人们普遍认为，全球保险业落后于其他金融服务部门，因此在成本节约和效率方面还有很大差距，在欺诈、人为错误和网络攻击方面也存在重大问题。基于此，将区块链引入保险业可谓势在必行。

保险是一种承诺，实现这一承诺需要各方共同努力。例如，对于健康保单，它需要客户、诊断中心、承保团队和其他内部保险部门、医院、第三方管理人员等多方间进行大量的协调，以提供保单、服务客户并解决索赔问题。从提供保单报价到理赔，很多数据都是由保险公司获取和处理的。区块链与其他技术的应用，有助于了解KYC流程、规避欺诈、理顺索赔的后端处理，以及了解其他依赖于多个数据点的情况。此外，区块链以其坚不可摧的安全基础设施而著称，因为数据分散在区块链中，因此腐败的可能性微乎其微。由于这些优势，区块链非常适合保险领域。

（二）区块链在保险中的运用

当前区块链在保险中的运用主要有以下几个方向：运用区块链技术，可以快速进行身份和信息的校验；能够实现数据和企业的分离，使授权第三方能够对数据进行梳理和分析，尤其是在投保人更换保险公司的场景下，数据连续性的意义不言而喻；能够用智能合同代替人工合同，有利于合同的公平执行，无论是投保人—保险人、保险中介—保险人还是投保人—保险中介的关系，都能在订立合约、索赔理赔时通过区块链技术杜绝虚假信息和恶意行为；能够有效追溯和标记投保标的信息，有助于进一步改进产品，精准评估风险。具体而言，其运用主要体现在以下几个方面。

1. 在保险反欺诈中的运用

近年来，随着人们的消费意识不断提高，人们购买保险产品的倾向日渐提高。但是，伴随着保险行业的高速发展，保险欺诈问题与日俱增。由于保险知识具有一定的专业性和复杂性，因而保险人和消费者之间存在一定的信息不对称，欺诈也由此产生。目前的理赔流程需要在投保人、保险人和再保险人之间进行频繁且耗时的书面交接，欺诈者因此可以借机就同一损失向多个保险人索赔，而保险经纪人也可以通过私售保单来获取保费。

区块链技术中的不可篡改性、可追溯性能使各保险公司更好地合作以对抗保险欺诈。在分布式账本上，保险公司可永久记录交易，并通过严格控制访问权限来保证其安全性，而将索赔信息记录存储到分布式共享总账上，有助于加强各保险公司的合作，识别出整个保险体系中可疑的欺诈行为。

不过值得注意的是，区块链技术的引入需要保险公司之间的大力合作方能实现。要通过区块链实现反欺诈，首先可以从共享欺诈性索赔开始，这也有助于识别出不良行为。除此以外，主要好处有以下三点：（1）能够杜绝重复保险，或利用同一保险事故进行多重索赔的情况。（2）通过数字证书建立了所有权机制，避免了身份伪造。（3）能够减少保险经纪人私售保单收取保费等情况，以此减少保险公司的保费收入损失。只有不断杜绝保险欺诈，保险公司才可能实现更高的利润率，也能使消费者享受更低的保费。

2. 在保费定价中的运用

现阶段保费的组成要综合参考"三大指标"，这三大指标分别是风险保费、附加保费和预定利率。风险保费是依靠精算，依据各个保险产品的保险责任，通过一系列风险指标计算得出的数值来制定的，每个不同的机构都会有精算团队来计算风险；附加保费是保险的额外费用，是根据保险公司的运营成本、营销费用、利润等方面来计算的；预定利率是当地监管部门规定的法定利率，并没有大小公司的不同。通过三大指标可以看出，各公司的附加保费是最大变量，公司的运营成本却由用户的保费来承担，保费自然居高不下。利用人工智能与大数据计算，可以通过大量的保险案例数据计算得出合理的保费范围，而区块链技术可以把所有保费打入指定的数字资产地址，通过智能合约的定制化，该地址将会有最低储备金，来应对用户的出险问题。这也消除了机构倒闭的风险，减少的宣传费用也会进一步降低保费。

3. 在财产保险和意外保险中的运用

对于以车、房等物为保险标的的财险和意外险，一大难点在于收集处理理赔所需的必要信息。时至今日，由于需要手动录入大量数据以及多方的协调合作，这仍是一个易出错的过程。通过向保单持有人和保险人开放数据追踪和管理实物资产的权限，区块链技术可通过智能合约实现业务规则编写和自动处理理赔。与此同时，还能提供永久性记录。

保险可被视为一份载明投保人所需缴纳保费和保险人承担赔偿责任条件的合同。麻烦之处在于，对"损失"的界定可能是十分主观的，而保险服务正是围绕核验每份保单的条件是否被满足展开的。例如，A 最近卷入一起车祸，且对方负全责。为弥补损失，A 需要向保险公司提出索赔。A 的保险公司将会进行查勘并向肇事者的保险公司提出索赔，而对方的保险公司却又有着一套不同的理赔流程。因此，财产保险和意外伤害保险成为区块链技术的应用方向就毫不意外了。经由区块链可实现实物资产的数字化管理、追踪和保险。区块链中的智能合约可将纸质合同转化为可编程的代码，这有助于自动理赔并计算各方应分摊的责任。例如，当保险公司收到索赔申请时，智能合约可自动确认保障范围，并将特殊事件转交人工审查。对于航空保险，智能合约可通过关联空中交通管制数据库，在航班取消或延误时自动进行赔付。

4. 在健康保险中的运用

由于当前医疗服务提供方、保险公司和患者构成的医疗服务体系处于较为混乱且低效的运转状态，导致健康保险的发展受到了严重阻碍。患者在他的一生中通常会问诊多位医生和专家，由于参与到医疗保健中的人员众多且所属机构不同，在他们之间共享敏感医疗数据是较为困难的。由于同一患者的医疗记录分散在不同的医疗机构和保险公司中，不同机构之间重复和错误的记录导致了高昂的管理费用和冗余的流程。

加密保护的区块链可使上述问题迎刃而解。区块链技术可将患者的医疗数据管理权交还给患者本人，并根据具体情况给予患者访问权限。医疗记录的区块链系统可为分布式账本上每一记录保留加密签名，避免了保险公司和医疗服务供应者之间不得不在各种数据库间核对患者信息的步骤。签名可为每一文档进行加密并进行时间戳记，而无须在区块链上存储任何敏感信息。文档内容的任何变更都会在共享账簿中被记录，因此保险公司和医疗服务供应者可审查各组织的医疗信息。上述区块链技术的运用，不仅可以保护患者隐私，同时还能建立全行业同步的信息数据库，每年可节省数十亿美元。不过值得一提的是，区块链技术目前还不是健康保险领域的救命良方。现阶段，要想有所建树，保险领域内的区块链公司仍需克服较大的监管和法律障碍。

5. 在再保险中的运用

保险旨在帮助人们转嫁风险，减少小到意外、大到自然灾害等风险事件带来的损失。这一机制本身具有极大的风险，尤其是在飓风或地震之类的大规模灾难发生时。受人工流程和一次性合同所限，再保险公司和原保险公司之间的交流效率较低。根据类别不同，再保险可在一定时间内为保险人提供一定比例的赔付，或对地震、飓风等特定风险进行保障。

当数据在不可变更账本上实现共享之后，再保险公司就无须等待原保险公司为每项索赔提供数据，因此可更快地处理索赔，几乎能达到实时处理的水平。

目前的再保险流程复杂且低效。对于临时再保险，其每一风险都需要单独核保，在正式签约合同前，需经过双方长达3个月的推敲。而保险公司通常会购买多份再保险，意味着数据需要在多方间交换以处理赔案。机构间各异的数据标准常使得对于合同执行有不同解释。

区块链有希望通过压缩现阶段原保险人和再保险人之间的共享账本实现信息交流，简化再保险流程。借助区块链，在原保险人和再保险人的系统内可同时保存有关保费和损失的详细数据，从而避免每起赔案发生时双方繁杂的文书来往。据相关估计，通过提高运营效率，区块链每年可为再保险业节约50—100亿美元。考虑到再保险费用在保费中占比5%—10%，区块链可进一步影响并推动保险产品降价。

与此同时，将区块链技术运用于再保险中，还有助于再保险公司更有效地配置资金和承保，进而增加了保险业的整体稳定性。再保险公司可通过查询区块链直接划定保障范围，无须再依靠原保险公司提供损失数据。

案例分析 人工智能在保险理赔中的运用

2021年10月9日，南方某市发生一起两车追尾的交通事故。后经交警判定，发生追尾事故的原因，是因为后车速度过快，刹车不及时，导致两车相撞，后车负全责。事故发生后，后车司机及时报了案。但在报完案后，车主并没有亲自到保险公司现场办理相关业务，而只是通过视频方式进行了理赔；理赔人员也只是通过视频方式核查了车主相关资料并收集了相关材料。由于事故损失不大，双方全部损失不超过2000元，2个小时内，双方车主就收到了保险公司的理赔款，速度之快、效率之高，双方车主都表示非常满意。

（案例来源：自编案例）

问题

1. 人工智能的运用给保险理赔带来了哪些便利和好处？
2. 人工智能在车险人伤理赔中有哪些应用场景？

复习思考题

1. 什么是"大数据"？大数据有何特点？
2. 什么是"云计算"？云计算如何运用于保险消费者服务平台？
3. 当前人工智能运用于保险行业主要面临哪些问题？
4. 什么是"物联网"？物联网可运用于人类日常生活的哪些领域？
5. 区块链有何特征？哪些特征可运用于保险反欺诈？如何运用？

第八章

保险监管

内容提要

实践表明,作为金融三大支柱之一且对社会稳定和经济发展起着不可替代作用的保险业,在发展运行过程中还存在诸多问题。为了保证保险市场的健康有序运行,保险监管必不可少。本章首先介绍了保险监管的意义和目标及保险企业的内部与外部监管,然后分析了保险监管制度与监管内容,最后阐明了保险监管的方式与方法。

第一节 保险监管体系

保险监管有广义与狭义之分。广义的保险监管是指在国家范围内,为达到一定的目标,从国家、社会、保险行业、保险企业自身等各个层次上对保险企业、保险经营活动及保险市场进行监督与管理。狭义的保险监管仅指国家对保险企业、保险经营活动及保险市场的监督与管理。本章所讲的保险监管属于广义上的保险监管。

一、保险监管的意义

保险业不仅是社会经济补偿制度的重要组成部分,关乎国计民生,对社会经济的稳定和人民生活的安定负有重大的责任,而且是经营风险的特殊行业。保险经营与风险密不可分,保险事故的随机性、损失程度的不确定性、理赔的主观性和差异性使得保险经营本身存在着不确定性,加之同业竞争日益激烈、保险道德风险日渐加剧、欺诈手段五花八门,使得保险成了高风险行业。保险公司经营亏损或倒闭一方面会直接损害保险公司自身的存在和利益,另一方面还会严重损害广大被保险人的利益,危害相关产业的发展,进而影响整个社会经济的稳定和人民生活的安定。所以,保险业具有极强的公众性和社会性。国家对保险业进行严格的监管,是有效地保护与保险活动相关的行业和公众利益的需要。

二、保险监管的目标

（一）保护被保险人的利益

任何保险监管的初心都是为了维护被保险人的利益。首先，保险合同是一种格式合同，它的附和性特点使被保险人在保险交易过程中处于不利地位。其次，保险具有专业性，被保险人和保险人之间存在严重的信息不对称性；尽管被保险人可以通过保险经纪人办理保险业务，但还是无法与保险公司的地位和实力相比。最后，从保险交易方式看，保险经营具有负债性。由于被保险人是先缴纳保费，在发生保险事故后才向保险人索赔，因此被保险人处于相对不利的地位，属于弱势群体。在这种情况下，如果保险公司经营行为不规范、不守信用，就会严重损害被保险人的利益，因此，需要通过保险监督管理来保证保险人的偿付能力，防止保险经营的失败，保护被保险人的利益。

（二）维护保险市场的秩序，促进保险业健康发展

保险监督管理的另一目的是维护保险市场秩序。对于保险公司采取不正当竞争手段等行为，保险监督管理部门必须采取处罚措施，纠正不规范的竞争行为，保证社会资源在保险业中的公平合理配置，为保险业提供公平竞争的机会和环境，从而保证保险公司之间能够公平竞争，促进保险业健康发展。与此同时，监管者也要明白，自己的使命是维护公平竞争的秩序，而不是为了"秩序井然"人为地限制、压制竞争。没有竞争，秩序将毫无意义。

（三）提高保险业的经济效益和社会效益

通过保险监管，可以实现企业经济效益和社会效益的统一，并保证保险企业适度规模经营，以减少资金占用，从而扩大承保范围，满足经济发展和社会稳定对保险保障的需要。在现代经济中，保险保障对社会经济发展是必不可少的。当保险企业的经济效益与社会效益发生冲突时，国家通过干预和协调，可以在某种程度上实现两者的统一。

三、保险企业内部监管

保险企业内部监管是指保险公司通过制定有关稽核和审计制度及其他内控管理措施而进行自我监督管理的活动。内部监管属于公司组织系统内部的自我约束机制，是公司治理的重要组成部分，从理论上讲，内部监管成本较低，是一种最有效率的监管方式。内部监管的目标是维护股东和公司的合法权益，促进公司合法经营，实现公司的经营目标。

保险企业内部监管是保险公司的一种自律行为，是保险公司为完成既定工作目标，防范经营风险，对内部各种业务活动实行制度化管理和控制的机制、措施和程序的总称。

保险公司的内部控制一般包括组织机构控制、授权经营控制、财务会计控制、资金运用控制、业务流程控制、单证和印鉴管理控制、人事和劳动管理制度、计算机系统控制、稽核监督控制、信息反馈控制、其他重要业务和关键部位的控制。

为加强保险公司内部控制建设，提高保险公司风险防范能力和经营管理水平，促进保险公司合规、稳健、有效经营，早在1999年8月5日，保监会就颁布了《保险公司内部控制制度建设指导原则》(已废止)。2010年8月10日，保监会又公布了《保险公司内部控制基本准则》。

四、保险企业外部监管

保险企业的外部监管可以分为国家监管、行业自律和社会监管三个层次。其中，社会监管又包括评级机构、独立审计机构、社会媒体等各种监管力量。

(一) 国家监管

国家对保险企业的监管主要体现在三个方面：立法监管、司法监管和行政监管。

1. 立法监管

立法监管是立法机关以立法手段，以及对法律的立法解释对保险业进行监管。由于各国法律制度不同，各国保险法律法规的性质和范围也会有所不同。但一般而言，监管事项包括：

(1) 各种保险人和再保险人的设立和执照许可

(2) 代理人和经纪人的执照许可

(3) 保险费率的登记和许可

(4) 投保书和保单格式的登记和批准

(5) 未经授权的保险和不公平交易行为

(6) 保险人的财务报告、财务审查和其他财务要求

(7) 保险业的整顿和清算

(8) 保证基金

(9) 保险产品和保险公司的税收

2. 司法监管

法院是国家监管的第二层机制，主要解决保险活动中有关各方的争议，保证保险法律的贯彻实施。它通过保险判例及其解释法律的特权对保险业实施监管，这种现象在判例法系国家尤其明显。如美国，由于法院判例具有法律效力，因此，法院在很大程度上对保险行业起到监管作用。另外，司法机关可以利用其对保险监管机关的监管行为合法性的裁判影响甚至干预保险监管机关的行政行为。

3. 行政监管

行政监管是国家监管的第三层机制，也是承担保险监管职能的最主要层次。它通常享有广泛的行政权、准立法权和准司法权。

由于各国具体的政治经济环境不同，各国的国家保险监管机关有很大差异。英国的保险监管机关是金融服务局，由其颁发保险营业许可证，监管保险公司的经营。美国的保险监管机关是各州政府保险署，保险署的工作由保险监督官领导，全国有一个

保险监督官协会，负责协调各州保险立法与监管活动，并有权检查保险公司，联邦机构不承担保险监管的主要责任。法国根据业务性质的不同，将保险划归不同的政府机关管理，直接承保业务由商务部监管，再保险业务由财政部监管。日本的保险监管机关原本为大藏省，大藏省银行局下设保险部负责管理保险业。1998年，日本成立了金融检察厅，由它承担大藏省部分保险监管职能。

我国在1998年11月18日前，由中国人民银行执行保险监督管理职能，中国人民银行各地的分支机构行使本地区保险业的监管权。1998年11月18日之后，由保监会行使该职能。2012年4月26日，保监会开通了"12378"保险消费者维权投诉热线，为保险消费维权投诉开启了新的快捷通道。2018年3月13日，根据国务院机构改革方案，将保监会和银监会合并为银保监会，并于2018年4月8日上午正式挂牌成立。2023年3月，中共中央、国务院印发了《党和国家机构改革方案》，决定在中国银行保险监督管理委员会基础上组建国家金融监督管理总局，不再保留银保监会。2023年5月18日，国家金融监督管理总局揭牌。

（二）行业自律

保险业自律是指通过保险业行业组织，依据保险业法的规定，在保险业内部为解决保险企业之间的利益冲突或者协调保险企业与保险监管机构及其他行业之间的关系而实行自我管理、自我约束、自我监督的制度。保险业自律是非官方的行业监控体系，其特点是非强制性，利用行业道德规范的约束力，引导和规范保险行业的从业行为。显然，保险业自律是对保险监管机构给予行政监管机构职权而实施的行政监管制度的补充，有利于促进保险市场的正常发展，充分实现保险监管的目标。广义上，保险业自律是保险监管制度的必要组成部分。20世纪末期，受全球经济一体化的影响，国际保险市场出现了保险监管制度趋向"宽松化"的情况，使得保险业自律的价值日益提高。

保险业自律一般是通过保险业自律组织活动实现的。保险业自律组织活动是指保险企业自愿参加的、进行自我约束管理和相互协调的行业性组织。通常为保险行业公会或者同业公会以及各种专业协会，如保险精算师协会、保险代理人协会等。因此，保险业自律组织属于社团组织，它是不依附于任何个人和组织的独立法人组织，具有独立性；其成员来自保险业的各个经营实体，从事与保险业活动相关的专业化活动，具有专业性。

受保险监管体制和保险业发展水平的影响，各国的保险业自律组织存在较大的差异。英国是世界上保险业自律组织最为发达的国家。其保险业自律组织较多，如保险人协会、寿险组织协会、保险推事局、特许保险学会、保险精算师协会、保险经纪人协会等。

我国保险行业自律组织发展比较晚，且地区间发展不平衡。2001年2月23日，中国保险行业协会成立，它是在中华人民共和国民政部（以下简称民政部）登记注册的社团法人，属于全国性的、自愿结成的、非营利性的保险行业自律组织。其职责包括：(1)制定全国保险行业共同遵守的自律公约；(2)督促各会员单位贯彻执行国家的保险法规、政策；(3)根据行业公约，约束和规范保险市场行为，协调各会员之间的业务关系，接受保险当事人的咨询；(4)维护保险公司的合法权益，代表保险业界向国家保险监管机构及其他政府机关反映共同愿望和建议；(5)促进中国保险业同国外保险业之间的联系、交往；(6)组织保险市场的调查研究，并为会员提供市场调查信息、培训等服务；(7)接受国家保险监管机构未委托办理的事项。

中国保险行业协会只接纳单位会员，一是经国家金融监督管理总局批准，并在国家工商行政管理机构登记注册的具有法人资格的保险公司；二是经省级社团管理机关注册登记的保险行业组织。协会会员享有和履行如下权利和义务：(1)审议权、表决权、选举权和被选举权；(2)参加协会举办的各项活动；(3)对协会的工作提出意见和建议，以及批评和监督；(4)入会自愿、退会自由的权利；(5)遵守协会制定的各项共同规则，执行协会通过的各项决议；(6)维护协会的合法权益；(7)完成协会委派的各项任务；(8)接受协会的咨询调查，如实反映情况并及时提供所需资料；(9)按期缴纳会费等。

（三）社会监管

社会监管的内容非常丰富，在此介绍四种主要的社会监管方式。

1. 保险信用评级机构

保险信用评级是由独立的信用评级机构采用一定的评级方法对保险公司的财务能力和经营稳定能力进行评价，在此基础上对保险公司信用等级进行评定，并用一定的符号表示，从而为市场参与者提供服务的一种机制。信用评级机构的评判结果不具有强制力，它以其自身的信用来决定人们对其评定结果的可信度。尽管各评级机构对保险公司信用评级界定不同，但它们进行保险信用评级的核心均围绕保险人的偿付能力。评级是针对保险公司承担的赔偿或给付责任的整体财务能力的综合评价，并不说明某类或某份保单能否获得偿付。在评级过程中，首先从保险公司获得报告资料，对其实行严格的交叉检验程序来确保这些数据的算术准确性，然后利用定性分析和定量分析的方法，对保险公司的经营状况、发展趋势作出客观的评价。应该说，评级的结论仅仅是评级机构根据自己的标准提出的独立意见，是保险交易中的第三方意见，但事实上，一些信誉卓著的大评级机构的评级结果的确是进行保险交易的非常重要的建议。

世界上的评级机构很多，其中最著名的有贝氏评级（A. M. Best）、标准普尔（Standard & Poor's，简称 S & P）、穆迪（Moody's）。在美国，最主要的保险评级服务由贝氏评级提供，该公司成立于1899年，是世界上第一家保险评级机构。美国各州保险监管部门一般都把它的评级结果作为是否对保险公司实施监管的重要考虑因素。除上述评级机构之外，美国其他评级机构还有达夫·菲尔普斯（Duff & Phelps）信用评级公司、惠誉评级（Fitch Ratings）有限公司、WEISS信用评级公司。一般来说，这几家机构提供的评定结果在很大程度上是相互吻合的。如果一个公司被这几家主要评级机构中的任何一家降低了信用等级，都会引起舆论的注意，它的业务也会受到影响。在美国，评级机构之所以受到社会公众如此欢迎，是由于评级结果基本上客观反映了保险公司的信用程度。

总之，评级机构为保险客户提供了非常有用的信息服务，把保险公司复杂的经营活动、财务报表转化为简单易懂的信用等级符号,作为消费者决策的重要参考。评级机构通过其提供的评级信息,影响着保险监管机构、保险业本身和广大保险消费者,从而发挥了其不可替代的监督作用。

2. 独立审计机构

独立审计机构是指依法接受委托,对保险公司的会计报表及相关资料进行独立审计并发表审计意见的会计师事务所和审计师事务所。独立审计的目的是对被审计单位会计报表的合法性、公允性和会计处理方法的一贯性发表审计意见。合法性是指被审计单位会计报表的编制是否符合会计准则和其他有关财务会计规定;公允性是指被审计单位会计报表是否在所有重大方面公允地反映了其他财务状况、经营状况和现金流量状况;一贯性是指被审计单位会计处理方法是否保持前后各期的一致性。由于其客观公正性,各国在保险监管时都比较重视独立审计部门的意见。

我国保监会印发的《保险公司财会工作规范》第 85 条和第 86 条规定:保险公司聘请或者解聘会计师事务所为其提供年度审计服务,应当向中国保监会报告。保险公司应当对会计师事务所的独立性、专业胜任能力和声誉进行评估,选择具有与自身业务规模、经营模式等相匹配的资源和风险承受能力的会计师事务所提供年度审计服务。

3. 社会媒体

媒体关于保险机构的经营行为、财务状况的披露报道,直接影响保险公司的企业形象和市场份额,广泛而潜在地引导着消费者的判断和选择,在某种程度上还会引起保险监管部门的注意,影响其政策取向。因此,社会媒体的宣传监督对保险机构也具有不可忽视的约束作用。

4. 公众监督

为了维护客户合法权益,净化保险行业风气,严厉打击各类违法违纪行为,许多保险公司设立举报通道,让社会各界人士积极举报并提供相关信息。为了消除举报人的顾虑,举报信息由指定干部单人接收和处理,绝对保密。

第二节 保险监管制度

一、保险监督管理法律法规

改革开放后,随着我国保险业务的恢复和保险市场的发展,我国保险立法也不断完善,颁布了许多监管保险的法律法规,比较具有代表性的如下:

1982 年 7 月施行的《中华人民共和国经济合同法》(以下简称《经济合同法》)(已废止)专门规定了财产保险合同。这是中华人民共和国成立后首次颁布的有关保险业务的实质性法律法规。此后,与《经济合同法》配套的《中华人民共和国财产保险合同条例》(已废止)由国务院于 1983 年 9 月颁布并实施,它对财产保险合同的订立、变更和转让,投保人和保险人的义务等加以全面规定。

1985 年 3 月国务院颁布的《保险企业管理暂行条例》（国发〔1985〕33 号）（已废止）是中华人民共和国成立后第一个有关保险业的法律文件，对于加强保险业监管、促进保险业健康发展具有重要意义。

1992 年 11 月第七届全国人大常委会通过的《中华人民共和国海商法》专章规定"海上保险合同"，成为调整我国海上保险活动的法律依据。

1995 年 6 月第八届全国人大常委会颁布的《中华人民共和国保险法》是我国保险法体系得以确立的标志。该法作为我国保险立法的基本法，不仅确立了我国保险法律制度的基本原则，还对保险合同制度和保险业监管制度进行了全面规定，成为规范我国保险市场经营活动、保护保险当事人合法权益、促进我国保险业健康发展的重要保障。此后，2002 年 10 月 28 日和 2009 年 2 月 28 日分别对《保险法》进行了第一次修订和第二次修订。为了适应我国保险市场发展变化的需要和回应由 2008 年集中爆发的世界性金融危机引起的加强金融监管的呼声，《保险法》第二次修订的内容较多。具体表现在：在保险合同部分的篇幅大体不动的前提下，对其内容作出较大修改；对保险业法部分，不仅增加了条文篇幅，而且完善了监管制度体系。2015 年，对《保险法》进行了第三次修订，进一步完善了保险法对我国保险行业的监督管理。

二、保险监督管理机构

（一）政府监管组织——国家金融监督管理总局

我国保险监督管理机构经历了多次变迁。在中国保险监督管理委员会成立之前，我国保险监督管理机构是中国人民银行。1998 年 11 月 18 日，国务院批准设立了中国保险监督管理委员会，专门行使保险监管职能。2018 年 4 月 8 日，中国银行保险监督管理委员会正式挂牌，主要职责是依照法律法规统一监督管理银行业和保险业，维护银行业和保险业合法、稳健运行，防范和化解金融风险，保护金融消费者合法权益，维护金融稳定。2023 年 5 月 18 日，国家金融监督管理总局揭牌。

国家金融监督管理总局的主要职责为：统一负责除证券业之外的金融业监管，强化机构监管、行为监管、功能监管、穿透式监管、持续监管，统筹负责金融消费者权益保护，加强风险管理和防范处置，依法查处违法违规行为，是国务院直属机构。

国家金融监督管理总局在中国银行保险监督管理委员会基础上组建，将中国人民银行对金融控股公司等金融集团的日常监管职责、有关金融消费者的保护职责、中国证券监督管理委员会的投资者保护职责划入国家金融监督管理总局。

（二）自律监管组织——中国保险行业协会

保险业自律监管组织是指保险企业自愿参加的、进行自我约束管理和相互协调的行业性组织，通常为保险行业公会或者各种专业协会。中国保险行业协会成立于 2001 年 2 月 23 日，是经保监会审查同意，并在国家民政部登记注册的社会团体法人，不依附于任何个人和组织，具有独立性和非营利性，是我国保险业自愿结成的全国性自律组织。

中国保险行业协会的基本职责主要有自律、维权、服务、交流、宣传。

（1）自律：一是督促依法合规经营。组织会员签订自律公约，制定自律规则，约束不正当竞争行为，维护公平有序的市场环境。二是经政府有关部门授权，组织制定行业标准。依据有关法律法规和保险业发展情况，组织制定行业标准、技术和服务规范、行规行约。三是推进信用体系建设。建立健全保险业诚信制度、保险机构及从业人员信用信息体系，探索建立行业信用评价体系。四是开展会员自律管理。对于违反本协会章程、自律公约、自律规则和管理制度，损害投保人和被保险人合法权益，参与不正当竞争等致使行业利益和行业形象受损的会员，可按章程、自律公约和自律规则的有关规定进行处理，涉嫌违法的可提请监管部门或其他执法部门予以处理。五是其他与行业自律有关的事项。

（2）维权：一是参与相关决策论证。代表行业参与同行业改革发展、行业利益相关的决策论证，提出相关建议。二是维护行业合法权益。加强与监管部门、政府有关部门及其他行业的联络沟通，争取有利于行业发展的外部环境。三是维护会员合法权益。当会员合法权益受损时，受会员委托与有关方面协调沟通。四是指导建立行业纠纷调解机制，加强保险消费者权益协调沟通机制的构建与维护。五是接受和办理监管部门、政府有关部门委托办理的符合本协会宗旨的事项。六是其他与行业维权有关的事项。

（3）服务：一是主动开展调查研究，及时向监管部门和政府有关部门反映保险市场存在的风险与问题，并提出意见和建议。二是协调会员之间、会员与从业人员之间的关系，调处矛盾，营造健康和谐的行业氛围。三是协调会员与保险消费者、社会公众之间的关系，维护保险活动当事人的合法权益。四是健全行业培训体系，依法依规开展从业人员培训工作。五是组织会员间的业务、数据、技术和经验交流，促进资源共享、共同发展。六是其他与行业服务有关的事项。

（4）交流：一是建立会员间信息通联工作机制，促进业内交流。经批准，依照相关规定创办信息刊物、开办网站。经政府有关部门授权，汇总保险市场信息，提供行业数据服务，实现信息共享。二是加强与其他相关社会组织的沟通与协调，促进行业对外交流。三是搭建国际交流平台，积极参加国际保险组织，引导行业拓宽国际视野，拓展对外合作领域和空间。四是组织参加国际会议和业务活动，促使服务行业"走出去"，学习、借鉴国外先进技术和经验。五是其他与行业交流有关的事项。

（5）宣传：一是经政府有关部门批准，整合宣传资源，制定宣传规划，组织开展行业性的宣传和咨询活动。二是组织落实"守信用、担风险、重服务、合规范"的保险行业核心价值理念，推动行业文化建设。三是关注保险业热点、焦点问题，正面引导舆论宣传。四是普及保险知识，利用多种载体开展保险公众宣传。五是其他与行业宣传有关的事项。

三、保险监管原则

（一）保护被保险人利益原则

保护被保险人利益原则是指保护被保险人利益和社会公众利益是保险监督管理的

根本目的，是保险监督管理各项工作的出发点，同时也是评价和衡量保险监督管理部门工作的最终标准。

（二）独立监督管理原则

独立监督管理原则是指保险监督管理部门行使保险监督管理的职权时，不受其他单位和个人的非法干预，具有独立性。同时，保险监督管理部门实施监督管理行为产生的责任（如行政赔偿责任）也由保险监督管理部门独立承担。

（三）公开性原则

公开性原则是指保险监督管理的各种信息需体现透明度，除涉及国家秘密、企业商业秘密和个人隐私的以外，应尽可能向社会公开，建立完整的保险业信息披露制度，增加保险监督管理的透明度。这样既有利于提高保险监督管理的效率，也有利于促进保险市场的有效竞争。

（四）公平性原则

公平性原则是指保险监督管理部门要公平对待各监督管理对象，各监督管理对象在法律面前和在服从监督管理的问题上都是平等的。保险监督管理部门对各监督管理对象必须采用同样的标准，不能对一些监督管理对象的管理较宽，对其他监督管理对象的管理较严。市场经济要求公平竞争，公平监督管理可以创造公平竞争的市场环境。

（五）依法监督管理原则

依法监督管理原则是市场经济的客观要求。保险监督管理部门必须依照有关法律或行政法规实施保险监督管理的行为。保险监督管理行为是一种行政行为而不是民事行为。凡法律没有禁止的，民事主体就可以从事民事行为；对于行政行为，法律允许做的或要求做的，行政主体才能做或必须做。凡法律、行政法规和国务院未明确授予的职权，都是监督管理部门并不享有的职权，保险监督管理部门不得超越职权实施监督管理行为，其超越职权的行为无效。另一方面，保险监督管理部门又必须履行其职责，否则属于失职行为。

（六）不干预监督管理对象经营自主权原则

保险监督管理对象是自主经营、自负盈亏的独立企业法人。在市场经济条件下，保险监督管理对象有权在法律法规规定的范围内，独立地决定自己的经营方针和政策。保险企业法人如果不能享有经营自主权，也就难以承担自负盈亏的责任。保险监督管理部门对监督管理对象享有监督管理的权利，负有监督管理的职责。但是，保险监督管理部门不得干预监督管理对象的经营自主权，也不对监督管理对象的盈亏承担责任。这是社会主义市场经济体制的客观要求，也是保险监督管理部门依法监督管理应当遵循的基本原则。除非保险公司违规运作，符合整顿或接管的条件时，保险监督管理机构才能对其经营自主权进行干预。

第三节 保险监管内容

2005年,国际保险监督官协会把公司治理结构、偿付能力和市场行为并列为保险监管的三大支柱。这一新监督管理模式目前已得到众多国家和地区保险监督管理部门的认可和重视。我国保险监管部门不断借鉴国际监管经验,推进监管创新,引入保险公司治理结构监管制度,已初步形成了以公司治理结构监管、偿付能力监管和市场行为监管为核心的现代保险监管框架。

一、公司治理结构监管

公司治理结构是公司理论中一个永恒的课题,是公司制的核心,包含组织架构和治理机制两个方面的内容,是提高公司素质和核心竞争力的关键。对保险企业而言,公司治理的关键是明确保险公司内部决策的权利与义务,有一套确保董事会和高管层对保险公司的生存发展负主要责任的法律和规章制度体系。

保险公司要实现资本充足、内控严密、运营安全、服务和效益良好的目标,完善治理结构是关键。有效的公司治理结构是企业取得投资者信赖的基石。完善的治理结构有利于保险公司募集资本,达到资本充足的目标;有利于保险公司增强内部控制,实现运营安全;有利于保险公司强化股东的监督制约作用,督促其改善服务、提升效率。

保险企业要实现良好的公司治理结构监督,一般需采取以下措施:① 明确董事会的核心作用,强化董事会职能。董事会是现代公司治理结构监督的重点,对内部控制和风险控制负最终责任。加强董事会建设,强化董事会职能必须从以下三个方面入手:首先要健全董事会组织机构;其次要提高董事的专业水平;最后要健全董事会运作机制。② 实行高管问责制。要求高管人员不得就相关重要事实进行虚假陈述、遗漏或者误导,否则严格追究其责任,处以严厉处罚。③ 加强信息披露制度,确保相关利益人的知情权。为了让被保险人、股东、监管机构等能够对保险公司经营状况、财务状况以及风险状况有所了解,保险公司必须及时准确地披露信息。④ 严把关键岗位,全面加强内控。强调精算师、审计师和首席财务官等关键岗位在保险公司治理中的重要性。如赋予精算师在公司违法违规时向董事会、管理层甚至监管机构报告的义务。

公司治理结构监管案例

在经过多年发展后,我国保险公司越来越注重公司治理结构的监督。如我国最大的私有制保险集团——中国平安保险集团,非常注重公司治理结构问题。具体主要表现在以下几个方面:① 股权结构均衡。中国平安是一家A+H股两地上市的混合所有制企业,总股本182.80亿股,A股占59.26%,H股占40.74%,股权结构较为分散,不存在控股股东,也不存在实际控制人。② 公司治理遵循三个符合、两个遵守、平安"执法 N+1"的基本原则。三个符合是指符合国际惯例、符合中国国情、符合行业特点;两个遵守是指遵守沪港两地的上市规则、符合中国法律法规以及"一行两会"的规定;平安"执法 N+1"是指平安集团执行中国相关法律法规、中国金融监管法律、上市公司监管法规的要求。③ 公司治理现状:股东大会、党委会、董事会、监事会、集团执行委员会"五会"各司其职,不缺位、不错位、不越位。④ 集团定位明确、职能清晰,有所为,有所不为。集团不经营保险、银行、资产管理、科技等任何具体业务,专注于战略方向盘、经营红绿灯、业务加油站三大定位。战略方向盘主要是指制定统一的战略远景和抱负,并引领集团各职能和业务单元向这一战略目标前进;经营红绿灯是指制定清晰、透明的政策、标准和制度,并有效推动和监控业务运营,以确保集团日常运营符合战略目标;业务加油站是指为全集团各项业务提供集中的中后台服务,促进资源共享、高效协同,提高效率,降低成本,增强风控,支持各项业务实现超越市场的健康增长。⑤ 经营管理架构:子公司独立经营+集团矩阵式管理。

资料来源:《Hi,这是中国平安 2021 自我介绍》,平安微生活,https://mp.weixin.qq.com/s/wvaGjFEjIhXBiRwUpgYRIw,2021 年 4 月 24 日访问。根据上述报道整理而得,详细内容以完整的报道为准。

二、偿付能力监管

偿付能力是指保险公司对其所承担的保险责任履行保险赔偿或者保险金给付的经济能力,是保险市场领域内衡量保险企业经营状况的特有概念。确切地说,保险公司的偿付能力是指保险公司以其会计年度末实际资产价值减去实际负债的差额,反映为保险企业的资本金与总准备金之和。在保险经营中,只要保险公司的资产大于负债,即使发生超常性的保险赔付,仍然具备予以正常保险偿付的能力,这就意味着保险企业具有偿付能力。

保险企业经营具有负债性,其是否具有偿付能力直接关系到投保人、被保险人的切身利益。为了避免因保险企业经营管理不善或者巨灾损失的出现影响到其正常履行保险责任,保险企业偿付能力的监管已成为各国保险监管制度的核心内容。

一般来说,偿付能力监管直接表现为偿付能力额度的监管。保险公司的实际偿付能力额度为其认可资产减去认可负债的差额。我国《保险法》第 101 条规定:保险公司应当具有与其业务规模和风险程度相适应的最低偿付能力。保险公司的认可资产减去认可负债的差额不得低于国务院保险监管机构规定的数额;低于规定数额的,应当按照相关要求采取相应措施达到规定的数额。

我国保险监管部门发布了相关文件对保险公司偿付能力进行监管。2003 年,保监会发布了《保险公司偿付能力额度及监管指标管理规定》,逐步建立起偿付能力监管的制度框架。2008 年,保监会又发布了《保险公司偿付能力管理规定》(保监会令〔2008〕1 号)(已废止),提出资本充足率的概念,将保险公司的偿付能力分为三类进行监管：资本充足率不足 100% 的划分为不足类公司偿付能力、资本充足率在 100%—150% 之间的划分为充足 I 类公司偿付能力，资本充足率高于 150% 的划分为充足 II 类公司偿付能力。2016 年一季度，我国实施了新的监管指标——第二代偿付能力监管体系（以风险为导向的偿付能力监管体系）监管指标，更加体现了风险导向，部分公司将面临偿付能力降低的风险。2020 年，银保监会、中国人民银行对现行的《保险公司偿付能力管理规定》进行了修订，形成新的《保险公司偿付能力管理规定》［中国银行保险监督管理委员会令（2021 年第 1 号）］，并于 2021 年 3 月 1 日起施行。

在实际监管中，监管部门主要通过对保险公司资本金、准备金等指标的监管实现对保险公司偿付能力的监管。

（一）保险公司资本金监管

保险公司的开业资金又叫资本金，属于一种备用资金，是保险公司的资产。各国政府对本国保险公司的开业资本金数额都有一定的规定。我国《保险法》第 69 条规定："设立保险公司，其注册资本的最低限额为人民币二亿元。国务院保险监督管理机构根据保险公司的业务范围、经营规模，可以调整其注册资本的最低限额，但不得低于本条第一款规定的限额。保险公司的注册资本必须为实缴货币资本。"

资本金的主要功能在于确保保险公司开业之初正常运营，正常状况下，保险公司的资本金，除按规定上缴部分保证金外，绝大部分处于闲置状态，成为保险投资的重要来源。只有在发生特大自然灾害、各种准备金不足以支付时，保险公司可动用资本金来履行保险责任，以防止偿付能力不足。

（二）保险公司准备金监管

1. 总准备金

总准备金是构成保险公司偿付能力的重要因素，指保险公司在经营过程中逐渐积累起来的，为应付超常损失和巨灾损失从每年的利润中提存的准备金，是保险公司的资产。总准备金的积累速度应与其承担风险责任和业务发展速度相适应，与经营的连续性、营利性和业务的增长性结合起来，合理分配企业盈余。在我国，总准备金由公积金和保险保障基金组成。保险公司依据《保险法》和《公司法》设立，应当依照《保险法》和《公司法》的规定提取公积金。我国《保险法》第 99 条规定："保险公司应当依法提取公积金。"公积金分为法定公积金和任意公积金。法定公积金的提取，具有强制性，保险公司必须依法提取；任意公积金的提取，不具有强制性，保险公司可以根据实际需要自行决定提取。按照《保险法》和《公司法》的规定，保险公司在分配当年税后利润时，应当提取利润的 10% 列入公司的法定公积金。法定公积金累计额达到公司注册资本的 50% 以上时，可以不再提取；法定公积金不足以弥补公司上一年度亏损的，在提取法定公积金之前，应当先用当年利润弥补亏损。保险公司从税后利润中提取法定公积金后，经股东大会决议，可以提取任意公积金，股东大会或者董事会违反规定，在公司弥补亏损和提取法定公积金之前向股东分配利润的，必须将违反规定分配的利润退还公司；公司的公积金应当用于弥补公司的亏损，扩大公司的生产经营或者转为增加公司的资本。

保险保障基金是指保险机构为了有足够的能力应对可能发生的巨额赔款，从年终结余中专门提存的后备基金，属于保险组织的资本。它主要是为了应付巨大灾害事故的特大赔款，只有在当年业务收入和其他准备金不足以赔付时才能运用。为了保障被保险人的利益，支持保险公司稳健经营，保险公司应当按照《保险法》的规定，从公司当年保费收入中提取 0.8% 作为保险保障基金。当保险保障基金提取金额达到保险公司总资产的 10% 时可停止提取。保险保障基金应单独提取，集中管理，统筹使用，专户存储于中国人民银行或中国人民银行指定的商业银行。

2. 责任准备金

责任准备金是保险企业按照《保险法》的规定，从收取的保险费或者经营利润中提取的准备用于履行保险责任的货币金额，是保险公司的负债。我国《保险法》第98条规定："保险公司应当根据保障被保险人利益、保证偿付能力的原则，提取各项责任准备金。"

保险公司的各项责任准备金包括：未到期责任准备金、未决赔款准备金、寿险责任准备金等。

未到期责任准备金是指公司一年以内的财产险、意外伤害险、健康险业务按规定从本期保险责任尚未到期，应属于下一年度的部分保险费中提取出来形成的准备金。

未决赔款准备金也称赔款准备金，是指保险公司在会计年度决算以前发生保险责任而未赔偿或未给付保险金，在当年收入的保险费中提取的资金。

寿险责任准备金是指保险公司为履行今后保险给付的资金准备，保险人从应收的净保险费中逐年提存的一种准备金。

在保险实务中，我国对保险公司偿付能力的监管非常严格。《保险法》第144条规定，保险公司只要出现下列情形之一，国务院保险监督管理机构就可以对其实施接管：① 公司的偿付能力严重不足的；② 违反《保险法》规定，损害社会公共利益，可能严重危及或者已经严重危及公司的偿付能力的。

偿付能力监管案例

2018年2月23日，保监会宣布对安邦保险集团股份有限公司（以下简称安邦保险集团）实施为期一年的接管。2019年2月22日，银保监会又宣布决定对安邦保险集团的接管延期一年。直到2020年2月22日，银保监会才宣布从安邦保险集团拆分新设的大家保险集团有限责任公司已基本具备正常经营能力，依法结束对安邦保险集团的接管。安邦保险集团被接管的原因在于出现违反《保险法》的经营行为，销售了超过1.5万亿元的短期高收益理财型产品，满期给付和退保的高峰出现在2018年至2020年初，其中50%是非寿险投资型产品的满期给付，这样可能会严重影响公司的偿付能力。同样，华夏人寿也因为偿付能力不足被接管。据报道，华夏人寿于2020年7月17日开始到2021年7月16日被国寿健康产业投资有限公司进行为期一年的接管。2021年7月16日，华夏人寿被延长接管一年，自2021年7月17日起至2022年

7月16日止。2023年2月,华夏人寿相关业务由已批准筹建的瑞众人寿接管,华夏人寿正式退出历史舞台。

资料来源:《中国银行保险监督管理委员会依法结束对安邦集团的接管》,中国新闻网,https://tech.sina.com.cn/roll/2020-02-22/doc-iimxxstf3593191.shtml。《中天金融:重大资产重组标的华夏人寿被实施接管》,新浪财经,https://finance.sina.com.cn/stock/s/2020-07-17/doc-iivhuipn3627864.shtml。骆民,《中天金融:重大资产重组标的华夏人寿被依法延长接管期限》,新浪财经,https://finance.eastmoney.com/a/202107162001930992.html。《银保监会:华夏人寿风险处置有序推进》,界面新闻,https://finance.sina.com.cn/jjxw/2023-02-24/doc-imyhvfmm1735228.shtml。2023年5月5日访问。根据上述报道整理而得,详细内容以完整的报道为准。

三、市场行为监管

(一)保险经营范围的监管

保险经营范围的监管是指政府通过法律或行政命令,规定保险企业依法能够从事保险经营活动的地域范围和经营的保险业务种类。由于各类保险业务的性质不同,经营方式和核算原理也各有特点,各国保险法大多对于保险企业的业务范围有所限制,要求保险企业在法定范围内经营相应的保险业务,普遍表现为禁止保险企业兼业和兼营。

1. 保险兼业的监管

禁止兼业是指保险企业必须专门经营保险业务,不得经营其他业务,非保险企业不得经营保险业务。我国《保险法》第6条规定:"保险业务由依照本法设立的保险公司以及法律、行政法规规定的其他保险组织经营,其他单位和个人不得经营保险业务。"第8条规定:"保险业和银行业、证券业、信托业实行分业经营、分业管理,保险公司与银行、证券、信托业务机构分别设立。国家另有规定的除外。"

禁止保险企业经营非保险业务的主要目的是维持保险人的稳定经营,保障被保险人的利益。随着保险业和金融业的竞争日益激烈,不断出现保险业务与银行业务、房地产业务的结合。例如,保险人利用银行网络代理销售保险,为贷款购房的人办理在投保人丧失支付能力时偿还贷款的人寿保险等,这些保险创新增加了保险监管的难度。从原则上来讲,应当鼓励保险创新,但要严格坚持保险业务的独立性。

2. 保险兼营的监管

所谓禁止兼营,则是指保险企业应分业经营,禁止同一保险企业兼营财产保险和人身保险业务。

我国《保险法》明文确立了分业经营的规则,将保险公司的业务范围分为财产保险业务和人身保险业务。我国《保险法》第95条规定保险公司的业务范围为:

(1)人身保险业务,包括人寿保险、健康保险、意外伤害保险等保险业务;

(2) 财产保险业务，包括财产损失保险、责任保险、信用保险、保证保险等保险业务；

(3) 国务院保险监督管理机构批准的与保险有关的其他业务。

保险人不得兼营人身保险业务和财产保险业务。但是，经营财产保险业务的保险公司经国务院保险监督管理机构批准，可以经营短期健康保险业务和意外伤害保险业务。

保险公司应当在国务院保险监督管理机构依法批准的业务范围内从事保险经营活动。

根据上述规定，我国保险市场上，各保险公司按照其经营的业务性质，分为财产保险公司、人身保险公司和再保险保险公司等。

(二) 保险合同条款和保险费率的监管

保险条款是保险合同的核心内容，是保险人和投保人关于保险权利与义务的约定。保险监管机构对保险合同及其条款进行审定，对保险关系双方都会产生积极的影响，能够维护保险关系双方的权益。保险费率是保险商品的价格，是保险商品交换的依据。合理的保险费率有助于将保险商品交换关系建立在公平基础上，促进市场良性发展。因此，为了规范保险企业的经营行为，维护被保险人的合法权益，稳定保险经济关系，各国保险监管部门都不同程度地对保险条款和费率进行监管。

1. 对保险条款的监管

对保险条款的监督管理，包括对保险标的、保险责任、免责条款、保险金额、保险费率、保险期限等保险条款的内容进行监督管理。除对上述保险条款的内容进行监管之外，不少国家为减少因条款文字说明的分歧而导致的无谓纠纷，对保险条款的格式、字体和用词都进行了严格的规定。

2. 对保险费率的监管

对于保险费率的监管应遵循公平、合理的原则。保险费率监管具体有以下几种方法：① 事先报批费率。即保险费率及其厘定法则在使用前必须经保险监管部门批准，未经批准不得使用。② 事先核定费率。即保险公司在实施费率和费率厘定法则前一段时间，必须向保险监管部门备案，在此期间若保险监管部门发现存在一些违法违规行为，可予以制止或者要求保险公司修正。③ 事后报批费率。即保险公司可实施其所希望的任何费率，然后在若干期限内向监管部门备案，这种方法让监管部门有充分的时间审定该费率。④ 自由竞争费率。即保险公司在执行费率前无须上报监管部门批准，该方法只用于部分险种。⑤ 强制费率。一些由国家厘定费率的特殊险种，若保险公司不执行，则不准经营该险种。国际上大多数国家仍然实行事先报批费率方法。目前，我国保险监管部门对于保险费率趋向分类监管，将费率分为法定费率、批准费率、备案费率和自由竞争费率四种，这种监管方法既可以维护费率的相对稳定，又允许适度的市场竞争，给予保险公司一定的生存空间。

(三) 保险资金运用的监管

保险资金运用是指保险公司在保险经营过程中，将其积聚的部分保险资金用于投资，从而使保险资金增值、保值的活动。保险投资是保险公司的主要业务之一，是保险企业收入的重要来源，是保险企业实现营利的有效渠道，也是壮大和保证保险企业偿付能力的重要手段。但由于保险资金来自投保人缴纳的保费，具有负债性，关乎投保人和被保险人的利益，因此，保险资金的运用必须谨慎，必须遵循投资的基本原则。保险资金运用需要遵循的原则有：安全性（稳妥性）原则、流动性（变现性）原则、收益性（营利性）原则、分散性（多样性）原则，其中安全性是保险资金运用的首要原则。

我国《保险法》对保险公司的资金运用渠道进行了严格规定，限于下列形式：银行存款；买卖债券、股票、证券投资基金份额等有价证券；投资不动产；国务院规定的其他资金运用形式。保险公司资金运用的具体管理办法，由国务院保险监督管理机构依照相关规定制定。同时，我国保险监管机构也对各保险公司资金投资运用的比例限度进行监管。此外，我国还允许保险公司设立保险资产管理公司。

第四节 保险监管方法

保险监督管理部门对其监管对象实施的监督管理方法主要有现场检查和非现场检查两种。我国《保险公司管理规定》第59条规定："中国保监会对保险机构的监督管理，采取现场监督和非现场监督相结合的方式。"

一、公开信息披露与非现场检查

可靠、及时的信息披露有助于现有的和潜在的保单持有人以及其他市场参与者了解保险人的财务状况及其面临的风险。为此，国际保险监督官协会于2002年1月制定了《保险公司信息披露指引》，旨在为保险人的信息披露提供指引，以便市场参与者更好地了解保险人当前的财务状况以及未来的发展潜力。保险监管机构应当在鼓励和监督保险公司进行有效信息披露方面发挥重要作用。

为了维护和保障保单持有人的利益，监管机构必须维护保险市场的有效、公平、安全和稳定。如果能够提供可以用来评估保险人的活动以及这些活动内在风险的适当信息，市场力量就会发挥有效作用，即奖励那些能够有效管理风险的公司，惩罚那些不能够有效管理风险的公司，这就是所谓的市场法则或市场纪律，它是有效监管的重要组成。

由于保险本身具有内在不确定性，导致市场对保险公司信息披露的要求比一般企业高。因为保险合同是一种特殊的合同，保单持有人定期或一次性支付保险费以获得未来不确定时点的一笔受益金，所以保险的这些内在不确定性在保险业是很正常的。正是这种内在不确定性的存在，决定了对保险公司的特别要求，如负债的评估要求比其他一般公司高，存在高估或低估负债的可能性，对负债的评估与确认之间存在很大的时滞。保险人基于精算技术的评估具有悠久的传统，应该对那些潜在的假定条件予以披露，以便市场参与者能够理解这些估算是如何得来的。但较多的细节披露会增加保险公司的成本，监管机构应当在成本的增加与信息披露所带来的潜在利益之间进行权衡。

保险公司信息披露必须满足以下要求：

（1）相关性。公开披露的信息必须与市场参与者的决策有关。如果市场参与者在一个关键性的决策中，认为这些信息很重要的可能性很大，那么该信息就是实质性的。通常，这些关键性决策可能会对市场参与者与保险人之间的相关交易产生较大影响。

（2）时效性。信息公开应保证足够的频率和时效性，以便人们在决策时所依据的信息是最新的。时效性要求保险公司在意识到实质性信息后尽快披露。时效性要求需要与可靠性要求进行协调与权衡，信息披露可能会因为核实工作而延迟一小段时间，但不能因为这种延迟而使信息的使用者处于严重不利的地位。

（3）易得性。市场参考者对信息的取得必须是经济和便利的。保险公司在考虑不同披露方式的相对成本的前提下，披露的信息应当以最能引起市场参与者注意的方式公布。在当今互联网时代，首先应当通过互联网等途径进行信息披露。

（4）全面性。披露的信息应足够全面，以便使市场参与者对保险人的财务状况、业绩、公司活动及其风险有一个全面的认识。为此，应当要求：披露的信息充分且易懂，以便对那些没有保险专业知识的读者具有使用意义；能够涵盖保险公司的所有实际情况，以及作为一个集团成员的相关情况；既适当综合，以便对保险公司予以准确全面的介绍，又充分分解，以便深入了解个别不同实质性项目的情况。如果信息是非实质性的，则不要求进行披露。

（5）可靠性。市场参与者基于保险公司公开披露的信息的决策应当是可信的。因此，保险公司应当诚实地列明自己的信息，披露的信息应当反映事件或交易的经济实质及其法律形式，如果事件或交易的经济实质与其法律形式不一致，则应按前者进行公布，所有实质性信息都应当是可核实、中性（不至于产生实质性错误或偏差）和充分的。充分性很重要，因为每一项遗漏都可能会造成误导。一般来讲，审计过的信息可以增加可信度。许多情况下，保险人可能不得不在信息的可靠性、相关性和时效性之间进行平衡。

（6）可比性。按照惯例，信息披露应当使用国内外普遍接受的标准，以便可以在保险公司之间进行比较。重要的准则正在形成之中，当前只有少数可用于披露的国际准则。同样，各国的准则在不同司法体制中也处于不同的发展阶段，即便是在比较先进的辖区，这些准则也不能充分地适用于各种环境。对编制信息所用的方法和假设予以充分披露是很重要的，这有助于财务报表使用者解释所披露的信息。但通常认为，除非形成国际准则并一致采用，否则真正的可比性就很难实现。

（7）一致性。为了有助于识别保险公司的发展趋势，保险公司应当在编制各个时期的连贯性信息中使用一致的方法和假设，并且进行披露。当所使用的方法和假设有所变更时，应当将这种变更的特性及其影响予以披露，前期的可比性或相关数据在内的信息也应当予以列示。

公开披露的信息应该包括财务状况、财务业绩、风险及其管理与控制措施、公司业务、管理以及治理结构的基本信息。信息编制的依据也应当是披露的重要内容，应对信息是如何编制的进行充分描述，包括所运用的方法和假设，这些方法和假设的披露也可以帮助市场参与者对不同的保险公司进行比较。会计和精算的政策、规则和程序在不同国家之间，甚至在同一国家的不同保险公司之间也可能有区别。因此，只有对信息编制的依据进行充分披露，才能进行有意义的比较。同样，市场参与者只有了解信息编制的方法和假设及其变化产生的影响，才可以对不同报告期的信息作出有意义的比较。

非现场检查是指保险监督管理部门审查和分析保险机构的各种报告和统计报表，依据报告和报表审查保险机构法律法规和监督管理要求的执行情况。非现场检查能反映保险机构潜在的风险，尤其是现场检查间隔阶段发生风险的可能，从而提前防范风险并在风险显现化、扩大化和公开化之前，迅速制定化解措施。保险监督管理机构在进行非现场检查时，一般要报送各类报表，通过对报表资料的归并、汇总和上报，既可发现个别保险机构存在的问题和暴露的矛盾，也可以了解整个保险系统以及市场体系的总体趋势，还能为保险监督管理机构的业务咨询工作提供依据。为确保非现场检查方式在保险风险监督管理中发挥应有的效力，要求保险公司的报表具有时效性、准确性和真实性，以便对数据资料进行分析比较，弥补薄弱环节。在大多数发展中国家，非现场检查报告成为非现场稽核的基础，但常常局限于偿付能力、准备金计算和资产负债表情况，收集的信息资料和数据的准确性差，故风险分析和评估往往缺乏可靠性和科学性。而在西方发达国家，非现场检查得到了普遍重视和业内应用。他们普遍建立了监督管理控制系统，确定了一套较为科学的监督指标体系，建立和完善了保险业务报送稽核制度。

非现场监管是保险监管的重要手段，是监管部门的常规性工作，在保险监管中发挥着基础性作用。非现场监管是偿付能力监管的主要手段，加强非现场监管是偿付能力监管的内在要求。偿付能力监管的实质是防范和化解风险，其关键是在第一时间发现保险公司存在的风险，并及时采取有效措施，防范公司出现实际偿付能力不足的情况。加强非现场监管，完善风险预警和评价体系，建立持续跟踪制度，并根据非现场监管发现的问题，实施有针对性的现场监管，能够实现对偿付能力风险早发现、早防范、早化解的目的。

二、现场检查

现场检查是指保险监督管理机构及其分支机构派出监督管理小组到各保险机构进行实地调查。现场检查有定期检查和临时检查两种，临时检查一般只对某些专项进行检查，定期检查要对被检查机构作出综合评价。现场检查的重点是被检查保险机构内部控制制度和治理结构是否完善，财务统计信息是否真实准确，保险投诉是否确实合理。现场检查的内容包括：被检查保险公司的报告和报表的准确性，总体经营状况，内部控制制度的完善程度，非现场或以前现场检查过程中发现的问题，执行保险法律法规的情况。为保证现场检查管理的质量，保险监督管理机构要建立清偿的、与检查频率和范围有关的规定，同时制定必要的检查程序和处理方法，以确保工作的严格进行，保证既定指标和检查结果相统一。现场检查一般分为检查准备阶段、检查实施阶段、报告与处理阶段、执行决定与申诉阶段、后续检查阶段这五个阶段。

现场检查可以为监管机构提供日常监督无法获得的信息，发现日常监督无法发现的问题。监管机构可借机与公司管理者建立良好的沟通关系，通过现场检查评估管理层的决策过程及内部控制能力，制止公司从事非法或不正当的经营行为。监管机构可以借现场检查的机会分析某些规章制度产生的影响，或从更广泛的意义上说，收集制定规则所需的信息。现场检查对于解决公司的问题也大有裨益。

一般来说，现场检查的目标是对保险公司的风险结构和承受风险的能力进行比较，找出任何有可能影响公司对投保人承担长远义务的能力的问题。但是，现场检查不应只局限于找出保险公司的问题，监管机构还应深究问题后隐藏的原因，并找到解决问题的办法。监管机构在拟订现场检查计划之前，应当对被监管机构的有关业务和财务报告及其他信息进行认真分析研究；要考虑现场检查的频率和被监管机构的风险结构，对经营状况和财务状况较差的保险公司，现场检查应更加频繁和深入。

现场检查必须有一定的法律基础，应当赋予监管机构合理范围的权力，以便调查和搜集其所需的信息。现场检查既可以是全面检查，也可以是专项检查。不论监管框架的内部组织如何，监管人员都可以在现场检查过程中或某些环节上得到外部审计师或精算师的协助。

现场检查与非现场检查这两种监管方法各有特色。非现场检查限于反映一个时点信息，能够帮助我们有效地确定开展现场检查的范围，调整进行现场监督的频率，增强现场检查的针对性，它的作用的发挥完全依赖于资产负债表等报表的真实性和准确性。而现场检查方法可以获得真实和全面的信息，为被检查单位作出准确评价提供了依据。通常情况下，应该把现场检查和非现场检查两种方法结合起来进行综合运用。

案例分析 现场检查案例

2017年12月17日和2017年12月30日，深圳市银保监局在现场检查中发现，某人寿保险公司深圳分公司在产品说明会上向客户宣讲时使用了含有误导性的课件。具体表现为课件中存在"最会赚钱，比传统保险公司投资收益＋80—120％""回本快、收益高……行业第一年金……""现在就买、帮孩子抢得一个认购行业最好年金保险机会""三年回本""限量版惠民好产品，抢到就是赚到……换个地方存三年，换取终身三百万保障"等误导性内容。两场产品说明会共承保5件保单，保费合计27万元。

针对上述问题，深圳市银保监局于2018年11月对该公司处以25万元罚款，对相关责任人给予警告并各处 8 万元罚款。

（案例来源：https：//www.cqn.com.cn/cj/content/2019-03/14/content_6884785.htm，2022 年 5 月 10 日访问）

问题

什么是现场检查？本案例中的现场检查是定期检查还是临时检查？

复习思考题

1. 保险监管的目标有哪些？
2. 请简要介绍保险监管的内容。
3. 在我国如何建立有效的保险企业公司治理与内部控制监管？
4. 试述现场检查与非现场检查之间的关系。

参考文献

孙祁祥：《保险学（第六版）》，北京大学出版社 2017 年版。
顾孟迪、雷鹏编著：《风险管理（第二版）》，清华大学出版社 2009 年版。
庹国柱主编：《保险学（第十版）》，首都经济贸易大学出版社 2021 年版。
许飞琼主编：《保险学概论》，中国金融出版社 2019 年版。
许飞琼、郑功成主编：《财产保险（第五版）》，中国金融出版社 2015 年版。
魏华林、林宝清主编：《保险学（第四版）》，高等教育出版社 2017 年版。
王绪瑾主编：《保险学（第六版）》，高等教育出版社 2017 年版。
王绪瑾：《财产保险（第二版）》，北京大学出版社 2017 年版。
王绪瑾、宁威主编：《健康保险产品创新》，中国财政经济出版社 2018 年版。
张虹、陈迪红编著：《保险学原理》，清华大学出版社 2018 年版。
邹新阳、谢家智主编：《保险学》，科学出版社 2013 年版。
张洪涛主编：《保险学（第四版）》，中央人民大学出版社 2014 年版。
张洪涛、郑功成主编：《保险学（第三版）》，中国人民大学出版社 2008 年版。
钟明主编：《保险学（第三版）》，上海财经大学出版社 2015 年版。
邢秀芹主编：《保险学》，北京邮电大学出版社 2008 年版。
艾孙麟主编：《保险学》，武汉大学出版社 2007 年版。
保险行业协会：《中国保险行业协会发布中国保险行业 2019 年度十大保险诉讼典型案例》，http：//www. iachina. cn/art/2019/12/3/art_22_103989. html，2020 年 1 月 17 日访问。
鲍勇、周尚成主编：《健康保险学》，科学出版社 2015 年版。
朱南军编著：《财产与责任保险》，中国人民大学出版社 2016 年版。
杨忠海编著：《保险学原理新编》，中国金融出版社 2015 年版。
许谨良编著：《人身保险原理和实务（第三版）》，上海财经大学出版社 2011 年版。
荆涛编著：《人寿与健康保险》，北京大学出版社 2015 年版。
孙树涵、朱丽敏主编：《社会保险学》，中国人民大学出版社 2019 年版。
刘同芗、王志忠主编：《社会保险学》，科学出版社 2016 年版。
张旭升、龙卫洋等编著：《保险学原理与实务》，电子工业出版社 2018 年版。
姚海明、段昆编著：《保险学（第三版）》，复旦大学出版社 2012 年版。
李加明主编：《保险学》，上海财经大学出版社 2014 年版。
董彦良：《保险学》，沈阳出版社 2014 年版。
方力主编：《人身保险产品研究》，中国财政经济出版社 2010 年版。
盛和泰：《保险产品创新》，中国金融出版社 2005 年版。
中国精算师协会组编：《非寿险定价》，中国财政经济出版社 2011 年版。

魏巧琴编著：《保险公司经营管理（第五版）》，上海财经大学出版社 2016 年版。
江生忠、祝向军主编：《保险经营管理学（第二版）》，中国金融出版社 2017 年版。
中国保险行业协会编：《保险原理》，中国金融出版社 2016 年版。
石兴：《保险产品设计原理与实务》，中国金融出版社 2006 年版。
林瑞全、刘标胜、许德全主编：《保险学基础》，中国人民大学出版社 2016 年版。
杜逸冬主编：《保险基础与实务》，中国人民大学出版社 2020 年版。
郑祎华、孙迎春主编：《保险业务》，辽宁大学出版社 2007 年版。
刘红宁、王素珍主编：《创新创业通论（第二版）》，高等教育出版社 2019 年版。
中国社会科学院语言研究所词典编辑室编：《现代汉语词典（第七版）》，商务印书馆 2016 年版。
夏征农、陈至立主编：《辞海（第六版）》，上海辞书出版社 2011 年版。
〔美〕约瑟夫·熊彼特：《经济发展理论：对于利润、资本、信贷、利息和经济周期的考察》，何畏、易家详等译，商务印书馆 1990 年版。
周苏主编：《创新思维与 TRIZ 创新方法（第二版）》，清华大学出版社 2018 年版。
殷石龙：《创新学引论》，湖南人民出版社 2002 年版。
孙伍琴、腾帆等：《保险创新与保险型城市建设：宁波范例》，浙江大学出版社 2020 年版。
何惠珍主编：《保险中介》，中国金融出版社 2009 年版。
张代军：《保险经营管理创新模式研究》，立信会计出版社 2017 年版。
孟凤翔等：《待到山花烂漫时：2020 保险创新发展研究报告》，亿欧智库，2020 年。
李鸿昌、范实秋主编：《互联网金融实务》，南京大学出版社 2017 年版。
贾林青：《保险法》，中国人民大学出版社 2014 年版。
刘月、郑权：《保险学》，中国传媒大学出版社 2014 年版。
吴定富主编：《保险原理与实务》，中国财政经济出版社 2010 年版。
《人工智能保险行业运用路线图（2018）》，上海论坛 2018 年 5 月 27 日发布。
〔美〕乔治·E. 瑞达、〔美〕迈克尔·J. 麦克纳马拉：《风险管理与保险原理》，刘春江译，中国人民大学出版社 2015 年版。
袁临江：《发挥再保险在新发展格局中的独特作用》，载《中国金融》2020 年第 21 期。
袁临江：《谱写中国再保险事业新篇章》，载《中国金融》2021 年第 Z1 期。
郑云瑞：《论再保险的方式》，载《法学》2003 年第 11 期。
折振琴、王东宁：《关于经营主体的哲学一般性之分析》，载《延安大学学报（社会科学版）》2003 年第 4 期。
刘影：《我国首批相互保险社的试点追踪与展望》，载《保险职业学院学报》2020 年第 5 期。
郭金龙、王桂虎、袁中美：《保险投资对金融稳定的影响——基于欧洲国家的经验研究》，载《保险研究》2018 年第 3 期。
陈晓静、张闫文、李港鑫、亓苗：《大数据对保险行业的挑战和应对策略》，载《上海保险》2020 年第 9 期。
梁晓攀：《浅析大数据分析在保险反欺诈领域的应用》，载《上海保险》2016 年第 11 期。
杨心悦：《新常态下大数据在保险行业中的作用探析》，2015 年中国保险与风险管理国际年会论文。
蒋韬：《大数据和人工智能在保险行业的应用及展望》，载《清华金融评论》2017 年第 12 期。

许子明、田杨锋：《云计算的发展历史及其应用》，载《信息记录材料》2018年第8期。

罗晓慧：《浅谈云计算的发展》，载《电子世界》2019年第8期。

赵斌：《云计算安全风险与安全技术研究》，载《电脑知识与技术》2019年第2期。

李文军：《计算机云计算及其实现技术分析》，载《军民两用技术与产品》2018年第22期。

王雄：《云计算的历史和优势》，载《计算机与网络》2019年第2期。

张宁：《云计算在保险公司信息化中的应用》，载《数学的实践与认识》2012年第17期。

姚丽娜、边宏宇：《关于保险消费者云计算服务平台的研究》，载《中国市场》2016年第9期。

张永杰：《云计算视域下养老保险基金联网审计系统建构分析》，载《审计研究》2015年第5期。

王玮：《人工智能在保险行业的应用研究》，载《互联网天地》2019年第3期。

许闲：《人工智能对保险行业的挑战与展望》，载《21世纪经济报道》2018年12月11日。

Ramnath Balasubramanian、Ari Libarikian、Doug McElhaney、毕强：《保险2030：人工智能将如何改写保险业》，http：//www.199it.com/archives/773180.html，2021年4月18日访问。

太平洋财产保险无锡分公司课题组、孙江海：《人工智能在保险理赔中的应用探析》，载《金融纵横》2019年第8期。

王绪瑾、王翀：《我国农业保险创新实践》，载《中国金融》2020年第13期。

马玉秀、曾虎：《我国人身保险产品创新发展演变及存在的问题》，载《未来与发展》2017年第10期。

徐静：《"保险姓保"与寿险产品创新》，载《保险职业学院学报》2019年第6期。

钱林浩：《"掉队"的税优健康险能否迎来春天》，载金融时报—中国金融新闻网，https：//www.financialnews.com.cn/bx/bxsd/202203/t20220323_242366.html，2022年03月23日发布，2022年3月24日访问。

《互联网保险销售市场三分天下：第三方网络平台手握流量雄踞一方 专业中介机构缺乏生态仍在亏损》，载中国保险网，http：//www.china-insurance.com/hyzx/20210506/56496.html，2021年5月6日发布。

《什么是区块链》，载上海对外经贸大学商务大数据实验中心网站，https：//www.suibe.edu.cn/sdblab/2018/0616/c7046a60079/page.htm，2018年6月16日发布。

王和、吴风洁：《物联网时代的健康保险与健康管理》，载《保险研究》2011年第11期。

王群、李馥娟、王振力、梁广俊、徐杰：《区块链原理及关键技术》，载《计算机科学与探索》2020年第10期。

袁勇、王飞跃：《区块链技术发展现状与展望》，载《自动化学报》2016年第4期。

陈蕾、周艳秋：《区块链发展态势、安全风险防范与顶层制度设计》，载《改革》2020年第6期。

郭金龙、董云云：《区块链技术在保险行业的应用与影响》，载《银行家》2018年第5期。

李良：《我国保险公司信用评级体系建设探讨》，载《长春金融高等专科学校学报》2009年第3期。